法学专业必修课、选修课系列教材

商业秘密法学

Principles of Trade Secrets Law

马一德 著

中国教育出版传媒集团

高等教育出版社·北京

图书在版编目（CIP）数据

商业秘密法学 / 马一德著. –– 北京：高等教育出
版社，2023.6

ISBN 978-7-04-059762-2

Ⅰ．①商… Ⅱ．①马… Ⅲ．①商业秘密－保密法－中
国－教材 Ⅳ．① D923.4

中国国家版本馆 CIP 数据核字（2023）第 008188 号

Shangye Mimi Faxue

| 策划编辑 | 周轶男 | 责任编辑 | 周轶男 | 封面设计 | 杨立新 | 版式设计 | 杨 树 |
| 责任校对 | 商红彦 吕红颖 | 责任印制 | 高 峰 | | | | |

出版发行	高等教育出版社	网 址	http://www.hep.edu.cn
社 址	北京市西城区德外大街 4 号		http://www.hep.com.cn
邮政编码	100120	网上订购	http://www.hepmall.com.cn
印 刷	天津市银博印刷集团有限公司		http://www.hepmall.com
开 本	787mm×1 092mm 1/16		http://www.hepmall.cn
印 张	14.5		
字 数	270 千字	版 次	2023 年 6 月第 1 版
购书热线	010-58581118	印 次	2023 年 6 月第 1 次印刷
咨询电话	400-810-0598	定 价	39.00元

作者简介

　　马一德，中国科学院大学长聘教轨特聘教授，中南财经政法大学二级教授、文澜特聘教授，博士生导师，俄罗斯莫斯科国立大学名誉教授，国家"万人计划"领军人才、中宣部文化名家暨"四个一批"人才，入选国家百千万人才工程并被授予"有突出贡献中青年专家"称号，享受国务院特殊津贴。先后被评为"中国知识产权影响力人物""亚洲知识产权有影响力人物""全球50位最具影响力知识产权人物"，获"2020年度法治人物"称号。兼任中央马克思主义理论研究和建设工程项目第一首席专家、国家社会科学基金学科规划评审组专家、中国知识产权法学研究会副会长、国家知识产权专家咨询委员会委员、最高人民法院特约监督员、最高人民检察院特约监督员。

　　主持完成中央马克思主义理论研究和建设工程、国家社会科学基金重大项目等国家级重大项目多项，著有《专利法原理》《全面法治与中国治理现代化》《创新驱动发展与知识产权战略研究》《消费者权益保护专论》等，在《中国社会科学》《中国法学》《法学研究》等刊物上发表学术论文百余篇。

序

马一德教授的新著《商业秘密法学》由高等教育出版社出版发行，它系统叙述、说明和深入论证了商业秘密制度。它的出版，对于完善知识产权法学的理论体系、完备民法典规定的财产制度、健全中国特色社会主义法律体系，对于帮助人们提升眼界、开阔视野、转变财产观念，至关重要。同时它也给我们带来一个重大的启示和崭新的观念——理论、制度也是巨大的生产力，对技术创新、经济发展具有根源性的、基础性的推动作用。本书的出版，填补了我国高等学校法学专业主干课程教学和教材的空白。

党的二十大指出，实现高水平科技自立自强，进入创新型国家前列是我国发展的总体目标之一。中国已经进入创新型国家行列。这是一个伟大的历史转折。它说明，中国财富生产、经济发展的基本动力，已经成功实现了从主要依靠土地等自然资源和劳动力红利的驱动模式，向以技术创新、商业模式创新和制度创新为主要驱动力的发展模式转变。与此同时，40余年的市场化改革和法治建设，也为这一转变奠定了坚实的物质基础和健全的法律保障。这意味着中国经济发展，已经从传统的以算数级数增长，转变为崭新的呈几何级数增长。它还说明，伴随着中国的崛起，中国也已经从世界经济发展的追随者，转变为世界经济增长的引擎，并走上高质量发展道路。这一转变，改变了中国，也改变了世界。

古典经济学家有句名言："劳动是财富之父，土地是财富之母。"笔者则认为，知识产权制度蕴藏的逻辑厘清了人类财富生产的真谛——一切财富都隐藏在源源不断的知识创新中。知识的创造才是财富之父。众所周知，人类进行创造是从制造工具开始的。工具是劳动的前提，没有工具便没有劳动。工具的水平决定了劳动的水平。人类文明史就是技术推动下财富生产的历史。实践证明，创新是技术生产和财富增长的第一动力。创新成果高居财富生产链条的顶端，知识才是一切财富的真正源泉。知识作为财富生产的手段，给予其法律保护，不仅是法律制度的创新，更是财富增长的革命性变革。事实上，正是萌发于13世纪、成熟于17世纪的知识产权制度，促进了人类现代科学的诞生，并孕育了工业革命。从此，人类开辟了经济发展的理性、高速增长道路。其结果，正如《共产党宣言》所言："资产阶级在它的不到一百年的阶级统治中所创造的生产力，比过去一切世代创造的全部生产力还要多，还要大。"[①]

知识产权制度对创新成果的财产保护尽入法律之彀的标志，是对商业秘密的

---

① 马克思、恩格斯：《共产党宣言》，人民出版社2018年版，第32页。

保护。实践说明，商业秘密是知识产权拾遗补阙式的"兜底制度"的说法，并不准确。事实上，商标权、专利权、著作权，作为有"官称"的知识产权，不过是知识产权制度汪洋大海中冒出水面的冰山，只是创造成果的象征或代表，而水面之下的巨大冰川，虽无名无姓，但深不可测，它们才是创造成果的主体部分，其中，主要就是商业秘密。商业秘密才是知识产权保护木桶水平的决定之板。因此，商业秘密的理论、制度、社会意识和实践状况，决定一个国家的知识产权保护水平。商业秘密并非名称彪炳的法定财产权利，而是我们通常所说的"合法权益"中的"益"。法律上称之为"法益"。法益，虽无"名"，但有"分"，属于合法的财产权，在财产制度中居于十分重要的地位，受到我国法律的明确保护。《民法典》第129条规定："民事权利可以依据民事法律行为、事实行为、法律规定的事件或者法律规定的其他方式取得。"这一规定，为基于创造和经营而产生的商业秘密的"法益"发展提供了极为广阔的空间。因此，基于商业秘密而产生的财产关系需要特殊的规范体系单独立法加以调整，与商业秘密有关的法律问题也需要相对独立的法学知识体系加以阐述。如前所述，中国已经成为创新型经济体，完善的知识产权体系对创新成果的全面保护，已成当务之需。

酝酿多时的这本《商业秘密法学》教材注重基本概念、基础理论和体系性，以学理为主线，以理论引领制度、统御实践，并结合国际国内立法，对商业秘密法律作出了精确的描述和系统的阐释。众所周知，单行知识产权制度的知识体系具有同构性特点，此类教材安排也多以成文法为参酌。本教材则更突出理论性、系统性、实践性，因而所表达的知识，比以制度为纲、以法律文本为天花板的思维方式主导的教材更具穿透力，更接地气，也更具解释力和前瞻性，令人耳目一新。这本教材的出版之所以有价值，至少告诉我们：

第一，本教材对商业秘密的性质在制度发展中最终从市场竞争规则过渡到知识财产权规范作了理论说明，明确告诉人们，单行、系统的商业秘密立法是历史趋势。读者会注意到，这本教材有个突出的看点，它在对商业秘密保护理论作历史梳理的同时，结合实践、相关国家法律、国际公约，从契约义务理论，到侵权行为理论，再到财产权理论，最终完成了商业秘密为知识产权的理论阐述，顺理成章地论证了我国商业秘密法律制度最终必将从"水土不服"的反不正当竞争法规制的羁绊中摆脱出来，实现到民法典的转变。这种直摄本质、从一般到具体、从简单到复杂的叙述方法，较之分析的方法，体现了理论科学的优越性。此外，综观全书，注重概念解读和理论阐释是这本教材的一大特色，也是它的优势所在。全书共有九章，以概念统领，以问题为导向，纲目有序、脉络清晰、逻辑严谨、详略有致，完整地阐述了商业秘密法作为独立的单行法的知识体系。内行的读者仅凭目录，就可以得其精要。

我国商业秘密法的立法不容迟缓。20世纪90年代中期，曾由当时的国家经济贸易委员会牵头启动商业秘密法的起草工作，在国内外作了广泛的调查研究，并起草了法律的讨论稿，后来无果而终。进入21世纪，经济全球化下的技术竞争日益激烈，商业秘密保护问题面临更为严峻的挑战。引人注目的是，随着世界贸易组织《与贸易有关的知识产权协定》的实践进程，美国商业秘密保护制度在沉寂多年后，从原来联邦提供各州参考的"示范法"，到2016年径行通过了美国《保护商业秘密法》。紧接着，欧盟、英国和德国，也相继颁布了《商业秘密保护指令》《商业秘密保护条例》和《商业秘密保护法》。本书作者从这个现象中敏锐地观察到，系统的、成文的规制商业秘密关系的法律的出台必成趋势。我国现行立法将商业秘密当作市场竞争关系的做法，名实不符。分散在多部不同法律的商业秘密保护模式，欲对商业秘密实行系统全面、充分有效的保护的意图，力不从心。本书作者旋即着手研究，完成了法律建议稿和数以百万字的系统研究报告，于2018年向全国人大提出了商业秘密法的立法建议，同时齐头并进，酝酿《商业秘密法学》教材的撰写。这一具有前瞻性的工作，对我国法治建设，对充分有效地保护社会的创新成果，对高等学校法学专业的学科建设，是一个重大贡献。

第二，本教材以其知识性、可读性和实用性，超出了大学的法学专业教育范围，具有推进社会公众的经济、法律意识启蒙的功能。我认为，本书有两点很突出：一是帮助中国企业，尤其是中小微企业和公众认识商业秘密创造财富的巨大潜力。本书告诉我们，商业秘密财产的对象和其他知识产权一样，都是知识。具体而言，是不公开的技术或经营资讯。知识是认识或行动的工具。知识本身并非财产，而是生产财富的手段。把商业秘密投入商业，可以通过交易产生并增长财富，其商业化程度决定了所生产财富的多寡。对很多高科技企业来说，与厂房和高楼大厦相比，商业秘密才是其核心财产。随着技术进步、竞争加剧，商业秘密日益成为保护技术发明、商业模式发明和经营资讯的主要手段。商业秘密，潜力无穷。二是激励公众提高创新意识，转变财产观念。技术进步既可以来自科学理性的演绎，也可以出自经验。与少数精英高瞻远瞩完成的阳春白雪式的"科学技术"成果相比，商业秘密往往来自"大众创新"，来自"下里巴人"在千锤百炼的实践中经苦思冥想凝结的"经验技术"，或是一时灵感促成的妙手偶得。这些技术或许创造性程度不高，甚至是不起眼的"小窍门""小绝活"，但往往是它们给企业带来出人意料的经济效益，成为企业创造财富的主体。这一切，来自法律对商业秘密作为财产权的尊重和提供的充分有效的保护。因此，树立商业秘密就是财富、就是真金白银的观念，有助于激励我国的创新。毋庸置疑，在商业秘密法律机制的激励下，我国上亿大中小微企业，14亿多意气风发、积极进取的国民，每日每时都会涌现出无穷的新经验、新办法、新手段、新点子、新诀窍、新绝活、新资讯、新机会，由此转化的无尽财富，可以形成中国现代化建设的强大物质基础。

第三，本教材对知识产权法学教育和教材建设具有开拓性贡献。专业教育，教材至关重要。受立法的影响，侵害商业秘密被归为不正当竞争行为。我国对商业秘密的研究、教学和教材一直局限在反不正当竞争法的范围内。例如，教育部全国高等学校法学专业核心课程教材《知识产权法》和马工程重点教材《知识产权法学》在反不正当竞争法编内，分别以"侵害知识财产的不正当竞争"和"商业秘密保护制度"介绍了商业秘密法律知识。显然，这是受到了现行制度的左右。以专利为例，和商业秘密相比较，在财产制度中，一个表现为"权"，一个是"益"。实际上，对商业秘密的保护和对专利技术保护的区别，除去专利财产权不证自明、商业秘密是需要证明的财产权外，二者本质上并无二致。事实上，商业秘密的财产权本质和它的知识产权属性，以及商业秘密法呈系统成文的立法趋势，使商业秘密法成为和商标法、专利法、著作法同一位阶的知识产权单行法，进而融入知识产权法律体系。这一重要的认识上的转变需要理论说明，需要把理论成果转变为法律制度，更需要全面阐释这一理论和制度转变的系统研究成果和高等学校法学专业教材。《商业秘密法学》一书以前述事实为背景，走在时间的前面，在没有成文法律参酌的情况下，结合实践，蕴理论研究、立法设计，集理论专著和系统教材于一身，具有开创性。高等教育出版社引领教材建设，率先推出这本教材，可谓慧眼识珠。本书的出版于完善法学专业教材建设而言，恰逢其时，也为此后的同类教材提供了可资借鉴的蓝本。

我相信，《商业秘密法学》的出版，必将为完善我国知识产权法学的学科建设增添新的华章。

刘春田

2022 年 10 月

前　言

商业秘密是企业创新、市场竞争中最重要的战略性资源，在创新成果保护中发挥着无可替代的作用。由于我国知识产权制度发展的历史局限，商业秘密保护散见于《反不正当竞争法》《劳动合同法》《刑法》等法律法规中，在知识产权教学和研究中也未得到足够的重视。

伴随着互联网、云存储、大数据等新兴技术的飞速发展，盗用商业秘密的成本显著降低，企业间商业秘密侵权纠纷不断；同时，国家间商业秘密被窥探和窃取的风险也在增加。因此，各国越来越重视商业秘密保护在创新发展中的重要作用。在全球双边和多边自由贸易协定中，商业秘密保护已成为基本共识和必备条款；在国内立法中，越来越多国家通过专门立法加强商业秘密保护，自2016年以来，美国以及欧盟各成员国纷纷制定专门的商业秘密法加强商业秘密保护，商业秘密专门立法已成为国际化潮流。

无论从满足国内发展需求的角度抑或从顺应国际化潮流的角度出发，都需要完善商业秘密立法，加强商业秘密保护。2020年通过的《民法典》第123条将商业秘密与作品，发明、实用新型、外观设计，商标等并列作为知识产权保护的客体，确认了商业秘密的民事权利属性，成为未来商业秘密专门立法的逻辑起点和制度本源。2021年，商业秘密立法正式写入国家战略，中共中央、国务院印发的《知识产权强国建设纲要（2021—2035年）》明确要"制定修改强化商业秘密保护方面的法律法规"。在新一轮商业秘密立法推动下，商业秘密保护正迎来新一轮理论创新和规则重构，加强商业秘密保护教学和研究势在必行。

我国商业秘密保护教学与研究现状同其战略地位很不相称，导致相关理论和实践人才缺乏而制约现实发展。具体而言，现行立法将侵犯商业秘密作为不正当竞争行为之一，规定于《反不正当竞争法》第9条中，商业秘密教学因此成为经济法或反不正当竞争法教学的一部分。商业秘密法教学不仅缺乏专门教材，而且大部分研究专著集中发表于2000年前后我国第一次商业秘密专门立法探索之时，此后因专门立法未被采纳，此领域研究力量日渐凋敝。在新一轮商业秘密专门立法的国际背景下，商业秘密基础理论、构成要件、规制行为、免责事由都得到了极大发展乃至重构，我国现有教材体系陈旧，无法充分反映该领域国际理论和实践发展，因此，当前亟须一部体系全面、前沿务实的专著型教材，支撑我国商业秘密法教学和专门立法探索。

多年来，我一直将商业秘密作为教学研究的重点。在我国商业秘密保护短板突出、欧美发达国家纷纷专门立法的背景下，我对国际条约、欧美发达国家立法、国内商业秘密保护实践进行了系统研究，结合我国发展现状，起草并向全国人大提交了《中华人民共和国商业秘密法立法议案》，附有完整的商业秘密立法草案及立法理由书，推动全国人大对此议题作出专门研究，相关建议也被最高人民法院商业秘密司法解释、为国家市场监督管理总局部门规章所吸纳。

同时，有感于国内教学和研究对最新理论进展把握不足，我也决心做一点基础性工作，编写一部通俗易懂、反映最新理论进展的商业秘密法教材。2019年动笔，经过反复斟酌、几易其稿，终于完成。本书的定位有二：首先为本科生、研究生学习商业秘密法提供入门教材；其次，系统反映商业秘密理论进展，吸收最新理论成果、汲取比较法经验，回应司法实践现实争议和前沿问题，旨在使知识产权法初学者对商业秘密保护的历史沿革、制度体系和动态发展形成立体认识，为未来商业秘密专门立法提供理论支撑。

本书遵循三大线索：一是法律解释，以我国《反不正当竞争法》规定的商业秘密保护规则为核心，以理论成果和实践案例为素材，阐明我国商业秘密保护的制度原理和规则构造。二是比较法研究，本书虽是对中国法的阐述，但从历史上来看，我国并不具备商业秘密保护的历史传统，商业秘密制度的建立主要是为了融入国际贸易体系、适应国际规则。当下相关法律解释以及未来商业秘密制度的完善都在国际条约、比较法制度原理内展开。鉴于此，本书对商业秘密保护国际条约、比较法发展作了全面阐述，作为理解和完善我国商业秘密制度的基本原理的支撑，也希望培养学生商业秘密制度研究的全球化视野。三是对中国特色社会主义商业秘密制度的完善作进一步的理论探索。现行立法将侵害商业秘密行为规定于《反不正当竞争法》是历史过渡性产物，处在历史的转折点上，我们既要忠实于法律文本作出的解释，也要以发展的眼光带领学生对未来商业制度的发展作出展望。

值得一提的是，书稿完成之后，我便不揣浅陋，带它求教于刘春田老师。刘老师既是我进入知识产权领域的引路人，也是我学术研究的鞭策者，带领我在知识产权道路上长跑。在拿到书稿后，刘老师彻夜通读，从题目、结构乃至具体表述上对书稿提出了深刻、中肯的建议，帮助我弥补了诸多错误疏漏之处。刘老师更是不惜笔墨为本书作长篇序言，高屋建瓴地为中国商业秘密法治发展和法学教育作出了谋划，为本书平添一层光彩和战略高度。在此，向刘春田老师致以最诚挚的敬意和感谢！

最后，希望本书的出版能够为商业秘密法教学提供参考，为中国知识产权法教育尽绵薄之力。一如既往，希望读者和专家们提出宝贵批评意见。

马一德

2022年11月15日

目　录

第一章　商业秘密保护基础理论 ……………………………………… 1

　第一节　商业秘密概述 …………………………………………… 1

　　一、商业秘密的概念 …………………………………………… 1

　　二、商业秘密的特征和法律属性 ……………………………… 3

　第二节　商业秘密保护制度发展 ………………………………… 5

　　一、商业秘密保护的历史起源 ………………………………… 5

　　二、商业秘密保护的比较法发展 ……………………………… 6

　　三、商业秘密保护的国际条约发展 …………………………… 12

　　四、商业秘密保护的中国法发展 ……………………………… 18

　第三节　商业秘密保护理论基础 ………………………………… 25

　　一、契约义务理论 ……………………………………………… 25

　　二、侵权行为理论 ……………………………………………… 27

　　三、财产权理论 ………………………………………………… 28

第二章　商业秘密保护客体 …………………………………………… 32

　第一节　商业秘密保护客体的范畴 ……………………………… 32

　　一、国际条约中的商业秘密保护客体 ………………………… 32

　　二、我国法上的商业秘密保护客体 …………………………… 33

　　三、商业秘密保护客体的发展演进 …………………………… 34

　　四、商业秘密保护客体的主要类型 …………………………… 34

　第二节　技术信息 ………………………………………………… 36

　　一、技术信息概述 ……………………………………………… 36

　　二、技术信息的秘密点 ………………………………………… 37

　　三、技术信息与专利技术的关系 ……………………………… 38

　　四、技术信息与计算机软件的关系 …………………………… 39

　第三节　经营信息 ………………………………………………… 41

　　一、经营信息概述 ……………………………………………… 41

　　二、客户信息 …………………………………………………… 42

　　三、商业模式 …………………………………………………… 44

第三章　商业秘密构成要件·············47

　　第一节　商业秘密构成要件概述·············47

　　　　一、国际条约及比较法实践·············48

　　　　二、我国法上商业秘密的构成要件·············51

　　第二节　秘密性·············53

　　　　一、判断标准：非"普遍知悉和容易获得"·············55

　　　　二、判断主体：所属领域相关人员·············57

　　　　三、判断时间点：侵权行为发生时·············57

　　　　四、秘密性与新颖性的关系·············58

　　　　五、秘密性与创造性的关系·············60

　　第三节　价值性·············63

　　　　一、价值性的内涵·············64

　　　　二、价值性的体现·············65

　　　　三、价值性的判断标准·············66

　　第四节　保密性·············67

　　　　一、保密性的内涵与法理基础·············68

　　　　二、保密性的判断标准·············69

　　　　三、保密措施的典型情形·············72

第四章　商业秘密法律归属·············80

　　第一节　商业秘密归属一般规则·············80

　　　　一、国际条约与比较法实践·············80

　　　　二、中国法上商业秘密的归属规则·············82

　　第二节　职务成果的商业秘密归属·············86

　　　　一、执行法人或者非法人组织工作任务完成的技术成果·············88

　　　　二、主要利用本单位的物质技术条件完成的技术成果·············89

　　第三节　委托合作开发成果的商业秘密归属·············90

第五章　商业秘密许可与转让·············95

　　第一节　商业秘密许可·············95

　　　　一、商业秘密许可的法律性质·············95

　　　　二、商业秘密许可的类型·············95

　　　　三、商业秘密许可合同的主要内容·············96

第二节 商业秘密转让 ·· 98
　一、商业秘密转让的法律性质 ···················· 98
　二、商业秘密转让合同的主要内容 ············· 99
第三节 商业秘密许可、转让限制性条款规制 ············· 100
　一、限制性条款的含义 ···························· 100
　二、限制性条款的规制路径 ······················ 101

第六章 侵犯商业秘密的行为 ································ 107
第一节 侵犯商业秘密的行为概述 ························ 107
　一、侵犯商业秘密的构成要件 ···················· 107
　二、侵犯商业秘密的行为类型 ···················· 108
第二节 不正当获取、披露、使用商业秘密的行为 ········· 116
　一、以不正当手段获取商业秘密 ················· 116
　二、披露、使用不正当获取的商业秘密 ········· 123
第三节 不正当披露或使用合法获悉的商业秘密 ········· 128
　一、基本规则与认定难点 ························· 128
　二、比较法实践中的保密义务认定 ············· 130
　三、我国法上保密义务的认定 ···················· 133
第四节 第三人恶意获取、披露、使用商业秘密 ········· 135
　一、基本规则与认定难点 ························· 135
　二、比较法上的善意第三人保护 ················· 136
　三、我国法上的善意第三人保护 ················· 140

第七章 正当行为与保护例外 ································ 144
第一节 概述 ·· 144
第二节 正当获取、披露、使用商业秘密的行为 ········· 146
　一、自行研制 ·· 147
　二、反向工程 ·· 148
第三节 商业秘密保护例外 ································ 153
　一、商业秘密保护例外的设置可能 ············· 153
　二、商业秘密保护例外的主要情形 ············· 154
　三、商业秘密保护例外的中国法建构路径 ········· 158

第八章　侵犯商业秘密的法律责任………………………………………… 160

第一节　民事责任……………………………………………………… 160

　一、停止侵权 ……………………………………………………… 160

　二、损害赔偿 ……………………………………………………… 171

第二节　刑事责任……………………………………………………… 181

　一、适用有形财产犯罪规则的历史探索 ……………………… 181

　二、商业秘密独立刑法保护的必要性 ………………………… 187

　三、侵犯商业秘密罪与非罪的界限 …………………………… 190

第九章　商业秘密诉讼程序规则…………………………………………… 195

第一节　商业秘密诉讼举证责任……………………………………… 195

　一、原告对商业秘密享有权利的证明 ………………………… 195

　二、被告使用信息与商业秘密相同或实质性相同的证明 …… 198

　三、被告行为具有不正当性的证明 …………………………… 199

第二节　商业秘密诉讼保全措施……………………………………… 202

　一、商业秘密诉讼的证据保全措施 …………………………… 202

　二、商业秘密诉讼的行为保全措施 …………………………… 207

第三节　商业秘密诉讼保密规则……………………………………… 212

　一、不公开审理程序 …………………………………………… 213

　二、特殊质证规则与诉讼参与人的保密义务 ………………… 213

第一章　商业秘密保护基础理论

第一节　商业秘密概述

一、商业秘密的概念

关于何为"商业秘密"，国内外一直缺乏统一的定义。一般认为，商业秘密最早可以追溯到罗马法上的"引诱奴隶之诉"（*actio servi corrupti*），现代商业秘密制度首先由英美法系国家的司法实践发展而来，而后为大陆法系国家广泛吸收借鉴。由于发展自英美法系国家的判例法，早期商业秘密的概念、构成相对比较灵活，直到20世纪之后，各国才开始尝试以成文法的形式对商业秘密加以界定。

具体而言，到19世纪，随着近代工业革命的发生和资本主义、市场经济的发展，技术在市场竞争中的价值逐渐凸显，商业秘密的法律保护需求也逐渐显现。英国、美国法院在判例法中开始对商业秘密加以保护，但主要依托于合同法展开，缺乏对商业秘密财产地位的承认和界定。19世纪中叶，德国和法国的刑事立法将"未经许可而泄露工厂秘密"（secrets of the factory）认定为犯罪。1896年通过并经多次修改的德国《反不正当竞争法》对商业秘密保护作出了规定，但是该法未对商业秘密设定定义性规范。直到1955年，德国联邦最高法院在判例法中对商业秘密作了如下界定：商业秘密是指与企业经营相关的、未公开而仅为特定范围的人知悉的、企业对其具有保密利益且依其表达或可识别的意思应予以保密的信息。[①]在美国，伴随着判例法的发展，1939年《侵权法重述（第一次）》对商业秘密作出了列举式的定义，规定："商业秘密可包括应用于营业上的任何配方、模型、装置或信息汇编，得用于某人的经营，因此给该人以机会，获得相对于不知或未使用的竞争者竞争优势。其可以是一种化学物质的配方，一种制造、加工或存储材料的工艺，一种机器或其他装置的图纸，或一份客户名单。"在此基础上，美国统一州法律委员会1979年制定1985年修改的示范法《统一商业秘密法》（Uniform Trade Secrets Act，UTSA）第一节第4条对商业秘密作出了抽象式界定："'商业秘密'意为特定信息，包括配方、样式、编辑产品、程序、设计、方法、技术或工艺等，其：（ i ）由于未能被可从其披露或使用中获取经济价值的他人所公知且通过正当手段无法确定，因而具有实际的或潜在的独立经济价值；同时（ ii ）是在特定情势下已尽合理保密努力的对象。"该定义采取了"属＋种差"的定义方式，即明确商业秘密本质上是一种信息，而与一般信息不同的是，

---

① BGH, GRUR 1955, 424, 425 – Möbelpaste.

商业秘密保护的信息要求该信息不为他人所公知且通过正当手段可以确定、存在实际的或潜在的经济价值、他人尽到合理保密措施。1996 年美国国会制定的《经济间谍法》，对商业秘密作了如下界定：商业秘密是权利人采取了保密措施，不为公众普遍知悉，公众不易通过正当手段获取，具有独立经济价值的任何金融的、商业的、科学的、技术的、经济的、工程的信息。这一概念明确了商业秘密具有秘密性、价值性、保密性三要件。受美国《统一商业秘密法》的影响，1990 年日本修订后的《不正当竞争防止法》对商业秘密作了如下界定：商业秘密是指有关于制造或销售方式，在商业上具有实用性、被作为秘密进行保守，不为一般公众所知悉的技术信息与经营信息。

20 世纪末，经济全球化催生了法律国际化的产物——《与贸易有关的知识产权协定》（TRIPs 协定）。为避免各国争议，TRIPs 协定在构建保护规则时并未采用"商业秘密"的概念，而是界定为"未披露信息"（undisclosed information），对于未披露信息的保护，TRIPs 协定第 39 条第 2 款规定："自然人和法人应有可能防止其合法控制的信息在未经其同意的情况下以违反诚实商业行为的方式向他人披露，或被他人取得或使用，只要此类信息：（a）属秘密，即作为一个整体或就其各部分的精确排列和组合而言，该信息尚不为通常处理所涉信息范围内的人所普遍知道，或不易被他们获得；（b）因属秘密而具有商业价值；并且（c）由该信息的合法控制人，在此种情况下采取合理的步骤以保持其秘密性质。"在此基础上，1996 年世界知识产权组织出台的《关于反不正当竞争保护的示范规定》将"未披露信息"表述为"秘密信息"，也对商业秘密作出了与 TRIPs 协定基本一致的界定，即："构成本节中秘密信息的要求如下：（1）其整体或者要素的确切体现或组合，未被通常涉及该信息有关范围的人普遍所知或者容易获得；（2）由于秘密而具有商业价值；（3）在特定情势下，是合法控制人采取合理保密措施保护的对象。"一般认为，"未披露信息"或"秘密信息"即为通常所谓的商业秘密，由于上述条约的国际影响力，此概念也成为被最为广泛接受的对商业秘密的界定。

在我国法上，"商业秘密"的提法最早出现在 1991 年《民事诉讼法》[①]第 66 条、第 120 条规定之中，但当时法律并未对"商业秘密"作出明确界定，1992 年最高人民法院《关于适用〈中华人民共和国民事诉讼法〉若干问题的意见》第 154 条采取列举的方式将其解释为："民事诉讼法第六十六条、第一百二十条所指的商业秘密，主要是指技术秘密、商业情报及信息等，如生产工艺、配方、贸易联

---

① 本书引用法律时，除特别说明外，一般使用简称，如《中华人民共和国民事诉讼法》简称为《民事诉讼法》。

系、购销渠道等当事人不愿公开的工商业秘密。"借鉴域外经验和国际立法，我国于1993年颁布的《反不正当竞争法》第10条对商业秘密作出了更为精确的定义，即"本条所称的商业秘密，是指不为公众所知悉、能为权利人带来经济利益、具有实用性并经权利人采取保密措施的技术信息和经营信息"。根据TRIPs协定第39条第2款规定，2019年修正的《反不正当竞争法》第9条对商业秘密的定义进行了完善，规定商业秘密是指"不为公众所知悉、具有商业价值并经权利人采取相应保密措施的技术信息、经营信息等商业信息"。该规定可以从两方面理解：第一，商业信息包括经营信息和技术信息等，是商业秘密保护的客体；第二，"不为公众所知悉、具有商业价值并经权利人采取相应保密措施"是商业秘密的构成要件，界定了一般信息构成商业秘密从而获得保护的门槛。

因此，尽管目前各国就商业秘密的具体构成存在分歧，但一般认为，商业秘密是一类信息，其不为公众所知悉，且因权利人采取合理保密措施而产生商业价值，此类信息可以是技术信息也可以是经营信息。

二、商业秘密的特征和法律属性

我国《反不正当竞争法》第9条规定了竞争者不得实施侵犯商业秘密的行为，包括：（1）以盗窃、贿赂、欺诈、胁迫、电子侵入或者其他不正当手段获取权利人的商业秘密；（2）披露、使用或者允许他人使用以前项手段获取的权利人的商业秘密；（3）违反保密义务或者违反权利人有关保守商业秘密的要求，披露、使用或者允许他人使用其所掌握的商业秘密；（4）教唆、引诱、帮助他人违反保密义务或者违反权利人有关保守商业秘密的要求，获取、披露、使用或者允许他人使用权利人的商业秘密。但对于商业秘密保护的性质，即其是否构成一种财产权利或属于知识产权，理论上仍存在较大的争议。

从广义上来说，商业秘密主要表现为信息（技术信息和经营信息），具有无形性、可复制性等特点，且具有价值性，能为权利人带来潜在的竞争优势，故而在生产经营的现实中被作为财产加以保护和交易，在此层面上与传统专利权、著作权等知识产权具有相似性，故而在讨论时往往被纳入知识产权的范畴。例如，TRIPs协定将"未披露的信息"即商业秘密归入应当受到保护的七类知识产权中的一类（其他六类为：版权与邻接权、商标、地理标志、工业品外观设计、专利、集成电路布图设计）。我国《民法典》第123条第2款也将商业秘密作为一类知识产权的客体加以规定："知识产权是权利人依法就下列客体享有的专有的权利：（一）作品；（二）发明、实用新型、外观设计；（三）商标；（四）地理标志；（五）商业秘密；（六）集成电路布图设计；（七）植物新品种；（八）法律规定的其他客体。"

从保护内容上来看，商业秘密保护与商标权、专利权、著作权等传统知识产权存在着明显的不同，故有学者认为，在法律属性上，商业秘密保护并非是一种权利，而是一种未上升为权利的法益。[①]具体而言，商业秘密相对于一般知识产权而言具有以下特性：一是秘密性，这是商业秘密的根本属性，正是"秘密性"才保证了其所具有的"价值性"。丧失秘密性的信息不会带来竞争优势，也就不可能成为一种产权。二是非专有性（非独占性）。商标权、专利权、著作权等知识产权都具有很强的独占性，在权利人获得上述权利以后，他人即使通过自己的创造也无法获得同样的权利保护。商业秘密则相反，其专有性、排他性较弱，他人完全可以通过反向工程和独立开发等合法方式获得同样的信息，只要该信息符合商业秘密的构成要件，同样可以受到商业秘密形式的保护。三是受保护时间的不确定性。对于商标权、专利权和著作权，法律都明文规定确定的保护期限，并在这个期限内给予较强的保护。商业秘密则没有确定的保护期限，只要该信息始终处于秘密状态，就得以权利的形式受到法律的长期保护。

在商业秘密法律属性的探讨中，有学者主张商业秘密保护属于法益而非权利的重要理由系商业秘密保护的非排他性，并认为将商业秘密作为财产权或知识产权即赋予了商业秘密持有人在该信息之上的完全排他性权利，混淆了知识产权与商业秘密之间的区别，取消了正当获取与不正当获取商业秘密之间的区别，会不当地将公有领域专有化，故商业秘密只能作为一种"法益"。[②]事实上，在明确商业秘密是否是一项权利之前，首先有必要明确权利或财产权的评判标准。"法益"说的主张存在着对于权利或财产权概念的狭义和刻板理解。在过去的经典财产权观念下，财产权的构建模式是由客体界定权利，将财产权理解为对客体（物）的绝对性支配，[③]但对信息等无体物套用以对有体物的绝对支配界定权利则存在现实困难。在现代财产观念下，目前，学界已经基本接受了霍菲尔德提出的财产权本质是对人性而非对物性的理论，即财产权并非是对某物的绝对性支配（其客体可以是物也可以不是物），而是调整不特定主体之间关系的权利。[④]财产权并非是对物或者其他客体排他性支配的权利，而是一系列对世性权利的"权利束"组合，构建财产权的最大意义是以符合社会观念的方式将一系列权利组合到一起，从而有效地降低社会交易成本。[⑤]由此视角来看，我国《反不正当竞争法》以设定义

---

① 参见孙山：《反思中前进：商业秘密保护理论基础的剖解与展望》，载《知识产权》2011年第8期。
② 参见孙山：《反思中前进：商业秘密保护理论基础的剖解与展望》，载《知识产权》2011年第8期。
③ 参见梅夏英：《民法权利客体制度的体系价值及当代反思》，载《法学家》2016年第6期。
④ See Wesley N. Hohfeld, Fundamental Legal Conceptions as Applied in Judicial Reasoning, 26 *The Yale Law Journal* 710（1917）.
⑤ See Henry E. Smith, Intellectual Property as Property: Delineating Entitlements in Information, 116 *The Yale Law Journal* 1636（2007）.

务的方式规定了经营者不得以不正当手段获取、披露、利用商业秘密的义务，对权利人而言系一项对世性的权利，故而将商业秘密作为一项财产权或知识产权并不存在理论上的阻碍。但应当注意的是，财产权的本质是对人性而非对物性，并非是权利人对权利客体的绝对支配，不能以此为由赋予商业秘密完全的排他性保护，而是应当基于权利人的保密利益界定商业秘密保护范围。

第二节　商业秘密保护制度发展

商业秘密最早可以追溯到罗马法时代，但商业秘密的保护是现代法律制度的产物。伴随着第一次工业革命之后商品经济的发展，商业秘密逐渐成为一项独立的保护对象出现在市场经济活动和司法裁判活动中，美国、德国、日本等发达国家逐步在国内法中确立商业秘密保护制度并不断强化和完善，商业秘密保护立法也逐渐向成文化、统一化和专门化的方向发展，在经济全球化背景下，商业秘密保护制度由国内法逐步向国际规则升级，进而推动了中国等发展中国家迅速地建立起了商业秘密保护制度。

全面了解商业秘密保护制度的起源和历史发展过程，对于充分理解商业秘密保护制度原理、适用我国商业秘密保护制度具有重要意义。现就商业秘密保护的历史起源、比较法发展、国际条约发展和我国法上的发展分别予以介绍。

一、商业秘密保护的历史起源

商业秘密保护可追溯到古罗马时期，在古罗马奴隶社会，如果竞业者诱骗、胁迫奴隶泄露奴隶主的商业秘密，奴隶主有权提起损害赔偿的诉讼，此为商业秘密法律保护的萌芽。在古典罗马法中，若一方雇员在其竞争对手的唆使下传播商业秘密，则该竞争对手的行为被认为是一项不公平的商业行为。乌尔比安曾写道："如果一个奴隶被说服复制我的账本，我认为诉讼是引诱奴隶之诉。"[①] 在古罗马的雇主—雇员的关系中，雇员要么是奴隶，要么是自由人，尤其是在古典时期，奴隶构成了最大的雇员群体。由此，这个问题可以表述为：商人（奴隶主）的雇员（奴隶）被竞争对手（第三人）恶意引诱泄露商业秘密。

引诱奴隶之诉可由奴隶主向任何人主张，但前提是产生了实际损害。然而，损害程度本身是难以确定的，奴隶价值贬损通常是奴隶主请求损害赔偿所考虑的

---

① A. Arthur Schiller, Trade Secrets and the Roman Law: The Actio Servi Corrupti, 30 *Colum. L. Rev.* 837, 843 (1930).

第一要素，除此之外，损害还应包括奴隶因窃取商业秘密而使奴隶主遭受的损失和奴隶主因奴隶对他人的不法行为而承担的损失，以及这两项以外的其他事项，即奴隶主所遭受的所有直接和间接损害，均属于请求损害赔偿的范围。亚瑟·席勒认为，在引诱奴隶之诉中，奴隶价值贬损所造成的实际损失很小，奴隶主损害主要体现在商业方面，因为竞争者干扰了其雇员（奴隶）而引诱雇员（奴隶）作出了损害其利益的行为，如未偿债务证据的销毁、竞争者自身债务的清除、客户名单的删除、记录的残缺或伪造等。因此，引诱奴隶之诉可以用来保护商业秘密或者类似商业利益。但在引诱奴隶之诉中，商业秘密的地位还未得到正式认可，商业秘密保护也未成为主要的诉讼目的，对相关商业利益的保护至多只是其副产品，其关注的焦点仍然在于奴隶的贬值。[①]

二、商业秘密保护的比较法发展

虽然商业秘密保护可以追溯到罗马法时代，但现代化的商业秘密保护制度主要是在英美判例法的影响下形成的。在罗马法之后的几个世纪中，随着商品经济的发展和私有制的产生，在农业和手工业作坊的生产实践中，有些店铺经过长期积累逐渐形成了家传绝技、家传秘方等技术诀窍，并通过"秘不外传"等自我保护措施来获得竞争优势。当时，对商业秘密的保护主要是这些技术诀窍持有者的自我保护，也有零星或者间接的法律规定。到了19世纪，随着近代工业革命的发生和资本主义、市场经济的发展，一方面，商业秘密的内容随着科技的发展而不断丰富；另一方面，盗窃商业秘密的手段随着竞争的激烈也日益复杂，商业秘密的法律保护被提上了日程。[②]在19世纪的欧洲，英国、美国等国家通过判例确立和发展了普通法中的现代商业秘密法律保护制度的基本内容。英国和美国的法院分别于1817年和1837年首次认定了侵犯商业秘密损害赔偿的诉因，[③]并陆续出台了一系列救济措施[④]。此后英美判例法也为大陆法系国家广泛吸收借鉴，商业秘密逐渐成为一项独立的保护对象出现在市场经济活动和司法裁判活动中，成文化、统一化、专门化的商业秘密保护立法逐步在全球各国确立，现代化的商业秘密保护制度逐渐形成。现就主要法域商业秘密立法发展过程和基本内容介绍如下：

---

① See Alan Watson, Trade Secrets and Roman Law: The Myth Exploded, 11 *TUL. EUR. & CIV. L.F.* 19, 19（1996）.

② 参见吕鹤云等：《商业秘密法论》，湖北人民出版社2000年版，第226页。

③ See Newbery v. James,（1817）35 Eng. Rep. 1011, 1013（Ch.）; Vickery v. Welch, 36 Mass.（19 Pick.）523, 527（1837）.

④ See Taylor v. Blanchard, 95 Mass.（13 Allen）370（1866）; Yovatt v. Winyard,（1820）37 *Eng. Rep.* 425, 426（Ch.）.

（一）美国

美国商业秘密保护制度早期主要由各州判例法创建。美国法上最早的商业秘密保护规则主要由英国衡平法的规则发展而来，[1]当时商业秘密纠纷多发生于掌握一定秘密信息的雇员（在早期则为学徒）离开雇主后向竞争者提供其商业秘密信息的情形[2]。1860年之前，美国各州法院主要依据当事人之间明示不使用或者不公开特定秘密信息的协议，以合同法调整商业秘密纠纷，[3]并不存在一般性的商业秘密保护制度。但合同义务的约束力十分有限，只能要求相对方为一定行为或不为一定行为，不能对第三人发生效力。当直接使用商业秘密或者是享受商业秘密带来利益的一方不是合同相对人时则难以适用，例如，雇员背叛雇主而加入其竞争者时，竞争者通常没有义务保守该秘密或者放弃使用该秘密，当被许可人不当地将商业秘密泄露给第三方时也存在这种情形。此后，为了突破合同法保护的局限性，美国各州判例法开始尝试创建独立的商业秘密保护理论和制度，例如，在1868年Peabody v. Norfolk案中，马萨诸塞州最高法院试图将商业秘密解释为"财产"而在未订立合同的情况下产生对抗第三人的效力；[4]在1917年E.I. Dupont de Nemours Powder Co. v. Masland案中，美国联邦最高法院又提出了"善意义务"替代了财产权理论，认为被告对原告负有保密义务而获取、使用、披露商业秘密将构成侵权。[5]在各州判例法不断积累的基础上，美国法律协会（American Law Institute，ALI）于1939年编纂的《侵权法重述（第一次）》对各州的商业秘密保护实践作出了全面、系统的总结，形成了现代商业秘密保护的基本制度架构。为了有效协调各州商业秘密保护标准，美国统一州法律委员会于1979年推出了《统一商业秘密法》，1985年又进行了修改充实。《统一商业秘密法》虽然只是一项示范性法案，并不具有法律约束力，只有经州议会批准后才能成为州的法律，但除纽约州外，美国其他49个州均已采纳了该范本，该示范法事实上已经成为美国各州保护商业秘密的统一标准。

在联邦层面，美国早期一直没有商业秘密保护的专门立法，为专门打击外国经济间谍窃取美国商业秘密的犯罪行为，美国国会于1996年颁布了《经济间谍法》

---

① 参见李明德：《美国知识产权法》（第二版），法律出版社2014年版，第213页。

② See Catherine Fisk, Working Knowledge: Trade Secrets, Restrictive Covenants in Employment, and the Rise of Corporate Intellectual Property, 1800−1920, 52 *Hastings Law Journal* 441（2001）.

③ See Robert G. Bone, A New Look at Trade Secret Law: Doctrine in Search of Justification, 86 *California Law Review* 241（1998）.

④ 此后主张财产权保护的案例如：Cincinnati Bell Foundry Co. v. Dodds, 10 *Ohio. Dec. Reprint* 154（1887）；Park v. Hartman, 153 Fed. 24（C. C. A., 1907）；Pomeroy Ink Co. v. Pomeroy, 77 *N.J. Eq.* 293, 78 Atl. 698（Ch. 1910）.

⑤ E. I. Du Pont de Nemours Powder Co. v. Masland, 244 U.S. 100（1917）.

（EEA）。为了协调各州商业秘密保护，美国联邦于2016年通过了《保护商业秘密法》（DTSA），该法适用于所有跨州或者跨境贸易商业秘密保护，联邦法院对于跨州或者跨境贸易商业秘密案件具有管辖权，主要以《统一商业秘密法》的规定为基础。

就美国商业秘密保护制度的基本内容，现简介如下：

1. 商业秘密的定义

《统一商业秘密法》对商业秘密的定义如下：

"'商业秘密'意为特定信息，包括配方、样式、编辑产品、程序、设计、方法、技术或工艺等，其：

（i）由于未能被可从其披露或使用中获取经济价值的他人所公知且通过正当手段无法确定，因而具有实际的或潜在的独立经济价值；同时（ii）是在特定情势下已尽合理保密努力的对象。"

对尚未实施《统一商业秘密法》的州，以及大多数在《统一商业秘密法》之前的司法意见，《侵权法重述（第一次）》第757条在评论中对商业秘密作出了列举式定义。

2. 侵犯商业秘密的行为

《统一商业秘密法》将侵占（misappropriation）定义为：

"（i）明知或应知获得他人商业秘密已经使用了不正当手段的人，获得该商业秘密；或（ii）未经明示或默示同意披露或使用他人商业秘密，且该人：A.使用了不正当手段获得该商业秘密知识；或B.在披露或使用时，明知或应知该商业秘密是（1）源于或经过使用了不正当手段的人获得的；（2）在已产生保密或限制使用义务的情势下获得的；或（3）源于或经过对已寻求司法救济以保持秘密或限制使用者负有义务的人获得的；C.在该人状态产生实质性变动之前，知道或应该知道有关内容为商业秘密，但由于意外或失误获得的。"

关于侵犯商业秘密的行为，《侵权法重述（第一次）》与《统一商业秘密法》的规定非常相似，即：

"未经许可，有以下泄露或者使用他人商业秘密的行为之一的，应当承担责任：（a）以不正当手段获取商业秘密；（b）违反信赖义务，泄露或者使用他人商业秘密；（c）从第三人处获取商业秘密，明知是商业秘密且由第三人以不正当手段获取或者违反信赖义务；（d）获得商业秘密，明知该信息为商业秘密且系错误向其披露。"[①]

---

① RESTATEMENT（FIRST）OF TORTS § 757.

3. 商业秘密被侵犯的救济方式

当商业秘密被侵犯时，可以通过民事诉讼和刑事诉讼来获得救济。其中，《统一商业秘密法》规定商业秘密诉讼可以不公开进行，以保护商业秘密，权利人可以获得的救济手段包括：

（1）禁令。禁令的期限限于商业秘密存续的时间加上消除任何由侵犯商业秘密而获得的商业优势所需要的时间。在特定情况下，权利人也可以不请求颁布禁令，而要求侵权人支付合理的使用费。

（2）赔偿金。商业秘密权利人可以获得实际的损害赔偿和侵权人由侵权行为产生的不当得利（如果该不当得利在损害赔偿中没有考虑的话）。如果有证据证明侵权人侵犯商业秘密是恶意的，赔偿金最高可以提高到两倍。

关于刑事诉讼，美国《经济间谍法》规定，美国司法部可以提起侵犯商业秘密的刑事指控。在刑事程序中，政府要承担举证责任，证明被控侵权人在实施犯罪之时具有"故意或明知"的作案动机，同时还要证明商业秘密权利人采取了合理的保密措施。如果某盗窃商业秘密的行为被定为经济间谍罪，个人除了被处以监禁以外，可能被处以五十万至五百万美元的罚金，组织机构则可能被处以一千万美元和被盗窃商业秘密价值的3倍中的最大者的罚金，另外，侵权人还可能被没收犯罪财产和犯罪所得。

（二）欧盟

在欧洲，早期商业秘密保护主要依靠各成员国国内立法来进行保护，但由于发展的历史不同，各个国家采取了不同的理论基础、立法路径对商业秘密加以保护，对商业秘密的构成要件也没有统一的定义。例如，法国法以民法来保护商业秘密，但没有商业秘密的专门概念，而是使用"专有技术"一词（包括工业专有技术和商业专有技术）；德国将商业秘密置于反不正当竞争法下加以保护，1909年德国制定了《反不正当竞争法》，将商业秘密纳入该法调整，并于1987年和2004年对该法进行了两次修订。但德国《反不正当竞争法》并未对商业秘密构成要件作出界定，依据德国联邦最高法院的判例，商业秘密是指所有人有保密意思、具有正当经济利益的所有与经营有关的尚未公开的信息，即包括尚未公开、有保密意思、正当的保密利益三个要件。其他国家如西班牙、波兰等也借鉴了德国模式，采用反不正当竞争法保护商业秘密。

随着经济的不断发展，企业间围绕技术创新的信息竞争愈发激烈，但欧盟各成员国商业秘密保护标准各异，保护手段也不同，不利于欧盟各成员国间的商业秘密保护和整体经济发展。为了加强商业秘密保护和协调商业秘密保护标准，欧盟于2016年制定了统一的《商业秘密保护指令》（以下简称《指令》），各成员国也纷纷制定了专门的商业秘密保护法以实施《指令》。例如英国2018年

《商业秘密保护条例》［The Trade Secrets（Enforcement，etc.）Regulations］，德国于2019年通过了《商业秘密保护法》（Gesetz zum Schutz von Geschäftsgeheimnissen，GeschGehG）。现就欧盟《指令》和欧盟主要成员国的商业秘密保护制度简介如下：

1. 商业秘密的定义

由于各成员国内部商业秘密保护传统不同，且缺乏对商业秘密概念的统一定义，《指令》采取了与TRIPs协定第39条第2款基本一致的定义，要求商业秘密必须符合秘密性、价值性和保密性三个要件，于第2条第1款规定："'商业秘密'是指同时满足以下所有要求的信息：a）具有下述秘密性，即无论是整体，还是对具体部分的编排组合，对于在该领域从事与相关信息有关的工作人员，均属于不能够正常接触或不知道的信息；b）因秘密性而具有商业价值；c）为保持其秘密性，合法控制人根据情况采取了适当的保密措施。"在成员国实施和转化《指令》的过程中，部分成员国如英国即完全接受了《指令》关于商业秘密的定义，部分成员国如德国则作了一定的保留。2019年德国《商业秘密保护法》第2条规定："商业秘密是指符合如下条件的信息：a）无论是整体，还是对具体部分的编排组合，该领域的相关工作人员均无法知晓或容易获得，因而具有经济价值；b）其合法持有者采取合理的保密措施进行保护；c）存在合法的保密利益。"

2. 侵犯商业秘密的行为和例外

围绕商业秘密保护，欧盟《指令》规定了对非法获取、使用以及披露商业秘密行为的禁止，其第4条规定：

"（1）成员国须确保，商业秘密的持有人针对非法获取、使用及披露商业秘密的行为，能够运用本指令所规定的措施、程序和救济，防止上述行为的发生或针对上述行为获得赔偿。

（2）当行为人实施下列行为时，视为未征得商业秘密持有人的同意，非法获取商业秘密：a）针对处于商业秘密持有人合法控制下的，包含商业秘密或者能演绎出商业秘密的文档、物体、原料、材料或者电子信息，通过未经授权的渠道接触、未经授权占有或未经授权复制；b）其他根据具体情况不属于诚信商业实践的行为。

（3）使用或者披露一项商业秘密将视为违法，当行为人未经商业秘密持有人之允许，通过第三人获取了相关商业秘密，且第三人表示实施了下列行为之一：a）非法获取商业秘密；b）违反了不披露商业秘密的保密协议或其他保密义务；c）违反了关于限制性使用商业秘密的合同义务或者其他义务。

（4）同样被认为是非法获取、使用以及披露商业秘密的行为还包括，当行为人在获取、使用以及披露商业秘密时，知道或者根据具体情况应当知道，该直接或者间接从持有商业秘密的第三人处取得的商业秘密，存在本条第（3）款所述及的违法使用或者披露的情形。

（5）直接生产、提供或将侵权产品投放市场，或为了实现这种目的而实施的进口、出口或储存侵权产品的行为，上述三种行为也被认为是侵犯了商业秘密，当行为人在实施上述三种行为时，知道或者根据具体的情况应当知道存在本条第（3）款所述及的违法使用商业秘密的情形。"

对非法获取、使用以及披露商业秘密的行为，《指令》第3条明确了独立发现或发明、反向工程、知情权或其他符合诚信商业实践的行为是对商业秘密的合法获取、使用和披露。此外，《指令》第5条规定了非法获取行为的例外情况，这些例外情况较为普遍，注重保护表达自由和员工等第三人获取信息的权利，规定：

"当对商业秘密的获取、使用及披露存在下列情形之一的，成员国应当确保当事人借此提起的，要求适用本指令所规定的措施、程序以及救济的申请将被驳回：

a）为了行使欧盟基本权利宪章中表达自由和信息自由的基本权利，包括行使能够体现对媒体自由和媒体多元的尊重的行为；

b）被申请人出于维护公共利益的主观目的，为了揭露职务性或者其他类型的犯罪行为或者违法行为；

c）为了履行根据欧盟法或者成员国法所规定的员工代表的职能，员工向员工代表披露相关信息，但该披露行为以履行员工代表职能的必要为限；

d）为了保护欧盟法或者成员国法所承认的合法的利益。"

在实施《指令》的过程中，英国、德国等成员国立法也作出了类似的规定。

3. 侵犯商业秘密的民事救济

对侵害商业秘密的行为，根据《指令》第12条的规定，权利人有权要求法院颁布禁令，包括销毁或归还包含商业秘密的文件或物件，并将侵权商品从市场上召回、移出、下市及销毁。但根据具体案情适当考虑各方的正当利益，法院也可以采取损害赔偿等替代性救济措施而不颁布禁令，《指令》第13条第3款规定："成员国应当规定，当同时满足下列所有条件时，主管司法机关可以根据本指令第12条被执行对象的申请，以直接交付损害赔偿的方式替代执行第12条所述及的措施，即：a）在使用或者披露商业秘密时，该被执行人不知道或者根据案件情况不应当知道，其通过一个占有商业秘密的第三人而取得或者披露的商业秘密，是基于该第三人的非法使用或者披露行为；b）若真的执行相应的措施，则被执行人将会因此遭受明显不合理的重大损失；以及c）向损害方所交付的损害赔偿，数额上是适当合理的。"

对于损害赔偿的计算，《指令》第14条规定，可考虑以下因素和计算方式：

"（1）成员国应当确保，当侵害人在实施侵害行为之时，知道或者应当知道其实施的是非法获取、披露或者使用商业秘密的行为，主管司法机关可以根据受害方的申请而要求侵害方针对因其违法获取、披露或者使用商业秘密的行为，支付因此造成的实际损失，承担相应的损害赔偿责任。若主观上缺乏故意的要件，成员国可以对员工所承担的损害赔偿责任进行限制，赔偿责任以该员工雇主因该员工非法获取、使用或者披露商业秘密所造成的实际损失为限。（2）在根据本条第（1）款确定损害赔偿数额的过程中，主管司法机关应当考虑所有相关因素，比如，负面的经济效果（包括受害方预期的收益、加害方预期的不当获益），以及具体情况下因侵害人实施非法获取、使用或披露商业秘密而形成的经济损失以外的无形损失。作为替代方案，主管司法机关也可以结合具体案情将损害赔偿数额确定为一笔概括性的总数，该概括性总数的确定基础应至少包含侵害方若能获得相应使用商业秘密的许可，而本应当支付的许可费。"

4. 商业秘密的刑事保护

欧盟《商业秘密保护指令》并未对商业秘密的刑事保护作出要求。但有的成员国立法中规定了刑事保护，例如德国对商业秘密的刑事保护主要体现于其《反不正当竞争法》第17条至第20条等法律条款中。德国《反不正当竞争法》第17条规定了侵犯商业秘密的三种基本情形，即非法披露因雇佣关系获知的商业秘密罪、非法获取或保存商业秘密罪、非法披露或利用以不正当手段获取的商业秘密罪；第18条规定了擅自利用或披露商业秘密样品资料罪；第19条规定了实施前两条行为的损害赔偿责任；第20条规定了引诱他人侵犯商业秘密罪等罪名。此外，德国《股份法》第404条《有限责任公司法》第85条和《企业委员会基本法》第120条还对特定人员泄露公司企业的商业秘密的刑事责任作出了特别规定。

三、商业秘密保护的国际条约发展

美国、德国等发达国家逐步在国内法中确立了商业秘密保护制度并不断将其强化和完善，随着经济全球化进程深化，商业秘密保护制度由国内法逐步向国际规则升级，各国的保护需求呈异质化发展，催生了商业秘密保护的区域性规则，新的商业秘密保护国际规则也处于酝酿整合之中。

（一）《保护工业产权巴黎公约》

商业秘密的国际保护最早可以追溯到1883年《保护工业产权巴黎公约》（简称《巴黎公约》）。当时英国、美国等国家已经有了不少对商业秘密进行保护的判例，但1883年《巴黎公约》并没有对商业秘密作出单独的规定，而是在第10条之二规定了对不正当竞争行为的禁止，该规定被认为对于商业秘密保护具有间接的解释效力，具体规定如下："（一）本同盟成员国必须对各该国国民保证予以取缔不正当竞争的有效保护。（二）凡在工商业活动中违反诚实经营的竞争行为即构成不正当竞争行为。（三）特别禁止下列情况：（1）采用任何手段对竞争对方的企业、商品或工商业活动造成混乱的一切行为；（2）在经营商业中利用谎言损害竞争对方的企业、商品或工商业活动的信誉；（3）在经营商业中使用会使公众对商品的性质、制造方法、特点、使用目的或数量发生混乱的表示或说法。"该规定只要求各成员国承担反不正当竞争的一般义务并规定了应特别禁止的三种不正当竞争行为，没有单独提及商业秘密概念，但成为之后国际公约关于商业秘密保护的基准性法案，对不正当竞争行为的原则性规定，成为此后TRIPs协定要求保护商业秘密的基础。国际商会于1961年制定了《有关保护know-how的标准条款》，首次将技术秘密视为知识产权予以保护，并在其草拟的《专有技术保护标准条款草案》中进一步规定，以保护有利于实现经济目的的技术及此类技术在实际适用中所必需的秘密性技术知识等。1964年保护知识产权联合国际事务局草拟的《发展中国家发明示范法》[①]、1974年联合国制定的《联合国国际技术转让行动守则（草案）》都提到了对技术秘密的保护。

（二）《与贸易有关的知识产权协定》

　　世界贸易组织的《与贸易有关的知识产权协定》（简称TRIPs协定）是第一个将商业秘密作为一个独立的类别列入知识产权保护范围的国际性立法文件。根据TRIPs协定第1条，"未披露信息"属于知识产权的一个独立类别。这里的"未披露信息"即商业秘密，其使用既避免了使用商业秘密的用语而导致直接映射一国已有的"商业秘密"法律概念，又最大限度地涵盖了商业秘密保护的外延，给予商业秘密保护较大的灵活性。[②]

　　TRIPs协定将"对未披露信息的保护"作为独立一节单设第39条进行了规定：

　　"一、在保证针对《巴黎公约》（1967）第十条之二规定的不公平竞争而采取有效保护的过程中，各成员应依照第二款对未披露信息和依照第三款提交政府或政府机构的数据进行保护。

　　二、自然人和法人应有可能防止其合法控制的信息在未经其同意的情况下以违反诚实商业行为的方式向他人披露，或被他人取得或使用，只要此类信息：

　　（a）属秘密，即作为一个整体或就其各部分的精确排列和组合而言，该信息

---

① 《发展中国家发明示范法》第53条规定：除受专利法保护或者有关本条第2项规定的情形外，有关使用和应用工业技术的制造方法和知识，应为公共所有；但这类制造方法和知识，如果未经出版物刊载或未对大众公开，并且发现这类方法和知识的人已经采取必要的方法，保护其秘密的，这类方法和知识应受到保护，以避免第三人非法使用、泄露或传播。

② 参见孔祥俊主编：《商业秘密司法保护实务》，中国法制出版社2012年版，第17页。

尚不为通常处理所涉信息范围内的人所普遍知道，或不易被他们获得；

（b）因属秘密而具有商业价值；并且

（c）由该信息的合法控制人，在此种情况下采取合理的步骤以保持其秘密性质。

三、各成员如要求，作为批准销售使用新型化学个体制造的药品或农业化学物质产品的条件，需提交通过巨大努力取得的、未披露的试验数据或其他数据，则应保护该数据，以防止不正当的商业使用。此外，各成员应保护这些数据不被披露，除非属为保护公众所必需，或除非采取措施以保证该数据不被用在不正当的商业使用中。"

其中，TRIPs协定对"违反诚实商业行为的方式"作了注释，指出这一方式应至少包括违反合同、泄密和违约诱导等做法，并且包括第三方取得未披露信息，而该第三方知道或因严重疏忽未能知道未披露信息的取得涉及此类做法。

（三）《关于反不正当竞争保护的示范规定》

为了有效协调各成员国反不正当竞争保护水平并提供立法示范，1996年，世界知识产权组织起草了一份《关于反不正当竞争保护的示范规定》，该法第六节根据TRIPs协定第39条规定了"有关秘密信息的不正当竞争"。第六节使用了"秘密信息"的表述，没有使用TRIPs协定第39条"未披露信息"的表述，这并非暗示任何实质性变化，而是要特别指出TRIPs协定第39条的要求，即信息的合法控制人必须采取特定措施或行为，使该信息不为第三人所知。

其中，《关于反不正当竞争保护的示范规定》第六节第1条规定："工商活动中的任何行为或实践，导致以违背诚实商业行为的方式，未经合法控制该信息的人（以下称为合法控制人）的同意，披露、获取或使用其秘密信息的，应构成不正当竞争行为。"该条禁止任何人未经合法控制人的同意，披露、获取或使用其秘密信息。可能知道秘密信息的人，一般是与合法控制人有特别关系的人，如现在或以前的雇员、合伙人、董事会成员和其他相关的人。与企业有交往的独立签约人、专家、律师、企业的客户、向企业提供产品或服务的供应商，也可能知道秘密信息。《关于反不正当竞争保护的示范规定》第六节第2条规定："未经合法控制人同意，披露、获取或使用其秘密信息，尤其可以为以下行为构成：（1）工业或商业间谍；（2）违反合同；（3）违反保密关系；（4）诱使他人从事上述（1）（2）（3）款行为；（5）第三人明知或因重大过失未知上述（1）（2）（3）（4）款情形而获取秘密信息。"该条列举了可能构成违法披露、获取或使用他人秘密信息的例子，这些例子与TRIPs协定第39条第2款的注释10保持一致。

《关于反不正当竞争保护的示范规定》第六节第3条规定："构成本节中秘密信息的要求如下：（1）其整体或者要素的确切体现或组合，未被通常涉及该信息有关范围的人普遍所知或者容易获得；（2）由于秘密而具有商业价值；（3）在特定情势下，是合法控制人采取合理保密措施保护的对象。"该条中"秘密信息"的含义，与TRIPs协定第39条第2款中"未披露信息"的含义相同，包括生产方法、化学配方、图纸、模型、销售方法、配送方法、合同形式、商业计划、价格协议的内容、消费者数据、广告战略、供应商或客户名单、计算机软件及数据库等。秘密信息可以是具有专利性的发明，但是其保护条件并不要求像专利那样具备专利性、新颖性和非显而易见性。《关于反不正当竞争保护的示范规定》第六节第1条规定："工商活动中的任何行为或实践，如果含有和导源于下列行为，应构成不正当竞争行为：（1）不正当商业使用合法控制人的秘密的实验数据或其他数据，且这些数据，其原创活动包含了相当努力，是合法控制人为申请含有新化学物质的药品或农用化学产品的上市，向审查当局提交的。（2）披露上述数据，除非有保护公众的必要，或者已经采取措施保证上述数据受到保护以免于不正当商业使用。"该条与TRIPs协定第39条第3款相对应。TRIPs协定第39条第3款基本涉及了申请药品或农用产品上市而提交的未披露信息。关于政府在禁止不正当商业利用方面的义务，《关于反不正当竞争保护的示范规定》第4条在TRIPs协定的基础上进一步对企业从审查上市申请的当局处，不正当地获得有关信息后从事的若干行为进行了规定。

（四）形成之中的国际新规则：区域性协定

除了为全球广泛接受的多边条约对商业秘密保护进行了规定之外，一些区域性的经济组织也在多边协定中规定了商业秘密保护，以推动区域内统一的商业秘密保护标准的形成。这些区域性规则在TRIPs协定的基础上延伸发展，有可能逐步推动新一轮商业秘密保护国际规则的形成。

1.《北美自由贸易协定》

《北美自由贸易协定》（North American Free Trade Agreement）是美国、加拿大及墨西哥在1992年8月12日签署的关于三国间全面贸易的协议，该协定于1994年1月1日正式生效。该协定第1711条规定了成员国间保护商业秘密的义务，其内容与TRIPs协定基本一致。事实上，该协定第1711条对TRIPs协定关于商业秘密的规定产生了很大的影响。

该协定第1711条界定了商业秘密的含义，即"（a）在这一意义上是秘密的，即其作为一个整体，或其组成部分的精确配置或组装，不为通常处理该类信息的领域中的人普遍知道或易于获取；（b）具有实际或潜在的商业价值，因为它是秘密的；和（c）合法控制该信息的人已采取合理措施对该信息进行保密"。此外，该条款还规定了侵犯商业秘密的不当行为和例外，即"侵占（盗用）是指以违反诚实商业惯例的方式获取、使用或披露商业秘密，包括知道或有理由知道交易第三方获取、使用或披露商业秘密是以违反诚实商业惯例的方式进行的。盗用不包括以下情况：（a）通过反向工程合法取得的物品；（b）独立发现作为商业秘密主张的信息；或者（c）在不承担保密义务或不知道该信息属于商业秘密的情况下，以合法方式从他人处获取该信息"。其中，违反诚实商业惯例的行为至少包括违反合同、违反信任义务和诱导违约等行为，还包括第三方知道或因重大过失而不知是商业秘密，而在获取未公开信息时涉及上述行为的情形。

关于侵犯商业秘密的救济措施，该协定第20.74条对临时措施进行了规定，即："在第20.71条（民事保护和执法）所述的民事司法程序中，各缔约方应规定其司法当局有权下令采取迅速有效的临时措施，例如命令防止侵占商业秘密和相关证据保全。"第20.76条对民事救济措施进行了规定："关于第20.71条（民事保护和执法）中所述的民事司法程序，各缔约方应规定其司法当局至少有权下令：（a）针对侵占商业秘密的人采取符合TRIPs协定第44条的禁令救济措施；和（b）侵占商业秘密的人向合法控制商业秘密的人赔偿足以弥补因侵占商业秘密和在适当情况下因商业秘密诉讼而受到损害的损害赔偿金。"对于刑事救济部分，第20.72条对侵犯商业秘密的刑事执法进行了规定："除第2款另有规定外（受第2款规定限制），各缔约方应对未经授权和故意侵占商业秘密的行为规定刑事程序和处罚。对于第1款所述行为，缔约方可酌情限制适用程序，或限制可用处罚的等级于以下一种或多种行为：（a）为商业利益或经济利益而为的行为；（b）与国内或国际商业中的产品或服务有关的行为；或者（c）意图伤害商业秘密所有人的行为。"

《北美自由贸易协定》还要求成员国对民事救济程序中的商业秘密进行保护，其第20.75条规定："关于第20.71条（民事保护和执法）中所述的民事司法程序，各缔约方应规定其民事司法当局有权：（a）命令执行特定程序保护任何商业秘密，或利害关系方声称保密的任何其他信息；和（b）对违反有关保护商业秘密或在该程序中制作或交换的所声称的商业秘密，以及利害关系方声称保密的任何其他信息的命令的当事人、律师、专家或受该程序制约的其他人实施制裁。各缔约方应在其法律中进一步规定，如果利害关系方声称信息为商业秘密，司法当局应首先为该方提供提交保密申请的机会，以说明其保密利益，否则不得披露该信息。"

2.《全面与进步跨太平洋伙伴关系协定》

为了促进亚太地区贸易自由化，2005年5月28日，文莱、智利、新西兰和新加坡四方协议发起跨太平洋战略经济伙伴关系协定，其后，美国、澳大利亚、日本、韩国、马来西亚、越南、秘鲁等国陆续加入磋商，各方共同达成了《跨太平洋伙伴关系协定》（TPP）。此后，由于国际战略调整，2017年1月23日，美国正式退出了TPP。2017年11月11日，由启动TPP谈判的11个亚太国家共同发布了一份联合声明，宣布"已经就新的协议达成了基础性的重要共识"，并决定将协定更名为《跨太平洋伙伴关系全面进展协定》。2018年3月8日，参与《全面与进步跨太平洋伙伴关系协定》谈判的11国代表在智利首都圣地亚哥举行协定签字仪式。2018年12月30日，《全面与进步跨太平洋伙伴关系协定》（CPTPP）正式生效。

《全面与进步跨太平洋伙伴关系协定》（CPTPP）第十八章第17条对商业秘密进行了规定：

"1.在保证有效防止《巴黎公约》第10条之二所规定的不正当竞争行为的过程中，每一缔约方应保证个人有法律手段来阻止其合法控制的商业秘密在未经同意的情况下以违反诚信商业行为的方式向他人（包括国有企业）披露、被他人获取或使用。在本章中，商业秘密至少包含《与贸易有关的知识产权协定》第39条第2款规定的未披露信息。

2.在遵守第3款的前提下，每一缔约方应对下列一项或多项行为规定刑事程序和处罚：（a）未经授权且故意获取计算机系统中的商业秘密；（b）未经授权且故意盗用商业秘密，包括通过计算机系统的方式盗取；或（c）欺诈性地披露，或未经授权且故意披露商业秘密，包括通过计算机系统的方式披露。

3.关于第2款所述的相关行为，每一缔约方可在适当情况下将刑事程序的可用性或刑事处罚的水平限制适用于下列一项或多项：（a）该行为的目的是商业利益或财务收益；（b）该行为与国内或国际贸易中的产品或服务有关；（c）该行为的意图是对此类商业秘密的拥有者造成损害；（d）该行为受外国经济实体指示或为其利益或与其有关；或（e）该行为有害于一缔约方的经济利益、国际关系或国家安全。"

3.《区域全面经济伙伴关系协定》

《区域全面经济伙伴关系协定》（RCEP）是2012年由东盟发起，历时8年，由包括中国、日本、韩国、澳大利亚、新西兰和东盟十国共15方成员制定的。2020年11月15日，第四次区域全面经济伙伴关系协定（RCEP）领导人会议以视频方式举行，会后东盟十国和中国、日本、韩国、澳大利亚、新西兰共15个亚太国家正式签署了《区域全面经济伙伴关系协定》。《区域全面经济伙伴关系协定》规定了商业秘密保护，但并未对商业秘密保护设立新的标准。

该协定第2条将"未披露信息"纳入知识产权的范畴，而"未披露信息"即指商业秘密："就本章而言，知识产权保护的是《与贸易有关的知识产权协定》第二部分第一至七节所指的版权和相关权利，商标、地理标识、工业设计、专利、集成电路布图设计（拓扑图），以及对未披露信息的保护。"第十一章第56条就未披露信息的保护进行了规定，呼吁成员国按照TRIPs协定的保护水平对未披露信息进行保护，即："一、每一缔约方应当根据《与贸易有关的知识产权协定》第三十九条第二款的规定对未披露信息提供保护。二、对于第一款，缔约方应认识到保护与第十一章第一条（目标）第二款所提及的目标相关的未披露信息的重要性。"

综上所述，商业秘密的重要性已经在国际上形成较为广泛的共识，这是市场经济发展的结果。商业秘密涵盖有价值的技术信息和非技术信息，能够独立成为市场上的交易对象，并为市场交易主体带来现实的或潜在的价值，这是世界各国推动商业秘密保护立法的根本原因。然而，由于商业秘密法律保护体系的建构尚未在各国间形成统一共识，导致不同国家在商业秘密的具体认定和保护上存在一定分歧，这一问题产生的根本原因在于各国关于商业秘密保护的理论基础和制度诉求仍然存在一定差异。

四、商业秘密保护的中国法发展

在西方国家，对商业秘密的保护最早可追溯到罗马法，在古代中国也可以找到商业秘密的踪迹。作为世界文明古国之一，我国历史上有着发达的商品生产交易活动，也存在在竞争过程中互相保守手艺秘密的做法，例如有关手艺秘密"传子不传女"的说法自古即有之。[①] 在制度层面，由于历史的局限性，古代中国并未发展出成熟的商业秘密财产保护制度，商业秘密保护制度在我国落地生根在很大程度上受国际条约和比较法发展的影响，短短几十年的时间，我国商业秘密保护制度从无到有，目前已与商业秘密保护的国际通行规则相接轨。自改革开放以来，我国经济得到了惊人的发展。商业秘密制度的快速发展与我国科技创新和经济社会迅速变迁的现实相适应，通过国际贸易与外商广泛接触，国内企业的数量稳步增长，经营范围不断扩大。在这种情况下，我国寻求加入和参与管理国际贸易的国际条约，从而产生新的利益和义务，已成为不可逆转的趋势。2001年，我国加入世界贸易组织，自此，我国国内经济和法律改革的内部进程受到了外部制度刺激，履行入世义务的实际效果便是加速经济及其监管的转型，这其中就包括对商业秘密保护的强化。从法律、行政法规和部门规章中有关商业秘密规定的发展来看，我国立法对商业秘密的法律保护经历了一个概念逐渐清晰明确、保护范围不断扩大、法律责任更为全面的过程。

（一）商业秘密的国家财产阶段

商业秘密长期以来在我国被视为一项"国家财产"。我国有着悠久的封建社会

---

① 参见张玉瑞：《商业秘密法学》，中国法制出版社1999年版，第34页。

历史，在封建制度下，所有的资产都被视为皇室的财产。[①]直至晚清，光绪皇帝在1889年颁布了《振兴工艺给奖章程》，该章程旨在促进对发明的保护，并鼓励工业中的创造性活动，其中就包括创造商业秘密。该章程促使中国向保护无形资产迈出了一步。但是，由于历史的原因，该章程从未得到实施。

新中国建立之初，我国社会主义经济制度的基础是生产资料的社会主义公有制。在这种制度下，国家和人民成为控制社会所有形式的财产和生产资料的权力主体，政府控制着社会资产，实际上还控制着就业、教育、住宿、医疗服务、食品供应以及旅游或人口迁移。1951年，为实现正式落实我国政府将国家秘密视为国家财产的意图，政务院颁布了《保守国家机密暂行条例》。该暂行条例重点保护国家秘密，包括国家军事、外交、公安情报以及国家经济、财政、金融、贸易、海关活动情报，其中，国家的各种经济建设计划及经济建设事业之机密事项就涉及商业秘密的内容。[②]1958年，中央委员会颁布了《科学技术保密条例》。这些法规重点是保护被视为国家机密的技术信息。

1965年，中央保密委员会、国家科学技术委员会、国家经济委员会、国务院国防工业办公室、国防科学技术委员会、解放军总政治部六部门共同制定了《关于科学技术交流与保密工作的若干意见（草案）》。1981年，国务院批准国家科学技术委员会制定了《科学技术保密条例》。这些规定都对科学发明、发现、技术秘密和与技术有关的传统技能等国家秘密作出了保护规定，由国家采取行政措施予以保护。

（二）商业秘密的国家和私人财产混合阶段

改革开放后，我国开始接受西方传统中的私人财产和知识产权制度，并颁布了一系列重要的法律，这些法律包括1982年颁布的《商标法》、1984年颁布的《专利法》、1986年颁布的《民法通则》、1987年颁布的《技术合同法》和1990年颁布的《著作权法》。同时，我国还积极加入了许多国际公约或条约，表明了我国

[①] 《诗经·小雅》有云："普天之下，莫非王土；率土之滨，莫非王臣。"

[②] 《保守国家机密暂行条例》第2条规定："国家机密包括下列基本范围：一、一切国防及军事的计划和建设措施；二、一切武装部队的编制、番号、实力、装备、驻防、调动、部署及后勤兵工建设等机密事项；三、外交机密事项；四、公安机密事项；五、国家财政计划，国家概算、预算、决算及各种财务机密事项；六、国家金融计划，贸易计划，海关计划及金融、贸易、海关事务之机密事项；七、铁路、交通、邮政、电信之机密事项；八、国家的各种经济建设计划及经济建设事业之机密事项；九、资源调查，地质勘察，气象测报，地理测绘等机密事项；一〇、科学发明发现，文化教育及卫生医药之机密事项；一一、立法、司法、检察和监察事务之机密事项；一二、民族事务和华侨事务之机密事项；一三、内务和人事之机密事项；一四、档案、密码、印信及一切有关国家机密的文件、电报、函件、资料、统计、数字、图表、书刊等；一五、一切有关国家机密的机构、编制、仓库、场所等；一六、一切未经决定或虽经决定尚未公布的国家事务；一七、其他一切应该保守秘密的国家事务。"

在法律方面与国际接轨的决心，也展示了我国法律的发展。比如，我国于1985年加入《巴黎公约》，该公约具体涉及商业秘密保护问题。①

1986年《民法通则》第97条规定："公民对自己的发现享有发现权。发现人有权申请领取发现证书、奖金或者其他奖励。公民对自己的发明或者其他科技成果，有权申请领取荣誉证书、奖金或者其他奖励。"该条规定强调了技术秘密保护的行政属性特征，尽管公民的发明或发现属于国家的财产，但这一规定仍可被看作是承认一位普通公民的智力努力的首次尝试，没有使用"商业秘密"的技术术语，仍仅限于技术研究信息。由于《民法通则》没有明确规定财产权的不同类型和内容，因此，立法机关通过制定合同法来解决这一问题。1987年《技术合同法》首次承认了"非专利技术"的概念，其中，第7、32、34、35、39—43条规定使用了"非专利技术"一词，该部法律可以被看作是我国第一部保护商业秘密的实体法，但仍没有使用"商业秘密"的术语。1988年《中外合作经营企业法》沿用了《技术合同法》中的用语，比如，第8条规定："中外合作者的投资或者提供的合作条件可以是现金、实物、土地使用权、工业产权、非专利技术和其他财产权利。"

基于上述立法经验，我国民商法的大部分法律涵盖了对商业秘密的保护，此外，我国也制定了一系列涉及合同法其他方面的民事法律，以应对经济社会发展变化。这些法律分别是1981年颁布并于1993年修正的《经济合同法》、1985年颁布的《涉外经济合同法》和1989年颁布的《技术合同法实施条例》等。这一系列法律法规的制定和商业秘密的认定，是我国私有财产权发展最早阶段的产物，是对1982年《宪法》承认个体或私营经济存在的回应。比如，《技术合同法实施条例》第5条即规定："技术合同法第三十二条所称的非专利技术成果的使用权、转让权，是指特定的当事人之间依据法律规定或者合同约定所取得的使用、转让非专利技术成果的权利。使用权是指以生产经营为目的的使用该项非专利技术成果的权利；转让权是指通过技术合同向他人提供和转让该项非专利技术成果的权利。"

1988年《宪法修正案》增加规定，"国家允许私营经济在法律规定的范围内存在和发展。私营经济是社会主义公有制经济的补充。国家保护私营经济的合

---

① 《巴黎公约》第10条之二"不正当竞争"规定："（一）本同盟成员国必须对各该国国民保证予以取缔不正当竞争的有效保护。（二）凡在工商业活动中违反诚实经营的竞争行为即构成不正当竞争行为。（三）特别禁止下列情况：（1）采用任何手段对竞争对方的企业、商品或工商业活动造成混乱的一切行为；（2）在经营商业中利用谎言损害竞争对方的企业、商品或工商业活动的信誉；（3）在经营商业中使用会使公众对商品的性质、制造方法、特点、使用目的或数量发生混乱的表示或说法。"

法的权利和利益，对私营经济实行引导、监督和管理"，肯定了私营经济是社会主义公有制的补充，标志着私有制经济将受到宪法保护。随着市场经济概念的确立，有关商业秘密保护的法律也发生了变化，以回应宪法对私营经济的态度转变。

"商业秘密"一词是在1991年颁布的《民事诉讼法》中首次正式使用的。1991年《民事诉讼法》第66条规定："证据应当在法庭上出示，并由当事人互相质证。对涉及国家秘密、商业秘密和个人隐私的证据应当保密，需要在法庭出示的，不得在公开开庭时出示。"1992年《最高人民法院关于适用〈中华人民共和国民事诉讼法〉若干问题的意见》对"商业秘密"的含义进行了解释，将其扩展到不仅包括技术秘密，还包括商业情报和信息。这是当时对商业秘密最权威的解释，也是一项重大发展，尽管仍不够成熟。总之，将商业秘密保护纳入我国民商法的范围，是承认商业秘密中的私人利益的第一步，也是对当时我国经济政策承认私人作用的反映。

1993年《宪法修正案》用"社会主义市场经济"取代"计划经济"。1993年《反不正当竞争法》的颁布回应了宪法对社会主义市场经济地位的确立，该法是我国商业秘密保护最为重要的法律，标志着我国竞争法上的商业秘密保护制度正式确立。1993年《反不正当竞争法》第10条规定，"本条所称的商业秘密，是指不为公众所知悉、能为权利人带来经济利益、具有实用性并经权利人采取保密措施的技术信息和经营信息"。这一定义不仅将商业秘密从纯粹的科学和技术信息扩展到一切商业相关的广泛信息，从根本上扩大了此前公认的商业秘密的范围，也设定了识别受保护信息的标准阈值。这一改革一定意义上也是我国采取措施准备加入世界贸易组织，并应对外部压力的需要，是中美知识产权谈判推动的结果。1992年《中华人民共和国与美利坚合众国政府关于保护知识产权的谅解备忘录》是中美两国政府第一个与贸易有关的双边知识产权协定，是在我国加入世界贸易组织的国际谈判过程中签订的相对较早的双边协定，其第4条明确规定："一、为确保根据保护工业产权巴黎公约第十条之二的规定有效地防止不正当竞争，中国政府将制止他人未经商业秘密所有人同意以违反诚实商业惯例的方式披露、获取或使用其商业秘密，包括第三方在知道或理应知道其获得这种信息的过程中有此种行为的情况下获得、使用或披露商业秘密。二、只要符合保护条件，商业秘密的保护应持续下去……"

我国《反不正当竞争法》将商业秘密保护行政监督权授予原国家工商行政管理总局①。1995年，《国家工商行政管理局关于禁止侵犯商业秘密行为的若干规

---

① 2018年3月，根据国务院机构改革方案将国家工商行政管理总局的职责整合，组建国家市场监督管理总局。

定》颁布，对依法保护商业秘密作出了具体的实施规定，并于1998年进行了修订。1995年，《国家工商行政管理局关于进一步贯彻实施〈反不正当竞争法〉的若干意见》发布。这些规则进一步明确了商业秘密的定义，目的是维护社会主义市场经济秩序，商业秘密保护被认为是市场监管的一种手段。这些市场调节举措是1993年《宪法修正案》的要求，即我国致力于发展社会主义市场经济。但从市场规制视角而非财产权保护视角来看，我国商业秘密保护作为私权的一种形式存在着模糊性。同时，1997年修订的《刑法》新增"侵犯商业秘密罪"的规定①，该规定被置于"破坏社会主义市场经济秩序罪"一章中，位于"侵犯知识产权罪"一节中，这也反映出刑法对于商业秘密持有人权利的认定具有模糊性。即一方面，将持有人的权利归类为一种知识产权；另一方面，将商业秘密的违法行为界定在市场监管的广泛框架内。

随后，1999年《宪法修正案》增加"发展社会主义市场经济"的内容，确立了非公有制经济在社会主义市场经济中的地位。同时，2004年《宪法修正案》将国家对非公有制经济的规定修改为"国家保护个体经济、私营经济等非公有制经济的合法的权利和利益。国家鼓励、支持和引导非公有制经济的发展，并对非公有制经济依法实行监督和管理"。这些变化表明，尽管我国对非公有制经济行使着最终的管理权，但非公有制经济在我国变得越来越重要。在我国的法律体系中，这种国家管控因素是法律和法律监管的一个关键特征，并已在商业秘密法律中找到其存在方式。

综上所述，商业秘密法律的变化都是基于我国政治和经济格局的变化。我国法上开始承认商业秘密中的私人利益，然而，鉴于我国长期以来在公有制观念下形成的制度根深蒂固，仍可能受制于传统的公有制观念，即资产仅被视为公有财产。在资产是有价值的信息的情况下，由于市场经济观点的发展和对私人权利的承认与传统的财产公有制观念相冲突，商业秘密和国家秘密的界限划分出现了不确定。对国家秘密的法律保护以及对商业秘密私权的承认，表明了我国法律对商业秘密进行保护的必要性的认识日益加深，并试图划清商业秘密与国家秘密的界限。②

---

①　1999年修正的《刑法》第219条规定："有下列侵犯商业秘密行为之一，给商业秘密的权利人造成重大损失的，处三年以下有期徒刑或者拘役，并处或者单处罚金；造成特别严重后果的，处三年以上七年以下有期徒刑，并处罚金：（一）以盗窃、利诱、胁迫或者其他不正当手段获取权利人的商业秘密的；（二）披露、使用或者允许他人使用以前项手段获取的权利人的商业秘密的；（三）违反约定或者违反权利人有关保守商业秘密的要求，披露、使用或者允许他人使用其所掌握的商业秘密的。明知或者应知前款所列行为，获取、使用或者披露他人的商业秘密的，以侵犯商业秘密论。……本条所称权利人，是指商业秘密的所有人和经商业秘密所有人许可的商业秘密使用人。"

②　See Ping Xiong & Philip Griffith, Protecting Trade Secrets in China: History and Context, 4 *QUEEN MARY J. INTELL. PROP.* 30, 44 (2014).

（三）商业秘密的私人财产权地位澄清

澄清商业秘密与国家秘密的区别有其必要性，对于商业秘密的侵犯可以由民事诉讼程序对权利人的损害进行填补，侵权人承担的责任类型有停止侵权、损害赔偿等；若认定商业秘密属于国家秘密，侵权人就易被追究侵犯商业秘密的刑事责任，其行为甚至会被定性为经济间谍犯罪，处罚力度远远大于民事处罚力度。特别是在我国国有企业占据着社会主义市场经济主体地位的情况下，混淆商业秘密与国家秘密所带来的结果不仅影响着价值信息持有人的权利和利益，而且对侵权人承担的法律责任的认定也有着较大影响。

2001年我国正式加入TRIPs协定，这意味着我国知识产权法必须符合与贸易有关的知识产权法规，我国有义务以TRIPs协定第39条要求的方式保护未披露信息。TRIPs协定承认知识产权是私人权利，且其第63条要求每个成员的法律、法规以及最终司法决定和行政裁决具有透明度，这些透明度要求不仅对我国提供的保护商业秘密的标准和形式提出了挑战，也是对我国商业秘密立法和执法的监督。TRIPs协定是刺激我国知识产权立法澄清商业秘密与国家秘密之间存在不同的有力的外在因素，其影响是深远的，即促使我国立法机构对现有法律法规进行修改，与知识产权的国际规则相一致；促使我国更好地保护商业秘密持有人的权利。

2008年国务院颁布的《国家知识产权战略纲要》序言第4段规定："实施国家知识产权战略，大力提升知识产权创造、运用、保护和管理能力，有利于增强我国自主创新能力，建设创新型国家；有利于完善社会主义市场经济体制，规范市场秩序和建立诚信社会；有利于增强我国企业市场竞争力和提高国家核心竞争力；有利于扩大对外开放，实现互利共赢。必须把知识产权战略作为国家重要战略，切实加强知识产权工作。"根据这一纲要，我国重新定位知识产权政策，将重点放在国家创新上，同时承认私人的商业秘密作为创新和竞争的推动者的重要性。这是我国为强调保护商业秘密持有人权利和利益，以及商业秘密在国家创新战略中的地位所作的努力，并以此来区分商业秘密与国家秘密。

此外，我国在区分商业秘密与国家秘密时，也尝试着从限定国家秘密的范围的角度出发，将商业秘密从国家秘密中解放出来，进而确立商业秘密的私权独立地位。《中央企业商业秘密保护暂行规定》第3条规定："中央企业经营信息和技术信息中属于国家秘密范围的，必须依法按照国家秘密进行保护。"第4条规定："中央企业商业秘密中涉及知识产权内容的，按国家知识产权有关法律法规进行管理。"同时，2010年修订后的《保守国家秘密法》第19条规定：秘密应当在"保密期限"结束后公开；主管部门应当定期审查被视为国家秘密的信息，当情况发生变化时，应当公开秘密；不再属于国家秘密的或者泄露不会损害国家安全、利益的应当及时解密等。^①《保守国家秘密法》还对国家秘密的类型进行了具体列举，并对国家秘密的具体层级等进行了规定，^②这在一定程度上反映了我国对保护国家秘密的态度，即希望在加强对国家秘密的保护的同时，划清国家秘密和商业秘密之间的界限。这是我国为区分国家秘密和商业秘密所作的进一步努力。

2019年修正的《反不正当竞争法》较1993年《反不正当竞争法》对商业秘密的定义进行了较大幅度的修改，其第9条第4款规定："本法所称的商业秘密，是指不为公众所知悉、具有商业价值并经权利人采取相应保密措施的技术信息、经营信息等商业信息"，其较1993年版的《反不正当竞争法》进行了较大幅度的修订，扩大了商业秘密持有人的保护范围，同时也在更大程度上与TRIPs协定保持一致，反映了我国为使国内知识产权立法与国际规则保持一致所作的努力，进一步承认了商业秘密中的私人权利和利益，商业秘密私权地位得到进一步确认。《知识产权强国建设纲要（2021—2035年）》规定："制定修改强化商业秘密保护方面的法律法规"；"完善以企业为主体、市场为导向的高质量创造机制"；"改革国有知识产权归属和权益分配机制，扩大科研机构和高校知识产权处置自主权"。这些都是我国为确立商业秘密私人权利属性所作的努力。

综上所述，我国早期一直认为技术秘密是国家财产的产物，始终受公法的保护，这为商业秘密私人财产地位的确立带来较大困难，公法的管控始终束缚着我们从私权角度看待商业秘密。TRIPs协定是将商业秘密作为一种私权对象来看待的，我国加入TRIPs协定后，就需要我们坚定树立商业秘密的私权观念。改革开放以来，开放的经济政策吸引了大批外国投资者，我国的法律和政策也自此发生了重大变化，这些经济和制度动态推动了我国对商业秘密保护的态度的转变，将商业秘密作为私人利益的民事法律制度逐步形成，商业秘密逐步与作为国家财产

---

① 《保守国家秘密法》第19条规定："国家秘密的保密期限已满的，自行解密。机关、单位应当定期审核所确定的国家秘密。对在保密期限内因保密事项范围调整不再作为国家秘密事项，或者公开后不会损害国家安全和利益，不需要继续保密的，应当及时解密；对需要延长保密期限的，应当在原保密期限届满前重新确定保密期限。提前解密或者延长保密期限的，由原定密机关、单位决定，也可以由其上级机关决定。"

② 《保守国家秘密法》第9条规定："下列涉及国家安全和利益的事项，泄露后可能损害国家在政治、经济、国防、外交等领域的安全和利益的，应当确定为国家秘密：（一）国家事务重大决策中的秘密事项；（二）国防建设和武装力量活动中的秘密事项；（三）外交和外事活动中的秘密事项以及对外承担保密义务的秘密事项；（四）国民经济和社会发展中的秘密事项；（五）科学技术中的秘密事项；（六）维护国家安全活动和追查刑事犯罪中的秘密事项；（七）经国家保密行政管理部门确定的其他秘密事项。政党的秘密事项中符合前款规定的，属于国家秘密。"第10条规定："国家秘密的密级分为绝密、机密、秘密三级。绝密级国家秘密是最重要的国家秘密，泄露会使国家安全和利益遭受特别严重的损害；机密级国家秘密是重要的国家秘密，泄露会使国家安全和利益遭受严重的损害；秘密级国家秘密是一般的国家秘密，泄露会使国家安全和利益遭受损害。"

的国家秘密区别开来。然而，我们还应清楚地看到，商业秘密私人财产权地位的独立在我国并不是一蹴而就的，它需要经历漫长的历史过程。一方面，我国对商业秘密的态度深受公有制观念的影响，我国经济的快速发展减少了对外国投资的依赖，国有企业的市场主导地位持续稳固，再加上我国坚持自力更生的经济和社会目标，这为划定商业秘密与国家秘密的界限带来了一定的困难。另一方面，我国坚持要发展成为一个更具创新精神的国家，这意味着我国仍然要发挥私人创新的作用，保护有价值的商业秘密信息。上述两方面的原因，导致国家秘密和商业秘密之间仍然存在一些模糊之处，这就决定了商业秘密保护在我国的未来发展仍是一项渐进的工作，并将随着我国政治和经济政策的发展而演进。

第三节　商业秘密保护理论基础

关于商业秘密保护制度的产生和发展，一个不可绕开而又一直充满争议的话题是为什么保护商业秘密，即商业秘密保护的理论基础问题。由于不同国家在不同时期采用的商业秘密保护的理论基础不同，使得商业秘密权利人在受保护范围受到损害时可采用的救济途径、救济程序以及救济方式也不同；使得商业秘密在每个国家法律体系中所处的地位不尽相同。各国商业秘密法律保护一般经历三个阶段：早期的合同保护阶段、禁止破坏信赖关系的侵权法保护阶段和新近的财产权保护阶段。在这三个阶段中，人们对商业秘密性质及制度价值的认识各不相同，在立法上也产生了不同的商业秘密保护模式。现对不同理论模型简介如下。

一、契约义务理论

商业秘密是伴随着经营和交易行为产生的，也只有被用于交易或经营，其经济价值才能够得以彰显。因此，早期的商业秘密权益行使与经济和交易双方的相对权、对人权有关，故而英美判例法首先通过合同法来保护商业秘密。以合同保护商业秘密的实质，是以合同的违约责任来保护尚处于模糊权益状态的商业秘密。在诸如劳动合同、承揽合同、合作开发合同、许可合同、委托合同和合伙合同等中，商业秘密持有人与相对人之间存在着因合同而生的保密义务，双方约定保密义务可以是明示的，也可以是默示的。在英美法系中，基于因普通法缺乏救济或救济不足所生的衡平法之法理，信赖关系或忠实义务理论应运而生，甚至借由一系列前后手取得商业秘密之间的关联，交织出一连串默示义务的链接，产生了"法律上的默示契约"理论（又称准契约理论），[1] 准契约理论扩充了契约义务理论对商业秘密的保护范围。在大陆法系中，合同双方当事人以诚信原则为基础产生信赖关系，[2] 无论合同是否成立，合同当事人在合同订立、履行的过程中，乃至合同权利义务关系终结后，都需要依诚信原则，履行保密义务。比如，依德国学说和判例中发展出的"后契约义务"，即雇佣关系终止后雇员仍应负保密义务。[3]

契约义务理论作为独立的商业秘密保护基础存在着双重问题。首先，契约义务理论无法解释商业秘密案件的一个重要子集：那些决定陌生人之间法律权利的案件。商业秘密案件不仅包括手段不当的情况，还包括因意外或错误而获得商业秘密的情况；相关责任不仅延伸到与商业秘密所有者的相知者，而且延伸到与相知者打交道的其他人。[4] 准契约理论和契约附随义务对上述问题虽有所弥补，但适用于完全无契约关系的侵犯商业秘密的行为，则难免牵强，合同关系充其量只能解释商业秘密保护的部分情形[5]。其次，即使是在处理当事人有合同关系的案件子集中，契约义务理论也无法解释法院确定的超出当事人约定的保护方式，以及为商业秘密所有者提供的有力补救措施和商业秘密的刑事保护。另外，从现实操作的角度，以合同约定商业秘密保护存在很难准确把握合同约定的范围的问题，比如再保密范围大小、期限长短、违约责任轻重等各方面的约定。

在我国司法实践中，商业秘密的合同约定及履行情况似乎逐渐变得无关紧要。比如，湖南省高级人民法院在其《商业秘密案件审判调研报告》中就表明，保密协议与竞业禁止协议对侵犯商业秘密的行为的认定没有影响，即便企业未与职工签订保密协议，职工也应当保守企业的商业秘密；即便企业未支付竞业禁止

---

① 美国加州法院在审理 Weitzenkorn v. Lesser 一案时就指明："准契约与事实上的契约不同，并非基于当事人双方愿为履行之明显意思，而系法律为公平正义之原因而创设。准契约没有双方愿受拘束之语言、文字或行动的意思表示。以准契约理论为由提出的赔偿请求，系基于法律之拟制，仅供当事人于求救无门时能得到实质之公平。"参见张静：《营业秘密法及相关智慧财产问题》，经济部智慧财产局2014年版，第12页。两大法系合同法理论的不同之处主要在于，英美法系中的准契约理论特色鲜明，而在大陆法系中，"准契约"有不同的含义。如《法国民法典》第1371条规定："准契约是指纯因当事人之自愿行为而引起行为人对第三人负担某种义务，有时引起双方当事人相互间负担义务。"

② 比如，《瑞士债法》第321条之1第4项规定："在雇佣期间，受雇人不得使用或泄露应保密的事项，亦即不得使用或泄露在为雇用人工作期间所获得之制造上或经营上的秘密。即使在契约终止后，只要是为保护雇用人利益之需，受雇人仍应负保密义务。"

③ 参见王泽鉴：《债法原理》（第一册），中国政法大学出版社2001年版，第46页。

④ See Ashish Arora, Robert P. Merges, Specialized Supply Firms, Property Rights and Firm Boundaries, 13 INDUS. & CORP. CHANGE 451（2004）; Dan L. Burk, Intellectual Property and the Firm, 71 *U. CHI. L. REV.* 3, 8-9（2004）.

⑤ See Alan J. Tracey, The Contract in the Trade Secret Ballroom-A Forgotten Dance Partner?, 16 *TEX. INTELL. PROP. L.J.* 47, 69-79（2007）.

补偿金，职工也不得随意泄露企业的商业秘密。①2017年修订的《反不正当竞争法》第9条第1款第3项规定："违反约定或者违反权利人有关保守商业秘密的要求，披露、使用或者允许他人使用其所掌握的商业秘密。"2019年修正的《反不正当竞争法》第9条第1款第3项将这一规定修改为："违反保密义务或者违反权利人有关保守商业秘密的要求，披露、使用或者允许他人使用其所掌握的商业秘密"，即将"违反约定"修改为"违反保密义务"，而保密义务除约定外，还有可能是基于法律规定，或者基于合同履行过程中产生的、未经明确约定的附随义务而形成。可见，对于商业秘密侵权纠纷，我国立法已经不局限于把商业秘密只当作合同债权进行保护了。

二、侵权行为理论

在契约义务理论之后，整个20世纪的商业秘密保护理论的一个主要解释是可以被称为"义务本位"的理论，即是一种对"商业道德的维护"。在商业秘密案件中，侵权行为理论关注的是行为人违反信赖关系的行为，也正是因其行为本身有违法或违背商业道德的性质，因此具有不可原宥性。②1917年，美国联邦最高法院大法官霍姆斯在E.L du Pont de Nemours Powder Co. v. Masland案中采纳了这一观点，认为："当'财产'这一术语适用于商标和商业秘密时，只是对法律要求的某些最基本的善意产生的间接结果未加分析的表述。无论原告的信息是否有价值，被告是通过特定的保密关系而了解有关事实的（不管这些事实是什么）。财产可以被否认，但是保密义务不能被否认。因此，该问题的出发点不是财产法或法律的正当程序，而是被告对原告负有保密义务。"③该案裁判的内涵在于，在不将一项具有商业价值的信息视为值得保护的财产时，亦应强调当事人之间既存的信赖关系。这种观点在20世纪初获得了广泛的认可，被认为是以侵权行为理论保护商业秘密的渊源。该理论不仅在英美法系中逐渐占据主导地位，在大陆法系中，由于其侵权法体系的目的在于分配风险、转移或分散社会上发生的各种损害，④商业秘密作为一种利益，也逐步被侵权法承认和保护。

以侵权行为理论保护商业秘密较之于契约义务理论，的确能扩大商业秘密的保护范围，能有效弥补契约义务理论基础无法对抗第三人，以及救济力度较小的

---

① 参见孔祥俊主编：《商业秘密司法保护实务》，中国法制出版社2012年版，第423页。
② 这与契约义务理论中的信赖义务不同，信赖关系在契约义务理论中被当作维系合同存在的积极因素，但在侵权行为理论中则是被侵权行为消极否定的对象。参见苏灿：《商业秘密民事救济制度的体系化研究》，中国政法大学出版社2018年版，第67—68页。
③ E. I. Du Pont de Nemours Powder Co. v. Masland, 244 U.S. 100, 102（1917）.
④ 参见王泽鉴：《王泽鉴法学全集》（第二卷），中国政法大学出版社2003年版，第158页。

缺陷。然而，侵权行为理论的突出问题是它最终可能是空洞的，具体表现如下：（1）该理论预设了不正当行为的前提，却没有给出不正当行为的实质定义。许多商业秘密案件都源于合同明确约定的义务，在这些案件中，将普通法上的侵权理论与违约理论相融合，将这一违约行为适用商业秘密侵权诉由，只是为本质上属于违约索赔的行为增加了一套更强有力的补救措施。①（2）该理论所指的"不正当手段"仅仅是已经被现有法律规则认定为非法的行为，如非法侵入、盗窃，而对侵犯商业秘密的非法行为方式没有任何补充，而大多数人认为侵犯商业秘密的非法行为方式应涵盖更多，该理论并没有给出可预测的或容易实施的非法行为判定标准。②（3）如果没有正当性理由，该理论很可能演变成对各种竞争性信息收集的挑战，法院无法在任何原则基础上解决这些挑战，而只能根据原告对被告意图的感知作出临时裁判。③ 这反过来又使商业行为产生了不确定性，可能会对那些担心其竞争行为可能被视为不公平行为的公司形成阻碍。

三、财产权理论

（一）商业秘密的财产权保护起源

财产权理论将商业秘密视为一种财产，并以财产法对其加以保护。一般认为，美国马萨诸塞州最高法院于1868年判决的"皮博迪诉诺福克案"，是承认商业秘密具有财产属性的标志性案件，该案的裁判意见书被认为是美国商业秘密法的结晶。④ 该案原告皮博迪发明了一种用黄麻茎粗木柄的纤维制造麻布的新工艺和机器。他建了一家工厂，并根据一份书面协议雇用被告诺福克担任机械师，协议要求诺福克不得使用或泄露秘密工艺。过了一段时间，诺福克离开了皮博迪的工厂，与库克等人一起用皮博迪的机器和工艺建造了一家与之相竞争的工厂，皮博迪以衡平法起诉，要求对这家新工厂颁布禁令。

库克抗辩认为，该技术并不受专利法保护，他也并未与皮博迪公司签订任何合同而不受合同义务约束。马萨诸塞州最高法院在合同法之外提出了商业秘密保护的一般理论："为了公共利益，法律政策鼓励和保护发明和商业活动"，"如果一个人通过自己的技能和努力开展商业活动并使其商业活动具有价值，其商业活动产生的商誉即应当视为法律上的财产"。同样，"某人如果发明或者发现一项

---

① See Mark A. Lemley, The Surprising Virtues of Treating Trade Secrets as IP Rights, 61 *Stan. L. REV.* 311, 321（2008）.

② See Robert G. Bone, A New Look at Trade Secret Law: Doctrine in Search of Justification, 86 *CAL. L. REV.* 241, 243, 298-299（1998）.

③ See Barton Beebe, An Empirical Study of the Multifact or Tests for Trademark Infringement, 94 *CAL. L. REV.* 1581, 1623-1631（2006）.

④ Peabody v. Norfork, 98 Mass. 452（1868）.

制造工艺，并将该工艺保密，无论该工艺是否是可专利的客体，都不当然地享有对世性的排他权利，也不得阻止其他人获取相关知识；但是所拥有其中的财产，法院应当提供保护从而防止他人违反合同或者泄露秘密（breach of confidence）进行使用或者披露给第三人"。简而言之，法院将"制造工艺方面的发明或者发现"视为权利人的"某种财产"，从而肯定了商业秘密的财产属性。在此之后，美国法院曾一度尝试通过财产法解释商业秘密"财产权"的成立条件及保护范围。然而，短暂尝试之后，美国法院的注意力从财产权理论转向了侵权行为理论。以前述1917年美国联邦最高法院审理的 E.L du Pont de Nemours Powder Co. v. Masland 案为转折，霍姆斯大法官在该案中以善意义务否定了财产理论，该判例此后被大量援引和适用。这也直接导致1939年《侵权法重述（第一次）》明确拒绝将财产权理论作为商业秘密保护的正当性基础，而是从一般善意义务出发，排除他人对商业秘密的正当获取、披露或利用。此后的很长时间内，侵权行为理论一直在商业秘密保护实践中占据主流。

（二）商业秘密财产权理论的复兴

伴随着市场经济的发展，商业秘密的财产属性逐步显现，财产权理论也逐渐复兴。以1984年美国联邦最高法院审理的 Ruckelshaus v. Monsanto Co. 案为转折，[①]财产权理论再次成为美国法上商业秘密制度的主导理论之一。在该案中，Monsanto Co. 生产农药及其他化学产品，为进行上市前安全性审查，Monsanto Co. 需要向美国环境保护署（EPA）提供相关药品实验数据。1978年之前，《美国联邦杀虫剂、杀真菌剂和灭鼠剂法》（FIFRA）将实验数据作为商业秘密保护，1978年该法修改后规定，EPA 在10年内不得再接受他人对同一农药的申请，并规定在随后15年内 EPA 将实验数据用于后续新药物上市申请时，申请人可主张"合理补偿"，且 EPA 可在必要时公开披露数据。Monsanto Co. 因此主张 FIFRA 不符合美国宪法第五修正案的规定，在征收公民财产权时未遵循正当程序并保障公民合理的补偿请求。在该案中，美国联邦最高法院认为商业秘密是受美国宪法第五修正案保护的财产权，原因在于：第一，商业秘密具有可转让性，可以构成信托的财产，并可以在破产时交给受托人，具有有形财产的诸多特性；第二，引用洛克的自然权利理论，认为财产不仅包括土体和有体物，还延伸到个体的劳动和发明创造，回归到 FIFRA 的立法历史，国会在立法时也认识到数据开发者对其数据享有"财产性利益"（proprietary interest），将商业秘密作为财产权的一般理解与前述财产观念相一致。此后，各州法院作出一系列将商业秘密作为财产的判例，强调商业秘密保护的秘密性和价值性要件。由于财产权理论的盛行，1979

---

① Ruckelshaus v. Monsanto Co., 467 U.S. 986, 104 S. Ct. 2862（1984）.

年《统一商业秘密法》规定对商业秘密的保护以商业秘密不具有公知性且具有价值性为前提，[1]正是从财产权角度出发而对商业秘密进行的界定。[2]后续1995年美国法律协会《反不正当竞争法重述（第三次）》[3]以及2016年《保护商业秘密法》都采取了类似定义。

在国际层面，商业秘密逐渐被作为一类新的知识产权加以定位和保护。国际商会于20世纪60年代率先承认商业秘密包含于知识产权之中；而后，世界知识产权组织在其成立公约中"暗示"商业秘密的知识产权属性；到了20世纪90年代，TRIPs协定专门就"未披露信息"的保护加以规定，确认商业秘密属于知识产权范畴。我国《民法典》第123条对知识产权的客体进行了列举规定，商业秘密也被列于知识产权项下。

对比契约义务理论和侵权行为理论，财产权理论更具客观性优势。首先，契约义务理论和侵权行为理论都立足于关系概念，关注的是商业秘密持有人和商业秘密获取者之间的关系，无论是契约关系还是信任关系，持有人和获取者之间的关系是否被破坏，是审理法院裁决是否支持商业秘密持有人主张的关键。[4]相对而言，财产权理论聚焦于财产概念，关注点从当事人之间的相对关系及行为转向商业秘密本身，要求商业秘密客观上不为公众所知悉并因此产生商业上的价值，如果商业秘密不符合秘密性、价值性、保密性的要件，即使获取者违背保密义务也不构成侵权。实践中，财产权理论更具确定性优势。在关系概念方法之下，法院易于被信息获取者的行为所迷惑而扩大保护范围。例如，在诉讼中，关系概念方法会首先要求询问前雇员是否从雇主那里获取了信息，并没有判断该信息是否为公众所知悉（即该信息是否符合秘密性的要求），并不区分公共领域的信息和雇员获取的信息，而由持有人主观地定义保密范围，这也就扩大了商业秘密持有人的利益范围，限制了原本不属于商业秘密范围内的信息的传播。即使是获取、传播公共领域信息，前雇员也可能承担责任，理由是个人违背了对雇主的诚信义务，而不论该信息是否具有秘密性。财产权理论的关注点从行为转移到商业秘密本身，在财产权理论之下，法院必须具体地判断作为保护对象的信息是否客观上

---

[1] 美国《统一商业秘密法》第一节第4条规定："'商业秘密'意为特定信息，包括配方、样式、编辑产品、程序、设计、方法、技术或工艺等，其：（i）由于未能被可从其披露或使用中获取经济价值的他人所公知且通过正当手段无法确定，因而具有实际的或潜在的独立经济价值；同时（ii）是在特定情势下已尽合理保密努力的对象。"

[2] 参见李明德：《美国知识产权法》（第二版），法律出版社2014年版，第215页。

[3] 《反不正当竞争法重述（第三次）》第三十九节规定，"商业秘密，指任何可用于工商经营的信息，有足够的价值和秘密性，使权利人相对于他人产生现实的或潜在的经济优势"。

[4] See Charles Tait Graves, Trade Secrets as Property: Theory and Consequences, 15 *J. INTELL. PROP. 39*, 47 (2007).

不为公众所知悉而具有价值，以及持有人是否采取了保密措施，再进一步根据保密措施界定侵权行为。财产权理论确保了商业秘密侵权判断的客观化，避免了对竞争的过度干预或阻碍新知识的传播。

应当注意的是，商业秘密不同于物权中的所有权，亦不同于商标权、专利权、著作权等知识产权，应定位为一项弱财产权。从激励市场主体创新的目标出发，商业秘密制度对一切不为公众所知悉并采取保密措施的信息加以保护，从而保障市场主体能够回收投资成本、享受创新收益。商业秘密财产权的设计必须权衡商业秘密持有人的激励利益和信息传播的公共利益，无法像物权以及专利权、著作权等传统知识产权那样具有较为广泛的权利内容，以及较强的可执行力。因为一般而言，商业秘密保护的客体可以是某一行业中使用的一些公式、模式、装置或信息汇编，通常与企业生产经营有关，比如，生产一件商品的机器或配方、客户名单，以及其他任何使经营者比竞争对手更具竞争优势的信息。商业秘密不需要达到专利的创造性高度或者作品的独创性高度，只要一个人付出一定努力收集了不为公众所知悉的信息，并且采取了一定保密措施，就具有保护的必要性。在公众容易获得相关信息的地方，为保障信息传播和保留公有领域，商业秘密的保护强度也就相应减弱。专利权、著作权等知识产权制度下，权利人对信息专有而具有排他性的权利，商业秘密权利人则并非对信息具有专有权，而仅对其保密措施控制下的信息具有排他性权利，可排除他人对其控制信息的获取、使用和公开，而对公众通过其他合法渠道获得的信息，如独立研发或反向工程，则不具有控制权。

知识链接

思考题

1. 什么是商业秘密？
2. 为什么要保护商业秘密？
3. 商业秘密保护制度发展经历了哪几个阶段？

第二章　商业秘密保护客体

第一节　商业秘密保护客体的范畴

　　在企业创新活动中，商业秘密是企业最为重要的无形资产，与专利权、著作权等知识产权共同保护企业的创新成果，我国《民法典》第123条将商业秘密也规定为一类知识产权。从理论上，关于知识产权的客体，学界一直存有争议，目前存在智力成果说、信息说、知识说、符号说、无形财产说、形式说、知识产品说、精神产物说等。郑成思教授等认为，知识产权的客体是信息。[①] 刘春田教授则从哲学上对信息的定义出发，认为信息是先天存在的客观实在，无所谓真假且不具有传递性，故不能成为知识产权的客体，知识是人类对客观世界认识的描述，知识产权保护的对象是知识的一部分，是由人类创造并经由法律的标准加以检验而获予保护的那些"形式"。[②] 一般认为，物质、能量、信息是构成世界的三大基本元素，广义上的信息具有主客观双重属性，既包括作为物质属性的信息，也包括由人所认知的"再生信息"；法律所调整的信息必然是可为人类认知和传递的信息。[③] 故二者可能只是对"信息"这一概念进行了不同角度的描述。关于商业秘密的保护客体，理论上并不存在太多争议，商业秘密保护的国际条约和各国立法都开宗明义地确定了商业秘密的保护客体为信息。现具体阐述如下：

一、国际条约中的商业秘密保护客体

　　TRIPs协定是最早保护商业秘密的多边条约，也是我国加入的最主要的保护商业秘密的国际条约。其将商业秘密作为与著作权和相关权利、商标、地理标志、工业设计、专利、集成电路布图设计（拓扑图）等并列的七种知识产权类型之一，规定商业秘密保护是世界贸易组织成员必须履行的一项国际义务。这使商业秘密的国际保护有了国际法的规范依据和法理基础，具有里程碑意义。尽管商业秘密是比较普遍的称谓，但是其并不是全球通用的表述，不同国家对其含义的理解也不完全一致。为了避免引起争议，TRIPs协定第39条第2款使用了"未披

---

① 参见郑成思、朱谢群：《信息与知识产权》，载《西南科技大学学报（哲学社会科学版）》2006年第1期。
② 参见刘春田：《知识财产权解析》，载《中国社会科学》2003年第4期。
③ 参见张玉敏、易健雄：《主观与客观之间——知识产权"信息说"的重新审视》，载《现代法学》2009年第1期。

露信息"（undisclosed information）的定义。根据 TRIPs 协定，商业秘密所保护的客体应为特定信息，即"他人合法控制的信息"。

作为世界知识产权组织提高国际反不正当竞争保护水平的行动之一，世界知识产权组织于 1996 年发布了《关于反不正当竞争保护的示范规定》（简称《示范规定》），为全球各国充分实施 TRIPs 协定、有效保护商业秘密提供了立法参考。《示范规定》采用"秘密信息"（secret information）的表述，在第 6 条第 3 项规定，符合下列条件的信息才被视为"秘密信息"：第一，作为整体或在其组成部分的精确配置和组合上，不为通常涉及该类信息的同行业中的人们所普遍了解或容易获得；第二，因其为秘密而具有商业价值；第三，由合法持有人根据情况已采取了合理的步骤来保守秘密。根据世界知识产权组织国际局的解释，《示范规定》"第 6 条以 TRIPs 协定第 39 条为依据"[1]。世界知识产权组织国际局还进一步对"秘密信息"作出了解释：秘密信息可由技术秘密或营业秘密组成，包括生产方法、化学配方、绘图、原型、销售方法、经销方法、合同形式、商业计划表、价格协议细节、消费者情况介绍、广告策略、供应商或顾客花名册、计算机软件和数据库。[2]

二、我国法上的商业秘密保护客体

如前所述，商业秘密在我国起步较晚，在改革开放的背景下，我国 1993 年《反不正当竞争法》对于商业秘密的保护很大程度上是为了融入国际贸易体系、与知识产权保护国际标准相一致。遵循 TRIPs 协定并借鉴比较法实践，我国 1993 年《反不正当竞争法》第 10 条规定了商业秘密的保护，其第 3 款规定，"商业秘密，是指不为公众所知悉、能为权利人带来经济利益、具有实用性并经权利人采取保密措施的技术信息和经营信息"[3]。1995 年《国家工商行政管理局关于禁止侵犯商业秘密行为的若干规定》第 2 条对商业秘密作出了进一步界定，"本规定所称商业秘密，是指不为公众所知悉、能为权利人带来经济利益、具有实用性并经权利人采取保密措施的技术信息和经营信息。……本规定所称技术信息和经营信息，包括设计、程序、产品配方、制作工艺、制作方法、管理诀窍、客户名单、货源情报、产销策略、招投标中的标底及标书内容等信息"。根据该规定，商业秘密的

---

[1] 世界知识产权组织：《关于反不正当竞争保护的示范规定：条款和注释》，世界知识产权组织 1997 年版，第 46 页。
[2] 参见世界知识产权组织：《关于反不正当竞争保护的示范规定：条款和注释》，世界知识产权组织 1997 年版，第 54 页。
[3] 2019 年修正的《反不正当竞争法》第 9 条第 4 款规定，"商业秘密，是指不为公众所知悉、具有商业价值并经权利人采取相应保密措施的技术信息、经营信息等商业信息"。

客体应当为信息，尽管商业秘密通常要固定在相应的载体上，并通过载体重现商业秘密的具体内容，但法律所保护的商业秘密无论是技术秘密还是经营秘密，都是无形的信息，而不是有形的载体，并且每个单独的商业秘密信息单元均有可能构成独立的保护对象。易言之，法律保护的商业秘密不是某种产品，而是体现在产品中的信息。产品的名称或者类型相同，并不意味着体现在产品中的信息也必然一致。例如，同样的防水剂，其配比和生产工艺不一定相同。

三、商业秘密保护客体的发展演进

可以明确的是，商业秘密保护客体是信息，关于受保护信息的范围，在商业秘密制度发展过程中一直不断发展扩大。例如在美国法上，早期判例对商业秘密的保护仅限于技术秘密，在1905年Chicago Board of Trade v. Christie Grain & Stock Co.案中，[①] 美国联邦最高法院将商业秘密的保护范围扩大到营业秘密。美国1939年《侵权法重述（第一次）》规定，商业秘密应当是连续用于商业运营的信息，简单信息如商业行为中的单一或短暂事件，包括合同投标中的金额条款、特定雇员工资、出台新政策或者推出新产品的日期等不属于商业秘密，尚在发展、实验中的技术不属于商业秘密，否定性信息不属于商业秘密。经过实践发展，美国1985年修改后的《统一商业秘密法》、1996年《经济间谍法》则对商业秘密进行了广泛的定义而不限于"连续用于商业运营"中的信息，《美国法典》[②]第1839条规定："'商业秘密'是指所有形式和类型的财务、经营、科学、技术、经济或工程信息，包括样式、计划、编辑产品、程序装置、公式、设计、原型、方法、技术、工艺、流程或编码，无论有形或无形，无论是否或怎样得到物理、电子、绘制、拍摄或书写方式的存放、组织、存储，如果——（a）所有者对该信息采取了合理的措施；并且（b）该信息由于未能被公众所知，且未能用正当手段已经可以确定，因而具有实际或潜在的独立经济价值。"按照该定义，包括消极信息、尚在发展过程中的信息、一次性使用的秘密信息等在内的所有有价值的信息都可以纳入商业秘密保护的范畴。

四、商业秘密保护客体的主要类型

在外延上，商业秘密保护的信息主要包括技术信息和经营信息两类。技术信息包括产品配方、设计方案、加工工艺、操作手法、控制程序、制作方法等信

---

① Chicago Board of Trade v. Christie Grain & Stock Co., 198 U.S. 236（1905）.
② 《经济间谍法》通过后，由美国国会编入《美国法典》（United States Code, U.S.C）第18编，列为第1831—1893条，为与美国司法判例统一，下文以《美国法典》中的相应条文作为法律援引出处。

息；经营信息包括客户信息（名称、地理位置、联系方式，以及交易记录、交易习惯、交易意向等）、货源情报、产销策略、招投标中标底及标书内容等信息。[①]《最高人民法院关于审理侵犯商业秘密民事案件适用法律若干问题的规定》第1条对此作出了具体界定，即"与技术有关的结构、原料、组分、配方、材料、样品、样式、植物新品种繁殖材料、工艺、方法或其步骤、算法、数据、计算机程序及其有关文档等信息，人民法院可以认定构成反不正当竞争法第九条第四款所称的技术信息。与经营活动有关的创意、管理、销售、财务、计划、样本、招投标材料、客户信息、数据等信息，人民法院可以认定构成反不正当竞争法第九条第四款所称的经营信息"。

除了技术信息和经营信息之外，是否存在其他的信息类型？反不正当竞争法主要调整经营者在生产经营活动中的竞争行为，因此，我国1993年《反不正当竞争法》以及2017年修订的《反不正当竞争法》都将商业秘密保护信息限定为技术信息和经营信息两类，规定"本法所称的商业秘密，是指不为公众所知悉、具有商业价值并经权利人采取相应保密措施的技术信息和经营信息"，此两类信息已经基本涵盖了竞争者在生产经营活动中具有保密利益的信息类型。[②]

除此之外，商业秘密保护在反不正当竞争法调整框架下具有特殊性，体现出较强的财产属性，故比较法上对商业秘密的保护不仅限于竞争者之间，而是扩张到一切民事主体。2016年欧盟《商业秘密保护指令》第2条规定："'侵害人'是指任何实施了非法获取、使用或披露商业秘密行为的自然人或法人。"美国1985年修改后的《统一商业秘密法》以及2016年《保护商业秘密法》都规定侵权主体不限于经营者，而是自然人、法人以及其他任何法律或商务实体。[③]我国2019年修正的《反不正当竞争法》在商业秘密制度中突破了"经营者"的一般限制而规定"经营者以外的其他自然人、法人和非法人组织实施前款所列违法行为的，视为侵犯商业秘密"。因此，商业秘密保护的信息，也不应当限于经营者用于盈利活动的技术信息和经营信息，还应当包括其他类型的信息。例如，在美国法上，《统一商业秘密法》第一节第4条规定，"'商业秘密'意为特定信息，包括配方、样式、编辑产品、程序、设计、方法、技术或工艺等"，并未将商业秘密限定在技术信息或者营业信息。《反不正当竞争法重述（第三次）》第三十九节评论d解释道，"商业秘密可以包括配方、样式、数据汇编、计算机程序、装置、方法、技术、工艺和其他有经济价值的信息的形式和体现。商业秘密可与技术主

[①] 参见王瑞贺主编：《中华人民共和国反不正当竞争法释义》，法律出版社2018年版，第30页。

[②] 参见孔祥俊：《商业秘密保护法原理》，中国法制出版社1999年版，第133页。

[③] See Sharon K. Sandeen, Elizabeth A. Rowe, *Trade Secret Law including The Defend Trade Secrets Act of 2016 in a Nutshell*, 2nd ed., West Academic Publishing, 2018, p.33.

题有关，例如产品的成分与设计、制造方法，提供特殊操作或服务所必需的专有技术。商业秘密也可与其他经营行为有关，如价格和市场技术以及客户的情况和要求。虽然商业秘密权一般为经营者和其他商业机构所主张，但是非营利机构，如慈善、教育、政府、互济和宗教组织，也可对具有经济价值的信息主张商业秘密权，如可加入组织的人员或捐献者的名单"。关于非用于经营活动的信息，如捐献者名单即可理解为技术信息和经营信息之外的其他信息。我国2019年修正的《反不正当竞争法》第9条第4款规定："本法所称的商业秘密，是指不为公众所知悉、具有商业价值并经权利人采取相应保密措施的技术信息、经营信息等商业信息。"根据这一规定，商业秘密保护客体已不限于技术信息和经营信息，伴随着技术和经济发展，也应当允许其他新出现的有价值信息获得商业秘密保护；同时，由于商业秘密体现出较强的财产属性，商业秘密保护并不受反不正当竞争法对竞争关系的一般限制，商业秘密保护客体应当不限于商业信息，其他有价值的信息也应当纳入商业秘密保护的范畴。当然，这种信息的价值性不仅包括积极的产品制造技术方案、用于生产经营的客户信息等，而且包括否定性的信息，如耗巨资证明特定工艺不可行的信息，对竞争对手可能有巨大价值，也应当纳入保护范围。就不同类型商业秘密保护客体的认定，以下作具体阐述。

第二节 技 术 信 息

一、技术信息概述

在商业秘密制度发展过程中，早期商业秘密保护范围主要限定在财产特征较强的技术信息，商业秘密制度也是在保护技术秘密的基础上产生和发展起来的。所谓技术信息，就其表现形式而言，应为与该技术有关的技术方案或技术诀窍，其外延十分宽泛。在比较法上，如美国法院将各种各样的技术秘密（配方、制造和加工工艺、各种机械和装置，以及一些普通类型的秘密科学资料、技术与数据等一般信息）都纳入保护范畴。在我国法上，技术信息的内容也十分广泛，包括产品配方、设计方案、加工工艺、操作手法、控制程序、制作方法等。[1]《最高人民法院关于审理侵犯商业秘密民事案件适用法律若干问题的规定》第1条第1款明确规定："与技术有关的结构、原料、组分、配方、材料、样品、样式、植物新品种繁殖材料、工艺、方法或其步骤、算法、数据、计算机程序及其有关文档等信息，人民法院可以认定构成反不正当竞争法第九条第四款所称的技术

---

[1] 参见王瑞贺主编：《中华人民共和国反不正当竞争法释义》，法律出版社2018年版，第30页。

信息。"

虽然在外延上可以作为商业秘密保护的技术信息十分广泛，但这些技术信息实际获得保护需要满足商业秘密秘密性、价值性、保密性的前置要件。一般作为技术秘密的技术信息，不是产品的尺寸、结构、材料和部件的简单组合，而是在生产工艺上具有明显进步、能为权利人带来行业内的竞争优势，相关主体无法通过对产品的直接观察来获得的信息。即使整体技术信息中的单独技术、工艺已经进入公知领域，但是整体技术并非各项单独技术的简单组合，必然需要大量实践的检验、磨合，才能定型化、产业化，该信息无法从其他公开渠道获得而成为企业发展的核心竞争力，仍然是商业秘密所保护的信息。

二、技术信息的秘密点

阐明商业秘密的具体内容是说明商业秘密符合法定条件的基础，即权利人应披露其商业秘密的具体内容以证明对此享有权利。在商业秘密侵权案件的审理中，原告必须首先明确诉请保护的商业秘密的内容，否则法院无法进行审查，更无法对被告使用的信息是否与原告诉请保护的商业秘密相同或者实质相同作出判断。[1] 在审理侵害商业技术秘密纠纷的民事案件中，原告必须对其技术信息的秘密点加以明确，技术信息的秘密点类似于专利技术方案中的技术特征，秘密点的具体内容是判定技术信息是否成立商业秘密和被告是否构成侵权的前提，只有明确了争议的技术信息具体需要保护的内容，并提交技术信息的载体，才能判定其技术信息是否属于商业秘密，以及被控侵权方使用技术是否构成侵权。故在权利人指控他人侵犯其商业秘密的诉讼中，权利人首先应当明确其需要作为商业秘密予以保护的技术信息的具体内容，提供证据加以证明，并将之与所属领域内的公知技术部分予以区分。如果权利人无法对请求保护的技术秘密的具体内容加以明确，或者无法对请求保护的技术信息的秘密点提供证据加以证明，[2] 或者无法将请求保护的技术信息与所属领域内的公知技术予以区分，[3] 则不能认定其技术信息为商业秘密。

---

[1] 《最高人民法院关于审理侵犯商业秘密民事案件适用法律若干问题的规定》第27条规定："权利人应当在一审法庭辩论结束前明确所主张的商业秘密具体内容。仅能明确部分的，人民法院对该明确的部分进行审理。权利人在第二审程序中另行主张其在一审中未明确的商业秘密具体内容的，第二审人民法院可以根据当事人自愿的原则就与该商业秘密具体内容有关的诉讼请求进行调解；调解不成的，告知当事人另行起诉。双方当事人均同意由第二审人民法院一并审理的，第二审人民法院可以一并裁判。"

[2] 天津市第一中级人民法院（2020）津01民终4575号民事裁定书。

[3] 广东省佛山市中级人民法院（2018）粤06民终7976号民事判决书。

三、技术信息与专利技术的关系

商业秘密保护的技术信息的范畴与专利法保护的技术方案近似，但商业秘密保护的技术信息的范畴更宽。专利法上的技术方案主要是指对产品、方法或者其改进提出的新的技术方案，技术方案认定应当从其是否解决了技术问题，是否采用了技术手段，以及是否获得技术效果综合认定。技术方案本质上应当属于信息的范畴，即也归属于"技术信息"的类型。因此，专利法上的技术方案与商业秘密保护的技术信息的关系有两个方面：

一方面，专利法保护客体与商业秘密保护客体存在部分重合，对于有的技术方案，虽然可以通过申请专利获得保护，但受制于专利保护期限以及公开披露的限制，有的经营者可能仍然会通过商业秘密保护其创新成果。对此，理论上认为可以通过专利保护实现生产激励的目的，而企业保密措施限制了技术信息的公开，法律对此类商业秘密的保护似乎不存在必要性。问题在于，企业是否采取保密措施并不取决于法律是否保护商业秘密，对已经作为秘密保护的信息而言，法律难以强制企业进行公开；相反，如果法律对商业秘密不提供保护，可能会导致企业增加成本强化保密措施，并减少信息的交易和扩散。法律为商业秘密提供保护，可以减少企业保密的成本，避免企业间弱肉强食的"丛林法则"所带来的负面效应，促进企业间的信息共享和流通。实践中，一项技术方案在申请专利之前或申请专利未公开之前都应当作为商业秘密加以保护。可以将一项技术方案或者若干项关联的技术方案的部分内容申请专利保护，而将其他内容作为商业秘密加以保护。采用哪种模式更加合理，需要权利人综合考量。

另一方面，商业秘密保护的技术信息也不限于专利法保护的技术方案，不仅包括解决技术问题的一整套完整的技术方案，也包括技术方案中的一个或若干个相对独立或共同作用的技术要点，只要满足商业秘密秘密性、价值性、保密性要件，任何算法、数据等与技术问题、技术方案或技术效果相关的信息都属于技术信息的范畴，并且商业秘密保护的技术信息也不受专利法新颖性、创造性的限制。对此部分技术信息保护的理由是，促进社会信息生产的不仅仅是具有创造性信息，"额头流汗"的信息生产和竞争过程同样需要鼓励和促进，商业秘密保护因不具有排他性，可以为缺乏创造性的信息生产提供激励。例如，在Kewanee Oil Co. v. Bicron Corp.案中，[①] 美国联邦最高法院认为：商业秘密法旨在鼓励尚未达到专利保护程度的发明，促使独立的创新者发现和运用他的发明，不会被剥夺使用一个有价值的、尚不可专利的发明的权利。

---

① Kewanee Oil Co. v. Bicron Corp., 416 U.S. 470 (1974).

四、技术信息与计算机软件的关系

技术信息除与专利法保护的技术方案存在重叠外，与著作权法保护的客体也可能存在重合的情形，最典型的即计算机软件。例如《最高人民法院关于审理侵犯商业秘密民事案件适用法律若干问题的规定》第1条第1款规定，对"计算机程序及其有关文档等信息"，"人民法院可以认定构成反不正当竞争法第九条第四款所称的技术信息"。

事实上，关于计算机软件相关权益的保护，依法可以有多种方式，既可以通过商业秘密保护，也可以通过著作权法保护，我国于2001年颁布，2011年、2013年修订的《计算机软件保护条例》即专门规定了计算机软件的著作权保护。但不同的法律制度所保护的对象是不同的，著作权法所保护的是作为独创性表达的计算机软件作品，商业秘密保护的则是软件程序和文档中依法构成商业秘密的技术信息或经营信息（通常表现为技术信息）。商业秘密保护需要区分出计算机程序及文档中哪些信息是需要作为具备商业秘密构成要件的技术信息或经营信息予以保护的，也即确定秘密点，然后对此依法进行分析和判断。

根据《计算机软件保护条例》第2条和第3条的规定，计算机软件是指计算机程序及其有关文档。计算机程序，是指为了得到某种结果而可以由计算机等具有信息处理能力的装置执行的代码化指令序列，或者可以被自动转换成代码化指令序列的符号化指令序列或者符号化语句序列。计算机文档，是指用来描述程序的内容、组成、设计、功能规格、开发情况、测试结果及使用方法的文字资料和图表等，如程序设计说明书、流程图、用户手册等。根据计算机行业的普遍认知，源程序是指未经编译的、按照一定的程序设计语言规范书写的、人类可读的文本文件。同一计算机程序的源程序和目标程序为同一作品而获得著作权法上的保护。

在商业秘密保护中，一般应区分源程序和目标程序。源程序通常掌握在开发者手中，他人很难获得，软件销售时仅须提供目标程序即可，无须提供源程序，因而，软件用户往往也只能获得目标程序。然而，软件用户在软件的使用过程中通过直接观察即能够得知某些软件的操作流程和功能模块及其实现的步骤等，这些前端用户通过直接观察即能够获知的技术内容是公开可见的，很难被纳入技术秘密的范畴；只有那些软件用户无法在前端通过直接观察得知的、仅能从后台代码层面通过一定手段获得的具体实现路径和方式才有可能不为公众所知悉，进而构成技术秘密。因而，在认定计算机软件程序中的哪些技术信息能够构成技术秘密时，应当排除那些前端用户明显可见的技术信息，只有那些前端用户无法通过直接观察即可获取的技术内容，才可能具有一定的不为公众所知悉性而获得商业秘密保护。

　　此外，计算机程序和文档中包含的信息也并非都是技术信息，尤其是文档文件中包含的信息可能难以作为技术秘密加以认定和保护。故司法实践中通常首先明确涉案源程序及相关文档中哪些技术信息是权利人主张作为商业秘密保护的秘密点，然后判断这些秘密点是否不为公众所知悉，在此基础上，再就秘密点与侵权人获取、使用的信息进行比对，由此判断侵权人是否构成商业秘密侵权。例如在"上海牟某广告有限公司与上海市静安区市场监督管理局行政处罚决定纠纷案"中①，法院认为，两第三人未指明其软件中哪些技术信息是其保护的秘密点，被告也未依法区分、审查、确定技术信息秘密点的范围，而是都误将软件程序及文档这些著作权保护的对象全部作为商业秘密的保护对象。被告未确定技术信息的范围，也就无法对技术信息是否达到"不为所属领域的相关人员普遍知悉和容易获得"的程度进行审查和判断，仅以源程序和文档属于保密资料、均未公开为由，就认定其具备"不为公众所知悉"的条件，违背了商业秘密构成要件认定的基本法理。实践中，确实存在软件源程序及文档含有技术信息的较大可能性，源程序和文档常常是商业秘密的载体。但再大的可能性不能等同于事实，商业秘密的载体也不等同于商业秘密，尤其是在目前市场上存在多种网络分销软件及第三人也同时提供开源软件的背景下。更何况计算机软件程序及文档中的技术信息是哪些、有多少都应当是具体的、确定的，这也是认定行为人是否侵权及侵权程度的事实基础和前提。在没有确定计算机软件中的技术信息的保护范围并判断该信息的获得是否通过一定的创造性劳动的情况下，被告委托鉴定机构做软件代码等比对的司法鉴定，该鉴定结论对于商业秘密侵权的判断没有实际意义。至于市软件行业协会针对被告咨询问题的解答和补充说明，该协会并未对涉案软件程序中的技术信息进行具体的分析，对技术秘密的价值性和实用性以及采取保密措施的要件的判断更大程度上属于对一般事实的判断，并非属于技术判断的范围。客户信息资料属于经营信息范畴，与软件技术也并无必然关联。因此，市软件行业协会认为涉案"软件源代码、软件开发文档和客户信息资料均属于商业秘密"的结论，缺乏具体针对性和事实基础，难以采信为认定涉案软件程序及文档构成商业秘密的依据。

---

① 上海知识产权法院（2016）沪73行初1号行政判决书，上海市高级人民法院（2016）沪行终738号行政判决书。

典型案例

**天津华永无线科技有限公司、上海顶晟无线网络科技有限公司等
与萤火虫工作室等侵害商业秘密纠纷案**[①]

事实概要：

原告天津华永无线科技有限公司、上海顶晟无线网络科技有限公司合作开发了"迷境鹿踪"手机主题并在乐视手机主题APP上线。后原告发现被告萤火虫工作室在vo主题平台上线的"花殇夜梦"手机主题有16个图标与"迷境鹿踪"手机主题高度相似。原告主张"迷境鹿踪"手机主题PSD源文件所体现的图层制作过程为其专有技术，属于商业秘密，被告非法获取涉案商业秘密，因此向法院起诉，要求被告承担法律责任。

本案中，原告主张"迷境鹿踪"手机主题PSD源文件所体现的图层制作过程为其技术秘密，在诉讼过程中，法院要求原告明确"迷境鹿踪"手机主题PSD源文件中的图层数量、分布等信息，但原告对其主张的图层编辑方法仅进行了举例说明，未说明具体方法。

裁判观点：

本案中，就原告主张内容是否构成商业秘密，法院要求原告明确其主张的商业秘密的内容，也即秘密点内容。原告对"迷境鹿踪"手机主题PSD源文件所体现的各个图层排布、命名及隐蔽性编辑手法等相关技术信息均未能明确告知，其秘密点主张不明确。因此，法院驳回了原告全部诉讼请求。

第三节　经　营　信　息

一、经营信息概述

相对于技术信息可以通过制造新产品、优化生产加工流程等方式直接为经营者带来价值，经营信息也可以通过消除市场经营活动的信息不对称，为经营者带来更多交易机会和竞争优势，因此，经营者往往也会付出较高成本收集、购买经营信息，同样地也存在不正当获取经营信息而利用他人竞争优势的情形，由此就产生了经营信息的法律保护问题。

早期商业秘密制度主要集中于对技术秘密的保护，美国1905年Chicago Board of Trade v. Christie Grain & Stock Co.案[②]成为商业秘密保护范围的转折点，该案主

[①]　天津市第一中级人民法院（2020）津01民终4575号民事裁定书。

[②]　See Chicago Board of Trade v. Christie Grain & Stock Co., 198 U.S. 236（1905）.

要涉及技术秘密之外的农作物行情报告，原告收集各种农作物价格和各销售商的销售信息，作出行情报告向客户通报。被告则以不正当手段获取该行情报告，通过进一步扩散而获得收入。美国联邦最高法院审理认为，"原告收集的信息应当受法律保护，就如同一项商业秘密，原告有权将已经完成或者投资的工作成果保留给自己"，"即使是关于非法行为的信息，也不排除可以获得保护，因为犯罪统计数据和其他统计数据一样都属于财产，即便生成的数据是由某些罪犯收集的"。该判例使得商业秘密保护范围由技术秘密扩张到营业秘密。

我国《反不正当竞争法》第9条明确规定商业秘密保护客体不仅包括技术信息，还包括经营信息。经营信息是权利人在生产经营活动中通过知识发展、技术革新、经验积累，或者花费时间、精力等方式获取，体现了权利人的劳动成果，理应受法律的保护，未经权利人允许，任何主体不得泄露、使用。关于经营信息的范围，《最高人民法院关于审理侵犯商业秘密民事案件适用法律若干问题的规定》第1条第2款明确规定："与经营活动有关的创意、管理、销售、财务、计划、样本、招投标材料、客户信息、数据等信息，人民法院可以认定构成反不正当竞争法第九条第四款所称的经营信息。"作为商业秘密的经营信息，必须存在实际的交易和应用价值，一般不能是简单的企业名单或者宣传信息，而是涵盖稳定的交易关系、不同于他人的交易惯例，以及货物质量、付款方式等经过特殊约定而长期形成的深度业务信息。例如，在旅游行业，尽管从单个要素看，在宣传单或网站上能够查询到旅游项目的信息。但是，这些单个要素是针对不特定的散户或旅行社发出的，仅是一种要约邀请，并非最终成交的内容。成交后单个要素的集合体，是包括多家旅行社的名称、已经成交综费和与该综费相关的游程安排、供应标准，以及正在洽谈的综费等要素的组合，这些要素的组合可以构成一整套经营信息，需要长期的实践、运作以及工作经验组合形成，体现了权利人的智力劳动成果，可以构成商业秘密上的经营信息。

实践中，商业秘密保护的经营信息典型的有客户信息、商业模式、财务信息、招投标材料等，其中尤以客户信息、商业模式保护适用广泛且其适用存在一系列疑难问题，司法解释也对相关问题作出了专门规定，现结合我国目前司法实践作具体阐述。

二、客户信息

司法实践中，权利人往往将其客户信息作为商业秘密加以保护，以实现垄断特定客户资源，阻止他人尤其是离职员工与其竞争的目的。因此，客户信息也是经营信息作为商业秘密保护的最典型形式。实践中关于"客户信息"商业秘密认定的争议较多、难度较大。

客户信息早期主要是客户名单，依据《最高人民法院关于审理不正当竞争民事案件应用法律若干问题的解释》（已废止）第13条的规定，商业秘密中的客户名单，一般是指客户的名称、地址、联系方式以及交易的习惯、意向、内容等构成的区别于相关公知信息的特殊客户信息，包括汇集众多客户的客户名册，以及保持长期稳定交易关系的特定客户。随着信息网络技术的发展和普及，搜集、管理特定客户信息的难度已显著降低，经营者对于客户信息的管理多已不再采用传统的名单、名册等方式，而是普遍采用数据库、计算机软件、云服务等数字化、网络化方式。因此，《最高人民法院关于审理侵犯商业秘密民事案件适用法律若干问题的规定》第1条将"客户名单"的表述改为"客户信息"，规定"客户信息，包括客户的名称、地址、联系方式以及交易习惯、意向、内容等信息"。

商业秘密保护的客户信息，应满足商业秘密的秘密性、价值性和保密性要件。客户名称、地址及联系方式等简单信息，往往从公共渠道容易获得，较难构成营业秘密，单纯客户信息的简单罗列也很难获得商业秘密的保护。一般而言，具有难以从公开渠道获得的深度信息，如客户对商品的需求类型和需求习惯、客户的经营规律、客户对商品价格的承受能力等能够获得商业秘密的保护。《最高人民法院关于审理侵犯商业秘密民事案件适用法律若干问题的规定》第2条第1款规定："当事人仅以与特定客户保持长期稳定交易关系为由，主张该特定客户属于商业秘密的，人民法院不予支持。"例如，在"威稳公司与朱某、魏某、张某、蒋某、东辉公司侵害商业秘密纠纷案"中①，威稳公司主张涉案商业秘密是指与客户交易所涉的客户名单、商品名称、材质、规格、数量、价格、运输以及图纸。一审中，威稳公司申请法院前往广州市花都区工商行政管理局经济侦查大队调取查处东辉公司违法出售未经3C认证产品的案卷材料，并以调取的案卷材料中的"东莞王牌焊机厂""佛山市东力王汽车维修设备厂""佛山牛王焊机厂"3份客户名单作为主张保护的商业秘密。但威稳公司在一审提交的客户订单、送货单等信息中并未体现其客户的交易习惯、客户独特需求、客户要货时间规律、成交价格底线等具体内容，也不能证明其为区别于相关公知信息的特殊客户信息。因此，法院认为，威稳公司主张的3份客户名单不构成《反不正当竞争法》规定的商业秘密。

在缺乏深度信息的前提下，客户信息的数量众多也能构成商业秘密。这是因为汇集众多客户信息的客户名册一般是由权利人花费了大量劳动整理而成的，难以通过公开渠道直接获得。例如在"衢州万联网络技术有限公司诉周慧民等侵犯

---

① 广州知识产权法院（2020）粤73民终3756号民事判决书。

商业秘密纠纷案"中，法院认为，虽然单个用户的注册用户名、注册时间等可能易于获取，但是涉案网站数据库中50多万个注册用户名、注册密码和注册时间等一一对应的信息组成的综合海量用户信息并不易被相关领域的人员普遍获悉和容易获得。[①] 缺乏深度信息的客户名单是否构成商业秘密也不完全取决于客户数量，如从大量普通客户信息中筛选、分离出的具有交易机会的少量客户信息也有可能获得商业秘密保护，因为这些客户信息需要花费时间、资金并投入劳动，具有更高的应用和交易价值，不同于从公开渠道即可直接获得的客户信息。

总而言之，客户信息的商业秘密保护需要考察经营者主张的特定客户名单是否是区别于相关公知信息的特殊客户信息。对于特定客户的名称、地址、联系方式、交易习惯、交易内容和特定需求等信息进行整理、加工后形成的客户信息，一般可以作为经营信息予以保护，如仅依据与特定客户之间的合同、发票、单据凭证等或者仅以与特定客户保持长期稳定交易关系为由，主张该特定客户信息属于商业秘密，法院一般不会给予支持。

三、商业模式

商业模式，通常是指由完整的产品体系、营销体系、价格体系、优惠政策、员工管理考核体系、培训体系等汇聚形成的信息集合。它是商事经营主体在长期经营活动中形成的、较为固定的合作方式、运营状态、运转程序等，是一个由客户价值、企业资源和能力、盈利方式构成的运营模式，对经营者而言具有实际的价值，因而可以作为商业秘密保护的潜在客体。

某一商业模式能否构成商业秘密，同样要结合商业秘密的构成要件逐一进行分析。例如在"南京擎天科技有限公司、南京擎天全税通信息科技有限公司与苏州陆力信息技术有限公司、陆某侵害经营秘密纠纷案"[②]中，法院经审理认为，原告主张的完整的营销培训产品系统信息，由众多内容、种类不同的文件集合而成，完整、系统地反映了原告多年商业经营所形成的商业模式。一方面，就单个文件而言，如绩效考核细则，显然系原告不对外公开的内部考核文件，不能为一般人员普遍知悉和容易获得，具有秘密性；再如销售方案，全面记载了原告的产品价格体系以及不同产品服务在不同情况下的底价标准、销售策略，作为记载原告完整价格体系和具体营销体系的内部文件，同样无法被一般人员普遍知悉和容易获得，亦具有秘密性。另一方面，就部分信息的集合而言，虽然个别资料如某

[①] 上海市第二中级人民法院（2010）沪二中民五（知）初字第57号民事判决书，上海市高级人民法院（2011）沪高民三（知）终字第100号民事判决书。

[②] 南京铁路运输法院（2017）苏8602民初708号民事判决书。

次培训的课件，可能被相关人员普遍知悉和获得，但反映原告完整商业模式的系统信息无法被所属领域相关人员甚至是原告的普通员工普遍知悉和获得，具有秘密性。所属领域的相关人员一旦获得这些信息集合资料，便可以直接、快速、完整地复制原告的商业销售模式，构建自身的销售服务团队，甚至补足原有模式的不足，获得更便利的竞争优势。并且，原告与被告签订了《保密协议》，明确约定了被告保守原告商业秘密的范围。原告还制定了《工作管理规范》对信息安全管理进行规定，并在关键性的内部管理文件中明示相关信息"不得外泄"。信息集合的完整性本身即是对其保密状态的一种说明。因此，原告主张的完整的营销培训产品系统信息构成商业秘密中的经营信息。

典型案例

厦门杰惠祎电子商务有限公司诉厦门快先森科技有限公司等 侵害经营秘密纠纷案[①]

事实概要：

厦门市杰惠祎电子商务有限公司(下称杰惠祎公司)与上海拉扎斯信息科技有限公司(下称拉扎斯公司)签订《蜂鸟配送代理合作协议》，约定拉扎斯公司授权杰惠祎公司使用"蜂鸟配送"系列产品在厦门市思明区内经营"蜂鸟配送"业务。合同签订后，杰惠祎公司通过在拉扎斯公司"饿了么"的"蜂鸟团队版"配送平台注册账号、设置密码，并通过该账号进行员工管理、订单管理以及订单配送等操作。后来，该平台上原先绑定在杰惠祎公司名下的两百余名配送员信息（包括配送员的姓名、身份证号码、手机号码等）被删除，其中大部分配送员信息被陆续绑定至厦门快先森科技有限公司（下称快先森公司）在该配送平台的账号。为此，杰惠祎公司以快先森公司、拉扎斯公司侵害其经营秘密为由诉至法院。

裁判观点：

法院认为，杰惠祎公司主张涉案商业秘密是杰惠祎公司持有的并通过账户密码及手机验证进行管理的公司配送人员名单等存于"饿了么"的"蜂鸟团队版"配送平台上的信息，并称该信息包括配送员的姓名、身份证号码、手机号码等。该信息实际上是杰惠祎公司的员工名单，员工名单本身仅包含员工个人简单的基本信息，是在企业人力资源管理中自然形成的，并非杰惠祎公司通过创造性劳动所获得或积累形成，且员工基本信息也比较容易获得，不属于"不为公众所知悉"的经营信息。所以，杰惠祎公司主张的商业秘密侵权不能成立。

---

① 福建省高级人民法院（2019）闽民终516号民事判决书。

知识链接

思考题

1. 商业秘密保护的客体是什么？
2. 商业秘密保护与著作权保护的关系是什么？
3. 什么样的客户信息可以获得商业秘密保护？

第三章　商业秘密构成要件

第一节　商业秘密构成要件概述

如前所述，商业秘密的保护客体为信息，主要包括技术信息和经营信息，但并非所有的信息都受法律保护。TRIPs协定以及我国《民法典》第123条均将商业秘密规定为一类知识产权，权利人对属于商业秘密的信息具有一定专有权利，这也决定了只有符合特定条件的信息才能够获得法律上的保护。作为一般性共识，任何公有领域的信息都属于人人均可享有的公共财富，任何单位、个人都不能以商业秘密为借口，将公有领域的信息据为己有、独占使用，否则将阻碍科学技术的发展进步。私人财产与公有领域信息之间边界划定的条件即为商业秘密的构成要件。

在商业秘密诉讼中，商业秘密的构成要件也是基础性和前提性的问题，如《江苏省高级人民法院侵犯商业秘密民事纠纷案件审理指南（修订版）》指出："侵犯商业秘密民事纠纷案件一般遵循逐段审理的思路：第一步：在原告明确其主张的商业秘密内容的前提下，审查和认定原告是否有权就该内容主张权利、该内容是否符合商业秘密构成要件……"在认定被告是否侵犯他人商业秘密时，必须以构成或存在商业秘密为前提，原告首先应明确所谓商业秘密的具体内容是什么，进而由法院审查该内容是否符合商业秘密构成要件。关于是否构成商业秘密，应当依据法律规定的构成要件加以认定，不能以当事人的约定或者权利人的主观臆断为认定条件。

我国《反不正当竞争法》第9条第4款规定："本法所称的商业秘密，是指不为公众所知悉、具有商业价值并经权利人采取相应保密措施的技术信息、经营信息等商业信息。"根据此规定，构成商业秘密需要满足不为公众所知悉（秘密性）、具有商业价值（价值性）以及权利人采取相应保密措施（保密性）三个要件。一般而言，构成商业秘密应当符合秘密性、价值性、保密性三个要件并不存在异议，但除此之外是否还应当包括其他要件，国内外理论和实践中存在着不同观点。我国商业秘密立法和保护，是在吸收、借鉴国际条约和世界各国对商业秘密法律保护的历史营养的前提下，结合我国经济社会发展现实而予以论证规定的。[①]为了更加全面、准确地理解我国《反不正当竞争法》上商业秘密的构成要件，有必要回顾国际条约、比较法以及我国立法和实践的历史发展轨迹。

---

① 参见孔祥俊主编：《商业秘密司法保护实务》，中国法制出版社2012年版，第115页。

一、国际条约及比较法实践

（一）国际条约

通常认为，我国并无商业秘密保护的历史传统，商业秘密立法及法律保护在很大程度上是为了融入国际贸易体系、适应国际规则而建立，通过借鉴知识产权保护国际规则而制定的。

在国际条约中，《巴黎公约》第10条之二的反不正当竞争条款可能是最早涉及商业秘密保护的规定，但并未直接规定商业秘密的构成要件和保护标准，仅具有通过间接解释保护商业秘密的作用。

1994年世界贸易组织的TRIPs协定第39条对"未披露信息"的保护即通常所谓商业秘密的保护、商业秘密的构成要件作出了直接规定，规定了商业秘密的构成要件，即秘密性、价值性和保密性三个要件。

1996年世界知识产权组织出台的《关于反不正当竞争保护的示范规定》也对商业秘密构成要件作出了规定，其第六节第3条作出了与TRIPs协定基本一致的规定："构成本节中秘密信息的要求如下：（1）其整体或者要素的确切体现或组合，未被通常涉及该信息有关范围的人普遍所知或者容易获得；（2）由于秘密而具有商业价值；（3）在特定情势下，是合法控制人采取合理保密措施保护的对象。"

因此，在国际条约层面的最基本共识是，商业秘密应当符合秘密性、价值性和保密性三个要件，但各国在比较法实践中存在着不同的理解。

（二）美国法

"在商业秘密保护的历史中，美国的判例和立法都居于先导，对国际性条约和一些国家的商业秘密保护法律都产生了很大的影响"[1]，我国商业秘密保护也深受美国法的影响。因此，对美国法的考察和理解也是一个不可或缺的维度。

美国法上，商业秘密制度早期主要由各州判例法创建，1939年《侵权法重述（第一次）》第757条评论b基于判例法较早地对商业秘密的定义作了说明："商业秘密可包括应用于营业上的任何配方、模型、装置或信息汇编，用于某人的经营，因此给该人以机会，使其相对于不知或未使用的竞争者获得竞争优势。商业秘密可以是一种化学物质的配方，一种制造、加工或存储材料的工艺，一种机器或其他装置的图纸，或一份客户名单。与行业中的其他秘密信息不同，商业秘密不是简单信息或短暂事件，如合同投标中的金额或其他条款、特定雇员的工资、已经进行或计划进行的证券投资、出台政策或新推出产品的确定日期等。商业秘密是连续用于业务运营中的工艺或装置，一般与商品的生产相关，如生产一种物品的机器或配方。但其可与商品的销售或其他业务有关，如价格表或目录中决定

---

[1]   张今：《知识产权新视野》，中国政法大学出版社2000年版，第11页。

折扣、回扣的规则或其他让步条件，特殊顾客的名单、会计或企业管理方法。"上述说明其实并未直接阐明商业秘密的构成要件，仅仅对可能构成商业秘密的信息类型进行了列举并明确了商业秘密的功能（使经营者相对于竞争者获得竞争优势）。因此，《侵权法重述（第一次）》第757条评论b进一步指出："要明确定义商业秘密是不可能的，在决定特定信息是否是某人的商业秘密时要考虑的一些要素是：（1）外界对此信息的知悉程度；（2）企业内部员工以及其他企业对此信息的知悉程度；（3）所有者对此信息采取保密措施的程度；（4）此信息对所有者以及竞争者的价值；（5）所有者为开发此信息所投入的精力或资金；（6）此信息被他人以正当方式获得或复制的难易程度。"

因此，《侵权法重述（第一次）》在制定时，对于商业秘密的构成要件并没有形成直接、抽象、系统的归纳，而主要是举例性、阐释性的说明，从中已经可以初步确定，商业秘密保护客体应为技术信息或经营信息，该信息应具备秘密性、价值性、保密性，且"不是简单信息"而要"连续用于业务经营中"，也有学者结合此后各州判例法将商业秘密的构成要件归纳为秘密性、新颖性、具体性、内在的现实价值和在经营中持续性使用五个要件。[①]

如前所述，不同于《侵权法重述（第一次）》，1985年修改后的《统一商业秘密法》第一节第4条对商业秘密作出了抽象式界定，采取了"属＋种差"的定义方式，即明确商业秘密本质上是一种信息，而与一般信息不同的是，商业秘密保护的信息要求该信息不为他人所公知且通过正当手段可以确定、存在实际或潜在经济价值、他人尽到合理保密措施，基本明确了商业秘密秘密性、价值性、保密性这三个要件。《侵权法重述（第一次）》要求商业秘密要"连续地用于某人的经营"，《统一商业秘密法》取消了这一要件，将保护延伸至那些尚未有机会或尚未具备手段使用商业秘密的原告。该信息不仅可以是具有实际价值的信息，也可以是具有潜在价值的信息；不仅包括积极信息，也包括否定性的信息。

此后，美国各州以及联邦对于商业秘密构成要件基本遵循了《统一商业秘密法》的定义。例如1995年《反不正当竞争法重述（第三次）》第三十九节规定，商业秘密，指任何可用于工商经营的信息，有足够的价值和秘密性，使权利人相对于他人产生现实或潜在经济优势。1996年，美国联邦颁布《经济间谍法》专门打击外国经济间谍窃取美国商业秘密的犯罪行为。2016年《保护商业秘密法》适用于所有跨州或者跨境贸易商业秘密保护，联邦法院对于跨州或者跨境贸易商业秘密案件具有管辖权。《美国法典》第1839条对商业秘密构成要件作出了统一规定："'商业秘密'是指所有形式和类型的财务、经营、科学、技术、经济或工程信息，

---

① 参见戴永盛：《商业秘密法比较研究》，华东师范大学出版社2005年版，第44—48页。

包括样式、计划、编辑产品、程序装置、公式、设计、原型、方法、技术、工艺、流程或编码，无论有形或无形，无论是否或怎样得到物理、电子、绘制、照相或书写方式的存放、组织、存储，如果——（a）所有者对该信息采取了合理的措施；并且（b）该信息由于未能被公众所知，且未能用正当手段已经可以确定，因而具有实际或潜在的独立经济价值。"即目前，无论在各州或联邦层面，受保护的商业秘密均应满足秘密性、价值性、保密性三个要件。

（三）欧盟法

全球商业秘密制度发展的另外一项重要驱动力即欧盟法。2016年以前，欧盟各成员国商业秘密立法并未实现一体化，对商业秘密的构成要件也不存在统一的定义。例如法国法以民法来保护商业秘密，但没有商业秘密的专门概念，而是使用"专有技术"一词，包括工业专有技术和商业专有技术；德国将商业秘密置于《反不正当竞争法》下加以保护，但《反不正当竞争法》并未对商业秘密构成要件作出界定，依据德国联邦最高法院的判例，商业秘密是指权利人有保密意思、具有正当经济利益的与经营有关的所有尚未公开的信息，包括尚未公开、有保密意思、正当的保密利益三个要件。

为了加强商业秘密保护和协调商业秘密保护标准，欧盟于2016年制定了统一的《商业秘密保护指令》（以下简称《指令》），由于各成员国内部商业秘密保护传统不同，且缺乏对商业秘密的统一定义，《指令》采用了与TRIPs协定第39条第2款基本一致的定义，要求商业秘密必须符合秘密性、价值性和保密性三个要件。

在欧盟各成员国实施和转化《指令》的过程中，如英国2018年《商业秘密保护条例》即完全接受了《指令》关于商业秘密的定义。有的成员国如德国，则对商业秘密的构成要件仍存在不同的理解，根据2019年德国《商业秘密保护法》第2条规定，某一信息要构成商业秘密必须符合以下要件：（1）该信息无论整体或部分，难以被本领域相关工作人员普遍知晓或容易获得，即符合秘密性；（2）该信息必须具有经济价值，即价值性；（3）该信息的合法持有者已采取合理的保密措施，即保密性；（4）该信息的合法持有者必须对该信息的保密存在正当利益。区别于TRIPs协定以及《指令》，德国《商业秘密保护法》根据联邦最高法院的判例传统增加了商业秘密的第四要件，即正当的保密利益。依据该要件，一些违法信息、违反公共道德的信息或者专门旨在对他人造成损害的信息，虽然可能具备秘密性、价值性、保密性要件，但由于缺乏受法律保护的正当利益而不应当作为商业秘密受法律保护，该要件旨在对商业秘密排除任意性的保护，但是该要件本身与TRIPs协定、欧盟《指令》的兼容性也存在疑问。

二、我国法上商业秘密的构成要件

自20世纪90年代起，我国才开始对商业秘密进行法律上的保护，商业秘密的构成要件也在不断发展。1993年《反不正当竞争法》第10条第3款最早规定："本条所称的商业秘密，是指不为公众所知悉、能为权利人带来经济利益、具有实用性并经权利人采取保密措施的技术信息和经营信息。"关于商业秘密的构成要件，一直存在四要件说和三要件说的争议：

（一）四要件说

依据1993年《反不正当竞争法》第10条第3款规定，司法实践中相当一部分法院认为，商业秘密应当符合四个要件，即秘密性、价值性、实用性和保密性。[①] 例如在"北京斯威格—泰德电子工程公司诉北京市银兰科技公司及刘永春等人不正当竞争纠纷案"中，北京市海淀区人民法院认为："1.不为公众所知悉，即不为不特定的人所知的秘密性；2.能为权利人带来经济利益，即一定的经济价值性；3.具有实用性，即商业秘密一定要具有现实的使用价值，而不仅仅停留在理论的水平上；4.权利人必须采取保密措施，如果权利人不采取保密措施，说明他自己也未意识到其技术信息和经营信息是商业秘密，法律则更无法对其进行保护。"[②]

此外，有的法院还将秘密性理解为新颖性，认为"商业秘密应同时具备新颖性、价值性、实用性和保密性四个构成要件，即商业秘密应当不属于公共信息和公知技术，不为公众所知悉和轻易获得，同时能够为权利人带来现实的或潜在的经济利益，可以转化为能够据以实施的方案和形式，并且权利人采取了相应的保密措施防止其泄露"[③]，或者"一项技术信息或经营信息必须同时具备新颖性、实用性、价值性和采取一定的保密措施才能被认定为商业秘密"[④]。还有法院认为，

[①] "北京斯威格—泰德电子工程公司诉北京市银兰科技公司及刘永春等人不正当竞争纠纷案"，载《最高人民法院公报》1998年第3期。

[②] 类似地，在"上诉人化学工业部南通合成材料厂等与被上诉人南通市旺茂实业有限公司等侵害商业技术秘密和商业经营秘密纠纷案"中，江苏省高级人民法院认为，"审判实践中，将商业秘密的一般构成要件理解为应当同时具备非公知性（不为公众所知悉）、价值性、实用性及合理的保密措施等四要素"，参见江苏省高级人民法院（2008）苏民三初字第0004号民事判决书。在"珠海圆梦教育咨询有限公司等诉珠海经济特区东信城网络科技有限公司等侵害商业秘密纠纷案"中，广东省高级人民法院认为，"技术信息与经营信息要构成商业秘密，必须同时具备秘密性、价值性、实用性、保密性四个条件"，参见广东省高级人民法院（2012）粤高法民三终字第594号民事判决书。在"北京中科鸿基网络技术有限公司与史某等侵犯商业秘密纠纷上诉案"中，北京市第一中级人民法院认为，"客户信息具有秘密性、实用性、利益性和保密性，符合商业秘密的构成，应当受到法律保护"，参见北京市第一中级人民法院（2011）一中民终字第3764号民事判决书。

[③] 广西壮族自治区桂林市中级人民法院（2016）桂03民终109号民事判决书。

[④] 上海市黄浦区人民法院（2009）黄民三（知）初字第107号民事判决书。

"非专利技术成果应具备技术性、保密性、实用性和独特性四个条件"[①];"商业秘密必须具有秘密性、经济性、实用性和保密性的特征"[②]。

至于新颖性和秘密性是相互独立的,抑或共同构成"不为公众所知悉",司法实践对此也有不同认识。例如有法院认为,"构成商业秘密必须同时具备四个要件,即不为公众所知悉(即新颖性和相对秘密性);能为权利人带来经济利益(即价值性);实用性;经权利人采取保密措施(即保密性)"[③]。"不为公众所知悉"这一要件包含新颖性和秘密性双重含义。[④]

（二）三要件说

虽然1993年《反不正当竞争法》对商业秘密规定了不为公众所知悉、能为权利人带来经济利益、具有实用性、经权利人采取保密措施四个要件,但是实践中也有法院采三要件说,即商业秘密包括秘密性、价值性和保密性三个要件。例如在"吉隆机电(北京)有限公司诉谢延强、北京斯普瑞得科技有限责任公司侵犯商业秘密纠纷案"中,北京市第一中级人民法院认为,"需同时具备如下条件的技术信息或经营信息方能构成商业秘密:不为该信息应用领域的人所普遍知悉或轻易获得;具有实际的或潜在的商业价值,使该信息的拥有者获得竞争优势;该信息的拥有者采取了合理的保密措施"[⑤]。令人疑惑的是,立法文本中已经明确规定商业秘密应当具有实用性,为何司法实践中仅提及秘密性、价值性和保密性要件而未要求实用性呢?

一般意义上的实用性指某物具有实际使用价值,如美观而实用的家具。但对消极信息而言,如失败的实验数据,对经营者仍然具有商业价值,避免了经营者进一步的"不利益"而节省了生产经营成本,但这类信息因不能被经营者实际加以使用,而难以纳入"实用性"的通常范畴。因此,如果将"实用性"作为商业秘密的构成要件之一,会不当限缩商业秘密的外延范畴。因此,相关司法解释和部门规章并未采"实用性"的通常意义解释,而是将具有商业价值解释为具有"实用性"而与价值性的内涵相一致,从而避免了对商业秘密保护范围的不当限缩。[⑥]例如1998年《国家工商行政管理局关于商业秘密构成要件问题的答复》采用的是"三要件说",即商业秘密的构成要件有三:一是该信息不为公众所知悉,即该信息是不能从公开渠道直接获取的;二是该信息能为权利人带来经济利益,具

---

① 云南省昆明市中级人民法院(1998)昆民终字第877号民事判决书。
② 广东省汕头市中级人民法院(2016)粤05民终1048号民事判决书。
③ 江苏省南通市中级人民法院(1998)通民初字第106号民事判决书。
④ 北京市海淀区人民法院(2000)海知初字第144号民事判决书。
⑤ 北京市第一中级人民法院(1998)一中知初字第37号民事判决书。
⑥ 参见孔祥俊主编:《商业秘密司法保护实务》,中国法制出版社2012年版,第121页。

有实用性；三是权利人对该信息采取了保密措施。概括地说，不能从公开渠道直接获取的，能为权利人带来经济利益，具有实用性，并经权利人采取保密措施的信息，即为《反不正当竞争法》所保护的商业秘密。2001年《全国法院知识产权审判工作会议关于审理技术合同纠纷案件若干问题的纪要》第1条规定，"能为权利人带来经济利益、具有实用性，是指该技术信息因属于秘密而具有商业价值，能够使拥有者获得经济利益或者获得竞争优势"。该规定事实上将技术秘密的"实用性"归入了"商业价值"的范畴。《最高人民法院关于审理技术合同纠纷案件适用法律若干问题的解释》第1条第2款将技术秘密定义为："技术秘密，是指不为公众所知悉、具有商业价值并经权利人采取相应保密措施的技术信息。"该规定则直接未要求"实用性"要件。《最高人民法院关于审理不正当竞争民事案件应用法律若干问题的解释》（已废止）第10条规定："有关信息具有现实的或者潜在的商业价值，能为权利人带来竞争优势的，应当认定为反不正当竞争法第十条第三款规定的'能为权利人带来经济利益、具有实用性'。"该司法解释提及的商业价值已包含"实用性"的含义，事实上采纳的是三要件说。

我国1993年《反不正当竞争法》制定之时，TRIPs协定尚未订立，因此在文本上可能与TRIPs协定不完全一致，但司法解释以及实践中对于"实用性"的广义理解，使得我国实质上对商业秘密构成要件的认定与TRIPs协定的三要件保持一致。2019年修正的《反不正当竞争法》对商业秘密的定义作出了相应完善，规定"商业秘密，是指不为公众所知悉、具有商业价值并经权利人采取相应保密措施的技术信息、经营信息等商业信息"。该规定将"能为权利人带来经济利益"修改为"具有商业价值"，删除了"实用性"的要求，正式确立了三要件说，避免了实践中因法律解释而产生的分歧，从而与TRIPs协定文本相一致，也与美国、欧盟商业秘密保护的通行实践相一致。至于商业秘密各项构成要件的内涵及相互关系（如秘密性与新颖性的关系），下文将具体探讨。

第二节　秘　密　性

商业秘密保护客体为信息，秘密性是商业秘密区别于其他信息的最本质特征，也是商业秘密最核心的构成要件。如果商业秘密为权利人带来竞争优势的基础在于其价值性，那么商业秘密价值得以存在的根基就是其秘密性，TRIPs协定以及欧美国家的商业秘密立法均将价值性定义为"因秘密而具有价值"，商业秘密一旦失去其秘密性而成为公知信息，也就失去了价值而不具有独立保护的意义。在商业秘密保护实践中，秘密性认定是大部分商业秘密纠纷案件的争议焦点。

在我国商业秘密保护制度建立之初，相关部门规章或司法解释将秘密性定义为"不能从公开渠道直接获取"，如《国家工商行政管理局关于禁止侵犯商业秘密行为的若干规定》将秘密性解释为，"本规定所称不为公众所知悉，是指该信息是不能从公开渠道直接获取的"。《最高人民法院关于审理科技纠纷案件的若干问题的规定》第51条第2款第2项规定，非专利技术成果应"处于秘密状态，即不能从公共渠道直接获得"。

进入21世纪以后，相关司法解释则将秘密性定义为不为所属领域相关人员"普遍知悉和容易获得"。例如《最高人民法院关于审理不正当竞争民事案件应用法律若干问题的解释》（已废止）第9条第1款将秘密性具体定义为："有关信息不为其所属领域的相关人员普遍知悉和容易获得，应当认定为反不正当竞争法第十条第三款规定的'不为公众所知悉'。"2020年《最高人民法院关于审理侵犯商业秘密民事案件适用法律若干问题的规定》进一步补充了"不为公众所知悉"认定的时间点，即"在被诉侵权行为发生时"，其第3条规定："权利人请求保护的信息在被诉侵权行为发生时不为所属领域的相关人员普遍知悉和容易获得的，人民法院应当认定为反不正当竞争法第九条第四款所称的不为公众所知悉。"

结合我国上述两个阶段对秘密性的定义，早期"公开渠道"的提法强调所属领域相关人员不能从公开信息中直接获得商业秘密，其内涵接近于不为公众所"普遍知悉"。除了"普遍知悉"的情形之外，司法解释同时强调该信息并非"容易获得"，即"信息正当取得的不易性"。即某一信息如果并非为公众所普遍知悉，但是人们能够付出极少的努力就可以获得，即通过正常方式、手段获取信息的成本与原始开放信息的成本相比已经很小，小到不能为竞争者带来经济利益或者优势，那么该信息就失去了保护价值。这一规定是为了避免商业秘密保护泛化而造成不必要的社会成本。[1] 不为所属领域相关人员"普遍知悉和容易获得"这一定义使得对秘密性的判断更加具有合理性和确定性，这与TRIPs协定、美国《统一商业秘密法》以及欧盟《商业秘密保护指令》的定义基本一致。

因此，根据《最高人民法院关于审理侵犯商业秘密民事案件适用法律若干问题的规定》，商业秘密的秘密性判断要件有三项：（1）判断标准是并非"普遍知悉和容易获得"；（2）判断主体是所属领域相关人员；（3）判断时间点是被诉侵权行为发生时。[2] 现就相关要件解释如下。

---

[1] 参见孔祥俊主编：《商业秘密司法保护实务》，中国法制出版社2012年版，第121页。
[2] 参见林广海、李剑、杜微科：《系列解读之一〈最高人民法院关于审理侵犯商业秘密民事案件适用法律若干问题的规定〉的理解与适用》，载《法律适用》2021年第4期。

一、判断标准：非"普遍知悉和容易获得"

（一）非"普遍知悉和容易获得"的内涵

如前所述，不为公众所知悉应当符合两项要件，即不为所属领域的相关人员"普遍知悉"和"容易获得"。首先，不为所属领域的相关人员普遍知悉是一种主观认识状态，即该信息并非是所属领域的相关人员普遍了解和掌握的，但该主观认识状态必然要通过客观标准来进行判断，如果相关信息已在先存在并且处于公有领域易于访问的状态，则应认为该信息已经为所属领域相关人员普遍知悉。其次，一项信息不仅应在先并不存在或处于保密状态，且该项信息的获得应有一定难度，才符合秘密性要求。例如，那些不需要所属领域的相关人员付出创造性劳动，仅仅是经过一定的联想即能获得的信息，就是容易获得的信息。[①]

由于"不为公众所知悉"属于消极事实，权利人一方往往难以通过举证直接加以证明，因此《最高人民法院关于审理侵犯商业秘密民事案件适用法律若干问题的规定》第4条专门列举了不具有秘密性的情形：（1）该信息在所属领域属于一般常识或者行业惯例；（2）该信息仅涉及产品的尺寸、结构、材料、部件的简单组合等内容，所属领域的相关人员通过观察上市产品即可直接获得；（3）该信息已经在公开出版物或者其他媒体上公开披露；（4）该信息已通过公开的报告会、展览等方式公开；（5）所属领域的相关人员从其他公开渠道可以获得该信息。

（二）非"普遍知悉和容易获得"的相对性

商业秘密的秘密性要求的并非是绝对的秘密性，即不要求商业秘密权利人之外所有人都不知悉相关信息，而仅要求具有相对的秘密性，即只是在相关技术或者经营领域内不为相关人员普遍知悉即可，且允许权利人在采取保密措施的情况下让有必要知道商业秘密的人员知悉。因为一方面，商业秘密保护的是权利人在市场竞争中的合法权益，只要相关信息通过保密而产生一定的市场价值即具有保护的正当性。正如美国《反不正当竞争法重述（第三次）》第三十九节评论f解释道："构成商业秘密的信息必须是秘密，然而不要求绝对秘密。本节所述规则，仅要求商业秘密对其拥有者足以产生实际或潜在的经济优势。所以，倘若他人不通过第四十节所述违法手段，而以合法手段得到该信息是困难或昂贵的，该信息即可满足秘密性要求。"绝对的秘密性不仅没有必要，而且难以进行认定和审查。另一方面，商业秘密保护要服务于企业生产经营活动和交易，绝对秘密的状态也不利于经营者生产经营活动的开展，例如一项技术秘密的实施，必然要求负有特定工作的员工接触、知悉、掌握生产经营信息；同时，在技术、产品交易的过程

[①] 参见蒋志培、孔祥俊、王永昌：《〈关于审理不正当竞争民事案件应用法律若干问题的解释〉的理解与适用》，载《法律适用》2007年第3期。

中，经营者出售设备提供技术指导服务，或者进行直接的商业秘密许可，都不可避免地会将商业秘密信息对外进行披露，如果要求绝对的秘密性，则必然会限制相关生产经营活动和商业秘密信息流动。

以下几种典型情况不认为商业秘密丧失秘密性：（1）程序合法的技术成果鉴定不会破坏技术信息的秘密性，只要鉴定成果的程序符合要求，鉴定人必须遵守保密义务；（2）企业内部负有相关工作职责的职工知悉商业秘密，不会破坏商业秘密的秘密性；（3）交易对象或者合作伙伴合理地知悉并承担了保密义务，不会破坏商业秘密的秘密性。[①]

（三）非"普遍知悉和容易获得"的内容

构成商业秘密的信息，只要其部分或关键内容不为公众所知悉即具有保护的必要性。世界知识产权组织《关于反不正当竞争保护的示范规定》规定，秘密性指的是，信息"未被通常涉及该信息有关范围的人普遍所知或者容易获得"；欧盟《商业秘密保护指令》第2条规定秘密性即"无论是整体，还是对具体部分的编排组合，对于在该领域从事与相关信息有关的工作人员，均属于不能够正常接触或不知道的信息"。我国法上，虽然《反不正当竞争法》并未作出明确规定，但最高人民法院在《全国法院知识产权审判工作会议关于审理技术合同纠纷案件若干问题的纪要》中曾指出："不为公众所知悉，是指该技术信息的整体或者精确的排列组合或者要素，并非为通常所涉及该信息有关范围的人所普遍知道或者容易获得。"一般而言，构成商业秘密的信息包括三个方面的内容：一是信息各组成要素的具体内容；二是信息各组成要素的排列组合；三是信息的必要组合所构成的整体。除了信息各组成要素的内容本身不为公众所知悉外，即使各组成要素本身已为公众所知悉，而对其进行有效整合或加工的整体不为公众所知悉，也应当认为其具有秘密性。因此，《最高人民法院关于审理侵犯商业秘密民事案件适用法律若干问题的规定》第4条第2款专门规定："将为公众所知悉的信息进行整理、改进、加工后形成的新信息，符合本规定第三条规定的，应当认定该新信息不为公众所知悉。"例如在"北京一得阁墨业有限责任公司诉高辛茂、北京传人文化艺术有限公司侵害商业秘密纠纷案"[②]中，最高人民法院认为，"不能因为配方的有关组成部分被公开就认为这些组分的独特组合信息亦为公众所知。相反，正是各个组分配比的独特排列组合对最终产品的品质产生了特殊的效果。他人不经一定的努力和代价不能获取。这种能够带来竞争优势的特殊组合是一种整体信息，不能将各个部分与整体割裂开来"。

[①] 参见孔祥俊主编：《商业秘密司法保护实务》，中国法制出版社2012年版，第121页。
[②] 最高人民法院（2011）民监字第414号民事裁定书。

二、判断主体：所属领域相关人员

如前所述，商业秘密的秘密性指的是相对秘密性，要求不为公众所知悉。"公众"一般指社会上不特定的多数人，并非是所有公众，如司法解释所规定，指的是"所属领域的相关人员"。所属领域的相关人员所周知或容易获取的信息，即不具有秘密性。例如在"胡学民等侵犯商业秘密案"中，法院认为，商业秘密"不为公众所知悉"是一个低限度的规定，即只要不是本行业内众所周知的、能够较普通信息有最低秘密性或新颖性限度的信息，都可认定为"不为公众所知悉"，都可构成商业秘密。[①] 在技术领域，对所属领域的相关人员的认定可以参考专利法上的"本领域技术人员"，他们知晓此前本技术领域所有普通技术知识，能够获知本领域中所有的现有技术；在能力方面，具有应用此前常规实验手段的能力，但不具备创造性能力。[②] 同时，由于商业秘密保护信息的多样性，很难具体规定不同领域"所属领域的相关人员"的判断标准，应当根据不同行业、领域的一般知识水平和习惯加以确定。

此外，"公众"在地域范围上也具有相对性。我国与世界先进国家在某些科技领域仍然存在着较大差距，某些国家早已成型甚至即将淘汰的技术被我国企业引进之后，也可能被视为先进技术，具有秘密性。我国地域辽阔，各地经济、文化发展不平衡，有些在沿海和经济发达地区早已推广应用而公知的技术，在边远和经济欠发达地区可能还鲜为人知，在特定地区也可以成先进技术而具有市场价值。因此，"公众"的地域范围可以随着个案中涉及的有利益冲突的主体的性质以及地域的不同而不同。[③]

三、判断时间点：侵权行为发生时

专利权授予权利人的是对某项技术方案的排他性权利，故专利的新颖性、创造性判断应以专利申请日之前的现有技术为基础。但商业秘密并非是一项排他性的财产权，更侧重于调整竞争者之间的竞争行为，判断行为人是否侵犯商业秘密，主要应判断行为在发生时正当与否，即判断是否构成商业秘密应当在侵权行为发生时，而非商业秘密生成之时。《最高人民法院关于审理侵犯商业秘密民事案件适用法律若干问题的规定》第3条明确规定："权利人请求保护的信息在被诉侵权行为发生时不为所属领域的相关人员普遍知悉和容易获得的，人民法院应当认定为反不正当竞争法第九条第四款所称的不为公众所知悉。"因此，秘密性

---

① 四川省成都市高新技术产业开发区人民法院（2004）高新刑初字106号刑事判决书。

② 参见马一德：《专利法原理》，高等教育出版社2021年版，第131页。

③ 参见杨光明、赵克：《中国天府可乐集团公司（重庆）诉重庆百事天府饮料有限公司等侵犯商业秘密纠纷案—未约定商业秘密许可使用费的司法判定》，载《人民司法·案例》2011年第6期。

的判断时间点为被诉侵权行为发生时。例如在"北京理正软件股份有限公司、北京大成华智软件技术有限公司侵害商业秘密纠纷案"中，[①] 法院即认定"被诉侵权行为发生时"案涉商业秘密未被公开而具有秘密性。法院认为，北京大成华智软件技术有限公司虽然主张案涉数据库表和存储过程/函数中存在为所属领域的相关人员普遍知悉的技术内容，但所提交的意见并不足以支持其主张，亦未进一步提交证据证明截至被诉侵权行为发生时，案涉数据库表和存储过程/函数属于公有领域的技术内容或已经被公开。故案涉数据库表和存储过程/函数属于北京理正软件股份有限公司采取了保密措施且不为公众所知悉的技术信息。

四、秘密性与新颖性的关系

在商业秘密构成判断中，美国法上，有的法院从其不为公众所知悉的要件出发，认为商业秘密应当具有类似于专利法上的新颖性要求，其出发点在于，如果没有新颖性要求，任何行业内的普通知识均可受人垄断，导致诉讼泛滥，使商业信息正常交流受到阻碍，影响正常的生产、经营活动。[②] 故关于商业秘密的构成要件，有学者认为应当包括保密性、新颖性、实用性以及经济价值性。[③] 司法实践中，也有法院认为，商业秘密的构成要件有四个，即不为公众所知悉（即新颖性和相对秘密性）；能为权利人带来经济利益（即价值性）；实用性；经权利人采取保密措施（即秘密性）。[④]

需要澄清的是，首先，我国法上仅规定了秘密性，即"不为公众所知悉"的要件，而并未规定"新颖性"，新颖性不应当成为商业秘密的独立构成要件，也难以直接适用于商业秘密领域。专利法上的新颖性，是指发明或实用新型不属于现有技术；也没有任何单位或者个人就同样的发明或实用新型在申请日以前向国务院专利行政部门提出过申请，并记载在申请日以后公布的专利申请文件或者公告的专利文件中。如前所述，判断是否构成商业秘密应当在侵权行为发生时，由于商业秘密不需要向国家机关提出申请进行确认，不存在申请日的问题；新颖性只适用于技术领域，商业秘密不仅包括技术信息还包括经营信息，故难以直接将新颖性判断标准应用于商业秘密领域。

但专利法上对于新颖性的判断标准较为成熟，可以为判断商业秘密的秘密性要件提供参考，如新颖性判断要求不构成现有技术，"现有技术"指的是申请

---

① 最高人民法院（2020）最高法知民终1101号民事判决书。
② 参见张玉瑞：《商业秘密法学》，中国法制出版社1999年版，第205页。
③ 参见吴汉东、胡开忠等：《走向知识经济时代的知识产权法》，法律出版社2002年版，第361—367页；张玉瑞：《商业秘密法学》，中国法制出版社1999年版，第199页。
④ 江苏省南通市中级人民法院（1998）通民初字第106号民事判决书。

日以前为公众所知的技术，"不构成现有技术"与秘密性判断中的"不为所属领域的相关人员普遍知悉"具有相似性，判断相关技术信息是否已经被普遍知悉通常要判断相关技术信息在此前是否已经被公开，可以借鉴专利法上新颖性的判断标准。美国法上，新颖性经常为界定秘密性的内涵而进行引用，例如，在Kewanee Oil Co. v. Bicron Corp.案中，[1]美国联邦最高法院认为，"如果不具有新颖性的就是普遍所知的，那么，新颖性就是必要的。因此，就商业秘密来说，秘密性至少是指最低限度的新颖性"。美国《反不正当竞争法重述》第39条评论f解释道，"尽管商业秘密案件中有时会产生新颖性要求，但新颖性要求只是对本节秘密性和价值性概念，以及排除相关已有技术等价替换要求的另一种表达"。在我国法上，有的法院所称商业秘密的"新颖性"即不为所属领域的相关人员普遍知悉。如有法院认为，"不为公众所知悉"这一要件包含新颖性和秘密性双重含义，[2]所谓新颖性，要求一项技术信息保持"不是本行业内众所周知的普通信息"这一最低限度，即与普通信息能够有所不同即具备新颖性，但这种最低限度的不同应该体现在该信息的关键部分，即能确切体现一项技术信息的实质部分，如果仅体现为规格、尺度、参数、排列、单纯手工艺的变更，或其他该行业内人士依靠基本常识或借助简单的推理和实验即可必然获得的非实质部分，则仍不能构成商业秘密的新颖性。在此意义上，新颖性判断标准可以为秘密性判断提供参考。

秘密性判断需要借鉴新颖性判断的内容，即考察相关信息是否已经被公开。如果某项技术方案既未在公开出版物或其他媒体上公开披露，也没有通过公开的报告会、展览等方式公开，有关技术人员也无法从其他的公开渠道获得，可以认为该项技术方案没有公开。例如在"麦格昆磁（天津）有限公司诉夏某、苏州瑞泰新金属有限公司侵害技术秘密纠纷上诉案"[3]中，法院分别从出版物和技术信息的使用、销售情况等对技术信息是否公开进行了判断。法院认为，没有证据显示在钕铁硼磁粉快淬法工艺生产中使用纯度99.97%以上的铜棒作为导流材料的技术信息已被出版物或通过使用、销售或者其他方式公开，理由如下：其一，根据中国化工信息中心作出的2009-071号《科技查新报告》和熊柏青的证言，麦格昆磁（天津）有限公司主张的在喷嘴流道内设置的导流铜棒的技术信息未记载于专利、技术文献等公开出版物中。其二，《制备非晶态合金带的若干工艺问题》一文公开了通过加引喷剂的技术手段解决熔体喷不出来的技术问题，但该文对引喷剂的主要成分仅作了如下限度的公开，即："引喷剂的主要成分应与所要制带

[1]　Kewanee Oil Co. v. Bicron Corp., 416 U.S. 470（1974）.
[2]　北京市海淀区人民法院（2000）海知初字第144号民事判决书。
[3]　江苏省高级人民法院（2013）苏知民终字第0159号民事判决书。

的合金成分相近，或者加入少量的变性剂。它具有不易氧化，熔点与所要制带的合金相近，其流动性较好，与喷嘴的粘附力也适当"，并没有明确公开使用高纯度的铜作为引喷剂，亦未对引喷剂的物理形态（粉末、颗粒、块状）作出明确的说明。其三，麦格昆磁（天津）有限公司委托国内供应商加工金属导流铜棒，虽然向其供应商公开了上述关键部件的技术信息，但该信息并未因此进入公有领域而丧失不为"公众所知悉"的特性。

关于公开出版物，根据我国《出版管理条例》的规定，出版物是指报纸、期刊、图书、音像制品、电子出版物等。出版物必须按照国家的有关规定载明作者、出版者、印刷者或者复制者、发行者的名称、地址，书号、刊号或者版号，在版编目数据，出版日期、刊期以及其他有关事项。对此，可借鉴专利法上对出版物公开的理解。专利法意义上的出版物，是指载有技术或设计内容的独立存在的传播载体，并且应当表明或者有其他证据证明其公开发表或出版的时间。符合这一含义的出版物可以是各种纸件，如专利文献、科技杂志、科技书籍、学术论文、专业文献、教科书、技术手册、正式公布的会议记录或者技术报告、报纸、产品样本、产品目录、广告宣传册等，也可以是用电、光、磁、照相等方法制成的视听资料，如缩微胶片、影片、照相底片、录像带、磁带、唱片、光盘等，还可以是以其他形式存在的资料，如存在于互联网或其他在线数据库中的资料等。出版物的公开一般不受地理位置、语言或者获得方式的限制，也不受年代的限制，出版物的发行量、是否有人阅读过、申请人是否知道亦无关紧要。但是，印有"内部资料""内部发行"等字样的出版物，确系在特定范围内发行并要求保密的，不属于公开出版物。[①]

五、秘密性与创造性的关系

秘密性判断要求信息不为本领域相关人员"普遍知悉"和"容易获得"，除了参考专利法上的新颖性判断标准之外，司法实践中还有法院借鉴专利法上的创造性标准进行判断，即认为不为公众所知悉是指商业秘密应具有一定的新颖性和创造性，即已经达到一定的技术水平，商业秘密与已有智力成果相比，必须具有一定的进步性，亦即该项技术秘密是创造性劳动的结果，而非本专业的一般技术人员不经研究就能够得出的，也不是借助简单的推理和实验即可必然获得的。

例如在"冯勇与微软（中国）有限公司商业秘密侵权纠纷案"中，[②]法院指

---

① 《专利审查指南》第二部分第三章2.1.2.1。
② 湖北省武汉市中级人民法院（2003）武知初字第70号民事判决书，湖北省高级人民法院（2004）鄂民三终字第8号民事判决书。

出，诉争的"微软拼音输入法错误的发现和改正的方法"，是原告将拼音输入法中字的注音罗列，并与公开出版物上字的注音进行对比后，发现其中部分注音不当，这种校正工作虽然工作量较大，但属简单的智力活动，不包含任何创造性智力劳动。另外，微软拼音输入法所有字的注音对该软件的用户公开，其注音正确与否，拥有该软件的人都可通过打开软件运用程序发现，在产生疑问时，通过查找相应的字典而获得正确的注音，而字的注音正确、规范与否的评判标准则应以国家公开出版的各种字典、词典或字符和信息编码国家标准为依据，任何人均可通过已公开出版发行的上述标准进行查找对比，从而发现微软拼音输入法中字的注音是否正确。因此，发现注音错误及将正确的注音查找出来的方法并不构成技术信息，也不成其为商业秘密。

也有法院强调秘密性与专利法上新颖性、创造性的区别。例如在"河南中联热科工业节能股份有限公司、河南玖德智能设备有限公司等与王振杰、王振等侵害商业秘密纠纷案"中，法院认为，商业秘密的非公知性指的是没有进入公有领域的非公知性信息，不能轻而易举地从公有领域或者行业常识中获得，具有一定的独特性；但是，这种独特性又不同于专利的新颖性和创造性。专利的新颖性、创造性要求在专利申请日前与国内外发表过、使用过的技术相比具有突出的实质性特点和显著进步，而商业秘密的独特性只要求与相关领域的常识有最低限度的差异，只要不是为相关领域公众所周知的行业常识即可。对非公知性的考察一般基于两个因素：第一，商业秘密开发者耗费的人力、财力；第二，他人正当获取商业秘密的难易程度。[1]

后一观点更值得赞同，从理论上而言，专利权等知识产权本质上是他人对信息的一种专有的排他权利，为了激励创新，大大限制了权利人以外的第三人利用成果的机会，这种排他性保护提高了减少社会整体利益的危险性，因此，法律必须在设立排他权激励产生的社会收益与排除他人使用的成本之间作出权衡，权衡的方式是由法律界定所保护的条件（如专利的创造性要求、作品的独创性要求）。但商业秘密保护的不同点在于，其并非是一项排他性权利，对商业秘密的保护并未排除他人进一步开发、利用商业秘密的机会，而更侧重于对市场秩序的维护，因此，商业秘密保护的门槛更低。[2]专利法上的创造性是指与现有技术相比，发明具有突出的实质性特点和显著的进步，商业秘密所保护的相关信息只要不为他人普遍知悉且容易获得即可，秘密性判断中的并非"容易获得"仅仅是要求相关信息的获得有一定难度而使得相关信息具有实际市场价值

---

[1]　河南省高级人民法院（2019）豫知民终450号民事判决书。

[2]　参见［日］田村善之：《日本知识产权法》（第4版），周超、李雨峰、李希同译，知识产权出版社2011年版，第15—16页。

即可，要求他人为此付出一定资本、劳动或者智力投入，但不必是"突出的实质性特点和显著的进步"。

典型案例

南方中金环境股份有限公司诉浙江南元泵业有限公司等侵害商业秘密纠纷案[①]

事实概要：

原告南方中金环境股份有限公司（简称中金公司）的主营业务包括研发、生产、销售各种泵类产品，在研发、生产过程中设计完成各类产品图纸。中金公司采取制定公司员工手册、签署保密条款、实施技术软件加密等措施保护其产品图纸等商业秘密。被告赵某高、吴某忠、金某明、姚某保均为中金公司前员工，在原告公司担任生产负责人、技术员等。被告浙江南元泵业有限公司（简称南元公司）系赵某高、金某明从原告处离职后投资成立的企业，经营范围包括水泵、供水设备的生产、销售、研发。被告吴某忠、姚某保从原告处离职后相继加入南元公司。中金公司经市场调查发现，南元公司生产销售的立式多级离心泵SDL32系列产品与中金公司生产销售的CDL32系列产品基本相同。中金公司认为被告侵害了其商业秘密，遂诉至法院，要求停止侵权、赔偿经济损失及合理费用。诉讼中，中金公司明确所主张的商业秘密是涉案产品设计图纸所承载的尺寸公差、形位公差、粗糙度、图样画法（表达方法）、局部放大视图、明细表内容、尺寸标法和技术要求。

裁判观点：

法院经审理认为，涉案技术图纸所承载的技术信息，可以实际用于水泵的加工，具有现实的经济价值，可以为原告带来竞争优势，符合商业秘密具有商业价值的要求。原告通过制定公司员工手册、签署保密条款等方式对涉案技术图纸的接触人员进行管控，对涉案技术图纸采取了相应的保密措施，符合商业秘密的保密要求。对于秘密性要件，虽然单个零部件所承载的尺寸公差、形位公差信息已经属于公有领域的知识，但涉案技术信息系经重新组合设计而成的新的技术方案，既无法通过查阅公开资料或其他公开渠道得到，也无法通过反向工程测绘产品实物获得，不为公众所知悉，构成反不正当竞争法意义上的商业秘密。经比对，南元公司的技术图纸与中金公司享有商业秘密的对应技术信息构成实质性相同，故法院认定南元公司的被诉侵权技术图纸实际使用了中金公司的涉案商业秘密，构成商业秘密侵权。

[①] 浙江省杭州市中级人民法院（2020）浙01民初287号民事判决书。

第三节 价 值 性

商业秘密制度的功能在于对经营者的创新成果加以保护从而维护创新市场竞争，其应有之义是相关商业秘密信息必须具有商业价值，才具有法律上调整之必要性。因此，各国商业秘密法都将价值性作为商业秘密的构成要件。但如何认定"价值性"要件在商业秘密制度史上经历了一个不断发展的过程。如前所述，1939年美国《侵权法重述（第一次）》在定义商业秘密时，将商业秘密的必要性定位为经营者相对于竞争者的一种竞争优势，但这未能突出商业秘密本身的价值，尤其是对法院在审理商业秘密案件计算损害赔偿时提出了较多限制和要求。[①]并且《侵权法重述（第一次）》强调商业秘密是经营者业已形成的竞争优势，要求商业秘密"不是简单信息"，且是"连续用于业务经营中"的信息，这将实际并未使用而具有潜在价值的信息排除在商业秘密的范围之外。1985年美国统一州法律委员会修改《统一商业秘密法》时，商业秘密的价值性则有了较为成熟的发展，《统一商业秘密法》第一节第4条规定："'商业秘密'意为特定信息，包括配方、样式、编辑产品、程序、设计、方法、技术或工艺等，其：（i）由于未能被可从其披露或使用中获取经济价值的他人所公知且通过正当手段无法确定，因而具有实际的或潜在的独立经济价值……"与《侵权法重述（第一次）》不同的是，《统一商业秘密法》取消了"连续地用于某人的经营"的要件，而规定商业秘密可具有"潜在的独立经济价值。"即商业秘密保护不仅保护他人业已确立的竞争优势，而且保护商业秘密本身的内在价值，商业秘密保护与权利人是否使用了商业秘密无关，他人侵犯了未使用的商业秘密而利用或破坏了其潜在的经济价值，也必须承担责任。其关于"价值性"的界定也为TRIPs协定等国际条约以及欧美目前的商业秘密立法所采纳。

我国法上，1993年《反不正当竞争法》第10条第3款最早将商业秘密规定为"不为公众所知悉、能为权利人带来经济利益、具有实用性并经权利人采取保密措施的技术信息和经营信息"，这一条款除了价值性要件之外还规定了实用性要件，如前所述，也因此带来了商业秘密构成三要件说与四要件说的争论。按照一般理解，实用性指商业秘密具有实际的使用价值，具有潜在价值的信息可能被排除在外。1998年修订的《国家工商行政管理总局关于禁止侵犯商业秘密行为的若干规定》第2条规定，"本规定所称能为权利人带来经济利益、具有实用性，是指该信息具有确定的可应用性，能为权利人带来现实的或者潜在的经济利益或者竞争优势"。该规定仍然要求商业秘密具有确定的可应用性。随着对商业秘密

[①] 参见张玉瑞:《商业秘密法学》，中国法制出版社1999年版，第158页。

保护必要性认识的深化和受商业秘密保护国际立法的影响，司法解释和实践中逐渐将实用性作广义理解而纳入价值性要件，2020年修正的《最高人民法院关于审理不正当竞争民事案件应用法律若干问题的解释》（已废止）第10条规定："有关信息具有现实的或者潜在的商业价值，能为权利人带来竞争优势的，应当认定为反不正当竞争法第十条第三款规定的'能为权利人带来经济利益、具有实用性'。"2019年修正的《反不正当竞争法》，将商业秘密的概念修正为"不为公众所知悉、具有商业价值并经权利人采取相应保密措施的技术信息、经营信息等商业信息"，也直接删除了"实用性"的要求而将其纳入"价值性"的内涵。2020年《最高人民法院关于审理侵犯商业秘密民事案件适用法律若干问题的规定》第7条进一步规定："权利人请求保护的信息因不为公众所知悉而具有现实的或者潜在的商业价值的，人民法院经审查可以认定为反不正当竞争法第九条第四款所称的具有商业价值。生产经营活动中形成的阶段性成果符合前款规定的，人民法院经审查可以认定该成果具有商业价值。"按照该规定，我国关于"价值性"的内涵已与TRIPs协定以及欧盟、美国商业秘密保护法的内涵基本一致，现具体解释如下。

一、价值性的内涵

价值性，是指商业秘密具有现实的或者潜在的商业价值，而能为权利人带来经济利益或者竞争优势。商业秘密的价值通常在实际应用中体现出来，故价值性可以从实用性和价值性两方面来进行理解：首先，实用性要求商业秘密客观有用，可以应用到生产经营活动中；其次，商业秘密具有秘密性，因此给权利人以机会，使权利人相对于竞争者获得竞争优势，从而获得经济上的利益。实用性与价值性是密切相关的：实用性是价值性的基础，没有实用性就谈不上价值性；价值性是实用性的结果。

实用性要求信息必须具有具体性、确定性。首先，具体性是指商业秘密必须转化为具体的可以实施的方案或形式才能实际应用到生产经营活动中，法律并不保护单纯的构想、大概的原理和抽象的概念。某一信息尚未被具体化之前，不能被确定为商业秘密。其次，确定性是指权利人能够明确界定商业秘密的具体内容并划定其界限，如能够说明商业秘密由哪些信息组成、组成部分之间的关系等。商业秘密的具体内容如果不能确定，也就无法加以保护。[①] 但具有实用性的信息应当作广义的理解，其并不限于直接应用于生产经营活动中的信息，还包括可以指导或存在应用的可能性的信息，不论积极信息还是消极信息，只要具有维持竞

---

① 参见孔祥俊：《商业秘密保护法原理》，中国法制出版社1999年版，第49页。

争优势的意义，都可以作为商业秘密进行保护。[①]

对具有实用性的信息，在维持其秘密性的前提下，权利人可以通过直接或者间接的使用，相对于不知该信息的竞争者产生竞争上的优势，从而获得经济上的利益，实现商业价值。这种价值不仅包括现实的经济利益，也包括潜在的经济价值，具体表现为能够改进技术、提高劳动生产率或产品质量，能够有助于改善企业经营管理绩效、降低成本和费用，增加交易机会和竞争优势。需要注意的是，商业秘密的价值性必须因其秘密性而产生，即二者存在因果关系，如TRIPs协定以及欧盟的《商业秘密保护指令》都将价值性界定为"因秘密性而具有商业价值"，《最高人民法院关于审理侵犯商业秘密法民事案件适用法律若干问题的规定》也专门规定"权利人请求保护的信息因不为公众所知悉而具有现实的或者潜在的商业价值的"才为秘密性，对于其价值并非因保密而产生的则不在此列。此外，商业秘密的价值性是指商业信息具有的客观的商业价值，而不能以权利人"主观上认为有价值"来确定。例如，在"北京健康有益科技有限公司与关欣侵害商业秘密纠纷案"[②]中，原告主张公司的薪酬保密制度能够加强企业管理，属于反不正当竞争法保护的商业秘密，但是未提交证据证明涉案信息的价值性，亦未能对涉案信息的价值进行合理的说明，故不足以证明涉案信息具有商业价值，能为权利人带来直接利益或竞争优势。因此，涉案工资情况不构成受反不正当竞争法保护的商业秘密。

二、价值性的体现

商业秘密保护的目的在于其价值性，从市场竞争的角度而言，这种价值性应当作广义上的理解，不仅包括直接应用的积极的商业价值，也包括潜在价值和避免不利益的消极价值。现作一分析。

（一）积极信息和消极信息均可产生商业价值

信息可以分为积极信息和消极信息。具有直接的应用价值、能够积极地提高权利人竞争优势的信息，即积极信息；对于权利人而言不再能够创造新价值，保守秘密仍可以使其维持竞争优势的信息，称为消极信息。不论积极信息还是消极信息，只要具有维持竞争优势的意义，都可以按照商业秘密进行保护。[③] 消

---

① 参见蒋志培、孔祥俊、王永昌：《〈关于审理不正当竞争民事案件应用法律若干问题的解释〉的理解与适用》，载《法律适用》2007年第3期。
② 北京市朝阳区人民法院（2018）京0105民初8193号民事判决书，北京知识产权法院（2020）京73民终356号民事判决书。
③ 参见蒋志培、孔祥俊、王永昌：《〈关于审理不正当竞争民事案件应用法律若干问题的解释〉的理解与适用》，载《法律适用》2007年第3期。

极信息如权利人在研发过程中的试验失败记录，对于权利人而言已无应用价值，但竞争对手获得后，就可以少走弯路，减少损失，可以说对于竞争对手仍然有应用价值，故保持其秘密性，可以为权利人带来竞争优势，仍应按商业秘密予以保护。

（二）受侵害将导致损失的信息具有价值性

经济利益或者商业价值一般可以通过商业秘密的积极利用体现，也可以通过权利人的损失来加以体现。如果相关信息受到不法侵害将导致权利人的损失，也可以认定其具有价值性。我国立法和司法解释虽然未直接规定，但比较法实践可提供参考。如欧盟《商业秘密保护指令》序言第14段规定："这些专有技术或信息应被视为具有商业价值，例如，非法获取、使用或披露可能会损害合法控制者的利益，因为它破坏了该人的科学和技术潜力、商业或经济利益、战略地位或竞争能力。"《俄罗斯联邦商业秘密法》第3条第1项规定，商业秘密是指能够为其所有人在现实或者可能的情况下增加收入，避免不必要的损失，保持其所有人在商品市场、劳务市场、服务市场上的地位或者获得其他商业利益的秘密信息。可见，在俄罗斯，并不要求商业秘密一定为权利人创造增量的经济利益或者市场优势，能够帮助权利人避免不必要的损失也符合价值性的要求。

（三）现实价值和潜在价值均属价值性范畴

根据我国《最高人民法院关于审理侵犯商业秘密民事案件适用法律若干问题的规定》第7条规定，商业秘密的价值不仅包括直接应用的现实价值，还包括潜在的商业价值。这一规定符合高科技发展的需要，除具有现实可应用型的信息可获得商业秘密保护之外，正处于研究、试制、开发等过程中的成果或信息，因凝聚了经营者付出的投资和劳动，将在未来有可能产生实践应用的价值，进而为经营者带来竞争优势，应当认定为具有价值性而获得商业秘密保护。

三、价值性的判断标准

商业秘密在何种程度上应当认为具有价值性？我国法上并未对价值性设置定性或定量的最低阈值。比较法上一般采并非"微不足道"说，如美国法上，《反不正当竞争法重述（第三次）》第三十九节评论e指出："商业秘密必须在工商经营中具有足够的价值，相对于不具有该信息的其他人，产生现实或者潜在的经济优势。然而这种经济优势不需要很大。如果秘密产生的优势并非微不足道，即可满足要求。"欧盟法上一般也认为，商业秘密不需要达到特殊的价值阈值，经济价值低的信息可以享受保密，但没有任何价值的"琐碎信息"应当被排除在外。在我国司法实践中，法院一般认为，认定秘密信息是否具有价值性时不应采用过高的认定标准，具有资产性、能起到商业上的促进作用、被侵害后会产生损失、具有潜在价值或历史价值、属于技术信息或经营信息、属于积极信息或消极信息等因素的秘密信息应当被认定为符合价值性要件。[①]

关于商业秘密是否具有价值性的证明，一般可以通过商业活动中该信息应用的直接证据来确定，例如可以从他人愿意为该信息支付许可使用费推断其商业价值，该信息被侵害后导致的经营者损失也可以证明其商业价值。多数情况下，经营者为开发信息所耗费的人力、物力和财力可作为信息是否具有价值性的间接证据，但大量投资也并不必然地证明信息具有充分的商业价值而获得商业秘密保护，还应当结合其他证据加以判断。美国法上，有的法院还将权利人采取的保密措施、信息是否"普遍知悉"或者"容易获得"作为判断商业秘密价值性的标准。[②]我国法院还会考量技术方案所获得的奖项荣誉、商业上的成功等因素综合判断。例如，在"南京科润工业介质股份有限公司诉陈云等侵害商业秘密纠纷案"中，法院指出，原告使用涉案技术方案的产品分别获得"南京市自主创新产品""2010年中国机械通用零部件工业协会紧固件行业自主创新优秀新产品优秀奖"等荣誉。由此可见，原告的涉案技术方案不仅具有实用性，能用于生产产品，而且能为其创造较大的经济利益和较高的行业地位，故而具有一定商业价值。[③]

第四节　保　密　性

除秘密性、价值性外，商业秘密的构成要件还包括保密性，即权利人为防止信息泄露采取合理保密措施，有学者也称之为管理性。[④]将保密性作为商业秘密构成要件的最直接原因是，商业秘密是因权利人对信息自我保护而产生的权利，只有权利人自身对其商业秘密形成了有效保护，他人故意侵害而获取、利用、披露商业秘密的行为才具有不正当性；如果权利人自己都没有采取保密措施，则没有必要对其信息进行保护。[⑤]权利人采取保密措施，既体现了其保护商业秘密的意愿，也使得相关人员能够知晓"不为公众所知悉"的商业秘密的存在范围，这也是保密措施在商业秘密构成中的价值和作用所在。然而，保密性要求并不存在

[①]　天津市滨海新区人民法院（2016）津0116民初1497号民事判决书。
[②]　参见祝磊：《美国商业秘密法律制度研究》，湖南人民出版社2008年版，第15页。
[③]　江苏省南京市中级人民法院（2012）宁知民初字第430号民事判决书。
[④]　参见张玉瑞：《商业秘密法学》，中国法制出版社1999年版，第168页。
[⑤]　参见孔祥俊主编：《商业秘密司法保护实务》，中国法制出版社2012年版，第142页。

统一的判断标准，一方面，保密性要求是相对的，并不苛求权利人采取天衣无缝、万无一失的保密措施，只要权利人采取的保密措施能为他人所识别且在正常情况下足以防止商业秘密泄露，这样的保密措施就可以被认为是合理的；另一方面，保密措施是否合理应根据具体情景加以认定，通常要根据商业秘密及其载体的性质、商业秘密的商业价值、保密措施的可识别程度、保密措施与商业秘密的对应程度以及权利人的保密意愿等因素，认定权利人是否采取了相应保密措施。因此，司法实践中，权利人是否就其主张的商业秘密采取相应保密措施，往往是案件审理的难点。①

现就保密性的内涵与法理基础、判断标准以及保密措施的典型情形介绍如下。

一、保密性的内涵与法理基础

在商业秘密构成要件之中，商业秘密保护的目的在于其价值性，价值性的基础是因为秘密信息不为公众所知悉，（即具有秘密性），使得商业秘密持有人通过对秘密信息的应用而产生相对于未了解该信息的竞争者的竞争优势。但如果仅仅是该信息具有价值，且处于客观上不为公众所知悉的状态，并不足以产生将该信息归属于权利人的效力，仅产生他人不得以不正当手段获取、使用、披露该秘密信息的消极义务。在权利人并未有效划定公有领域和私人财产边界的情况下，他人可以自由地获取、使用和披露相关信息。TRIPs协定第39条将商业秘密界定为"合法控制的信息"，规定"自然人和法人应有可能防止其合法控制的信息在未经其同意的情况下以违反诚实商业行为的方式向他人披露，或被他人取得或使用"。即商业秘密保护的基础是自然人和法人对具有秘密性、价值性的信息建立起了合法有效的控制，竞争者不得将其意志置于他人公开意志之上，以违反诚实信用的不正当方式去获取、披露和使用这一信息，法律保护的最直接原因是维护公平竞争的正常竞争秩序。因此，商业秘密持有人必须采取有效的保密措施去维持其商业秘密的秘密性和价值性，体现其商业秘密保护的主观意愿和商业秘密存在的客观范围，同时也避免社会公众动辄陷入商业秘密侵权或负担过高的不作为义务。因此，合理保密措施的目的应当在于维持商业秘密的秘密性，间接地也保障了其价值性。如果说秘密性是商业秘密的最核心要件，那么保密性就是保持、维护秘密性的手段。②反之，如果商业秘密失去了其秘密性，则其保密性也就失

---

① 参见林广海、李剑、杜微科：《系列解读之一〈最高人民法院关于审理侵犯商业秘密民事案件适用法律若干问题的规定〉的理解与适用》，载《法律适用》2021年第4期。
② 参见孔祥俊主编：《商业秘密司法保护实务》，中国法制出版社2012年版，第143页。

去了意义。[①]从这一目标出发，也决定了保密性应当符合两个层面的要求：第一，体现权利人保密的主观意愿，即至少能够使交易对方或者第三人知道权利人有对相关信息保密的意图；第二，保密措施的有效性，即保密措施应当足以排除相关信息在通常情况下被泄露。

同时，保密性要求也并不是绝对的，因为只要存在保密措施，就存在保密措施被他人破坏或者绕开的可能性，难以存在万无一失的保密性，保密性要求过高将对权利人施加过高的保密成本，而不利于创新发展和市场竞争。因此，保密性对于一般竞争者在通常情况下可识别、有效即可。例如在"杜邦公司诉克里斯托夫案"[②]中，美国联邦第五巡回上诉法院对保密措施的"合理性"作出了解释："我们不能要求某人或某公司采取不合理的预防措施，去防止他人去做本不应该做的事情，我们可以要求针对间谍窥视行为采取合理预防措施（reasonable precautions），但要求打造坚不可摧的堡垒却是不合理的，我们也不应对工业发明人对其创新成果的保护施加如此苛刻的义务。"

二、保密性的判断标准

关于保密性的认定，《最高人民法院关于审理侵犯商业秘密民事案件适用法律若干问题的规定》第5条第1款规定："权利人为防止商业秘密泄露，在被诉侵权行为发生以前所采取的合理保密措施，人民法院应当认定为反不正当竞争法第九条第四款所称的相应保密措施。"即保密性的判断时间节点为"被诉侵权行为发生以前"，这就意味着，涉案信息即使在形成后没有被立即采取保密措施，但

---

① 例如在"烟台军恒工程机械设备有限公司、烟台信人机电设备有限公司侵害商业秘密纠纷案"中，尽管原告制定了《规章制度》，其中第十章"保密制度与竞业限制"第74条载明"可能成为公司商业秘密的经营信息包括客户名单、客户订单、营销计划、采购资料、财务资料、进货渠道、产销策略、经营目标、经营项目、管理诀窍、货源情报、内部文件、会议纪要、经济合同、合作协议等"。并且原告也与被告签订了保密协议，其中"保密的内容和范围"第2条载明"经营信息：经营信息的范围包括但不仅限于甲方的客户名单、营销计划、采购资料、定价政策、不公开的财务资料、进货渠道、产销策略、招投标中的标底及表率、人事档案、工资、员工手册、考核体系等"。但是，在海关数据平台外贸公社（Tradesparq）网站上，可以搜索到意大利的Hammer S.R.L和印度的G.L两公司的有关信息，进入两公司在该网站平台的相关链接页面，可以看到两公司详细的历史交易记录，包括两公司的名称、联系方式、每笔交易的供应商和采购商名称、货物名称、具体数量、价格、交易日期、运载方式、到达港口等，通过这些详细的交易数据以及借助该平台自带的分析曲线图，亦可分析并总结出上述公司通常的交易习惯、要货规律等深度信息，而这些信息涵盖了原告在本案中主张的关于两公司的商业秘密信息的所有内容。因此，法院认定原告主张的与意大利的Hammer S.R.L和印度的G.L两公司交易的相关商业秘密信息完全可以通过公开渠道获得，不满足反不正当竞争法中商业秘密"不为公众所知悉"的要求，从而不构成商业秘密。换言之，原告所主张的两家客户的信息由于失去了秘密性，保密性也就失去了价值，不可能恢复涉案信息的秘密性而使该信息获得商业秘密保护。参见山东省高级人民法院（2020）鲁民终675号民事判决书。

② E.I. duPont deNemours & Co. v. Christopher, 431 F.2d 1012.

只要在被诉侵权行为发生以前被采取了合理的保密措施，仍然可以满足"保密性"的要求，从而有可能被认定为商业秘密。

关于保密性的判断标准，《最高人民法院关于审理不正当竞争民事案件应用法律若干问题的解释》（已废止）第11条以及《最高人民法院关于审理侵犯商业秘密民事案件适用法律若干问题的规定》第5、6条规定，人民法院应当根据所涉信息载体的特性、权利人保密的意愿、保密措施的可识别程度、他人通过正当方式获得的难易程度等因素，认定权利人是否已采取保密措施，权利人通过签订保密协议、限制接触、对秘密载体进行区分和管理等措施，在正常情况下足以防止商业秘密泄露的，人民法院应当认定权利人采取了相应保密措施。根据上述规定，理论上认为，权利人是否采取了相应保密措施可结合以下要素认定：（1）权利人对所主张权利的信息对内、对外均采取了保密措施，或者制定了相应的保密制度，抑或采取了一定的物理防范措施，除非通过不正当手段，他人轻易不能获得该信息；（2）保密措施明确、具体地划定了信息的范围；（3）对所采取保密措施的形式、对象、范围等方面综合审查时，可以以同行业中公认的对某一类信息应采取的保密措施作为参考标准；（4）采取的保密措施是适当的、合理的，不要求必须万无一失。① 因此，理论上，合理的保密措施可从两个方面来判断：第一，保密措施应由商业秘密权利人所采取，外界通过保密措施可识别权利人保密的主观意图和客观范围；第二，保密措施应当具有有效性，客观上在正常情况下足以防止商业秘密泄露。

司法实践中，权利人是否采取了合理的保密措施可结合相关要素判断，详述如下：

一是保密措施的可识别性，即要求商业秘密权利人所采取的保密措施，足以使全体承担保密义务的相对人能够意识到该信息是需要保密的信息。商业秘密权利人所采取的保密措施，不是抽象的、宽泛的、可以脱离商业秘密及其载体而存在的保密措施，而应当是具体的、特定的、与商业秘密及其载体存在对应性的保密措施。这种保密措施至少应当能够使交易对方或者第三人知道权利人有对相关信息予以保密的意图，或者至少应当能够使一般的经营者施以正常的注意力即可得出类似结论。保密规定如果仅原则性地要求所有员工保守企业销售、经营、生产技术秘密，不得利用所掌握的技术生产或为他人生产与本公司有竞争的产品和提供技术服务，但无法让本公司所有员工知悉商业秘密保护的信息范围即保密客体，就不属于切实可行的防止技术秘密泄露的措施，在现实中不能起到保密的效

---

① 参见郑友德、钱向阳：《论我国商业秘密保护专门法的制定》，载《电子知识产权》2018年第10期。

果。例如，在"上诉人化学工业部南通合成材料厂、南通星辰合成材料有限公司、南通中蓝工程塑胶有限公司与被上诉人南通市旺茂实业有限公司等侵害商业技术秘密和商业经营秘密纠纷案"中[1]，法院认为，原告提供的《岗位任职要求》仅在"通用条件"中笼统地记载"保守秘密"，没有记载具体的保密对象或范围；提供的《借阅档案登记》虽然记载了借阅的名称、借阅人、借阅时间等信息，但该证据本身没有记载任何有关保密的具体规定或者要求；尽管将配方等技术信息记载在"混料单"和"配料单"上，在不同区域分别进行配料和混料，并以字母和数字指代配方，但混料和配料本身为两道工序。这些措施均属于生产活动中可能采取的常规措施，既可能是为了便于生产、管理，也有可能基于保密或者其他目的。原告没有提供证据证明采取上述措施的目的与保密有关。因此，法院认定，原告未对涉案信息采取合理的保密措施。

　　二是保密措施的有效性，即要求商业秘密权利人所采取的保密措施能够发挥出相应的作用。一般情况下以"他人不采取不正当手段或不违反约定就难以获得该项秘密"作为判断保密措施是否有效的标准。例如，在"麦格昆磁（天津）有限公司诉夏某、苏州瑞泰新金属有限公司侵害技术秘密纠纷上诉案"[2]中，法院指出，原告提供的证据包括：（1）《员工手册》中的相关内容；（2）据以主张技术秘密的图纸上均盖有保密印章；（3）马某、夏某与维纳公司签署的《和解和相互豁免协议》中的相关保密约定等。据此可知，原告同时采取了"在涉密信息的载体上标有保密标记"及"签订保密协议"两类保密措施，足以排除其员工直接获取和披露商业秘密的可能，可以认定原告对涉案技术信息采取了合理的保密措施。

　　三是保密措施的适当性，即要求保密措施与保密需求相适应。在市场经济中，经营者的对外交易是其所有生产经营活动得以回报的归宿，在交易过程中不可避免地存在有关商品信息、经营信息的交流。特别是在涉及生产设备的交易中，往往涉及向相对方披露有关技术信息并提供相应指导等交易内容，此时，设备的购买者就正当地获悉了对方的技术秘密。而绝对的秘密状态不利于经营者生产经营活动的正常开展，并可能阻碍市场交易的正常进行。

　　我国现有法律法规没有明确规定商业秘密保密措施的法定形式和形成要件，司法实践中，只要权利人采取了相应的保密措施，法律就应当予以保护，而无须要求该保密措施必须是严密的、完整无缺的。例如北京市高级人民法院印发的《关于审理反不正当竞争案件几个问题的解答（试行）》规定，保密措施要件要求，

[1]　最高人民法院（2014）民三终字第3号民事判决书。
[2]　江苏省高级人民法院（2013）苏知民终字第0159号民事判决书。

权利人必须对其主张权利的信息对内、对外均采取了保密措施；所采取的保密措施明确、具体地规定了信息的范围；措施是适当的、合理的，不要求必须万无一失。例如在"河南中联热科工业节能股份有限公司、河南玖德智能设备有限公司等与王振杰、王振等侵害商业秘密纠纷案"中，[①] 法院在认定保密性时考虑了如下因素：权利人为防止信息泄漏所采取的保护措施与其商业价值是否相当；所涉信息载体的特性；权利人保密的意愿；保密措施的可识别程度；他人通过正当方式获得的难易程度等因素。法院指出，保密性是相对的，并不苛求权利人采取天衣无缝的极端保密措施。权利人采取的保密措施只要能为他人所识别并达到合理的强度，就可以被认为是合理的。该案中，原告为保存涉案客户信息数的文档设置了密码，该文档上印有"公司机密不得外传"水印字样，并且原告与被告签订的《劳动合同》中也有相应的保密条款，保密期限为合同期内。因此，法院认定原告对上述客户信息采取了合理的保密措施，满足了保密性的要求。

此外，保密措施针对不同的保密对象应有所不同。《反不正当竞争法》第9条所规定的商业秘密主要分为技术信息和经营信息两大类，信息特性不同，所需要采取的保密措施亦不相同。同时，随着信息流转，信息收发存放的场所以及信息载体不断地交替变化，信息载体可能是文件、图纸或者样品等，接触信息载体的可能是员工、合作伙伴或者客户。权利人需要针对信息流转的不同阶段，以及不同阶段的具体信息载体、信息及信息载体接触者，对应采取在一般情况下足以防止信息泄露的保密措施，充分证明信息及信息载体与保密措施的对应性。[②]

三、保密措施的典型情形

（一）保密措施的制度阐释

关于保密性的认定，并不存在一以贯之的统一标准，立法和司法解释仅作出了原则性规定，具体应在个案中依据权利人采取的保密措施综合认定。关于保密措施的具体类型，司法解释作出了举例阐释，《最高人民法院关于审理不正当竞争民事案件应用法律若干问题的解释》（已废止）第11条第3款曾列举了6种具体情形并规定了兜底条款："具有下列情形之一，在正常情况下足以防止涉密信息泄漏的，应当认定权利人采取了保密措施：（一）限定涉密信息的知悉范围，只对必须知悉的相关人员告知其内容；（二）对于涉密信息载体采取加锁等防范措施；（三）在涉密信息的载体上标有保密标志；（四）对于涉密信息采用密码或者代码等；（五）签订保密协议；（六）对于涉密的机器、厂房、车间等场所限制来访者

---

① 河南省高级人民法院（2019）豫知民终450号民事判决书。
② 参见陈静：《商业秘密保密措施的适当性认定》，载知产力公众号，2021年5月21日。

或者提出保密要求；（七）确保信息秘密的其他合理措施。"为适应商业秘密保护的实践和技术发展，《最高人民法院关于审理侵犯商业秘密民事案件适用法律若干问题的规定》第6条进一步对相关情形进行了补充和完善："具有下列情形之一，在正常情况下足以防止商业秘密泄露的，人民法院应当认定权利人采取了相应保密措施：（一）签订保密协议或者在合同中约定保密义务的；（二）通过章程、培训、规章制度、书面告知等方式，对能够接触、获取商业秘密的员工、前员工、供应商、客户、来访者等提出保密要求的；（三）对涉密的厂房、车间等生产经营场所限制来访者或者进行区分管理的；（四）以标记、分类、隔离、加密、封存、限制能够接触或者获取的人员范围等方式，对商业秘密及其载体进行区分和管理的；（五）对能够接触、获取商业秘密的计算机设备、电子设备、网络设备、存储设备、软件等，采取禁止或者限制使用、访问、存储、复制等措施的；（六）要求离职员工登记、返还、清除、销毁其接触或者获取的商业秘密及其载体，继续承担保密义务的；（七）采取其他合理保密措施的。"

（二）司法实践中的合理保密措施类型

司法实践中，根据保密义务主体的不同，合理保密措施主要有两类：一是针对雇员、合作者等采取的"对内保密措施"，如内部保密制度、保密协议等；二是针对一般第三人采取的"对外保密措施"，由于签订保密协议等措施不具有约束第三人的效力，因此，"对外保密措施"主要包括限制访问、数字加密等限制接触措施。[①]现具体介绍如下：

1. 保密制度

保密制度是一种内部管理层面的普遍性约束条款，亦即对于接触到秘密和可能接触到秘密的特定群体的一般性规定，[②]包括：对不同信息根据其重要程度进行保密定级；对涉密的厂房、车间等生产经营场所限制来访者或者进行区分管理，划定能够接触秘密信息的不同人员的权限范围；通过培训、规章制度、书面告知等方式，对能够接触、获取商业秘密的员工、前员工、供应商、客户、来访者等提出保密要求等。

需要强调的是，对于保密协议的约定和保密制度的约定，不要求权利人对其所涉及的所有秘密点一一列举细化，而只需约定所要保密的信息的范围即可。其原因在于，商业秘密本身并不是一种确定不变的信息，它可能随着权利人的经营和业务的拓展不断地变动、更新和发展，要求权利人预见到将来可能产生的新的秘密内容并加以保密的约束，是不客观的。但同时，保密协议和保密制度约定的

[①] 参见最高人民法院（2020）最高法知民终538号民事判决书。
[②] 参见周晓冰：《罗实诉摩托罗拉（中国）电子有限公司商业秘密纠纷上诉案评析》，载《科技与法律》2003年第3期。

范围必须相对明确，应明确包含权利人所主张的秘密点内容。[1] 例如在"唐山玉某实业有限公司诉玉田县科联实业有限公司等侵犯商业秘密纠纷案"[2]中，原告制定的《关于保密工作的几项规定》仅有4条，且内容仅原则性地要求所有员工保守企业销售、经营、生产技术秘密，在厂期间和离厂两年内，不得利用所掌握的技术生产、为他人生产与本公司有竞争的产品，或提供技术服务。因此，最高人民法院认为，上述规定无法让该规定针对的对象即该公司所有员工知悉该公司作为商业秘密保护的信息的范围即保密客体，仅制定上述规定不足以切实可行地防止技术秘密泄露，在现实中不能起到保密的效果。

2. 保密协议

保密协议，是指当事人双方约定，就特定范围内的商业秘密，不得披露、使用或者允许他人使用的协议。负有保密义务的当事人，违反约定将保密范围内的商业信息披露、使用或者允许他人使用的，要承担相应的法律责任。《劳动合同法》第23条第1款规定："用人单位与劳动者可以在劳动合同中约定保守用人单位的商业秘密和与知识产权相关的保密事项。"因此，双方签订保密协议的形式，既可以是劳动合同中的保密条款，也可以是一份单独的保密协议。但不管选择哪种形式，都应当以书面的形式约定。保密协议的约定应该明确、具体、清楚，协议内容一般包括保密范围、保密义务、保密期限、违约责任等。保密协议可以分为单方保密协议和双方保密协议。单方保密协议是指只有一方当事人负有保密义务的协议。

签订保密协议是商业秘密的重要管理措施，也是判断商业秘密权利人是否采取合理保密措施的重要因素。在商业实践中，通常采用的保密协议主要包括与单位职工订立的保密协议以及与外部主体订立的保密协议。外部主体主要是指业务协作方、技术开发合同方、技术服务方、联营合营方等。

（1）与单位职工订立的保密协议

第一，与单位职工订立的保密协议的起草要点。与单位职工订立保密协议的目的是防止单位职工将单位的商业秘密披露、使用或者允许他人使用。这类保密协议既可以是劳动合同中的保密条款，也可以是与职工签订的单独的保密协议，一般应采用书面形式。

需要签订保密协议的职工范围主要是接触或者容易接触商业秘密的职工，通常是单位的高级管理人员、高级技术人员和其他负有保密义务的人员等。

法律对保密协议约定的保密期限没有明确的限制。因此，保密期限可以是长

---

[1]　参见周晓冰：《罗实诉摩托罗拉（中国）电子有限公司商业秘密纠纷上诉案评析》，载《科技与法律》2003年第3期。

[2]　最高人民法院（2017）最高法民申2964号民事裁定书。

期的。单位可以在保密协议中约定，不仅在劳动合同存续期间，而且在劳动合同变更、解除或者终止后，直至商业秘密公开时为止，职工都不得披露、使用或者允许他人使用单位的商业秘密。

第二，与单位职工订立的保密协议的主要条款。保密协议的内容由当事人约定，一般包括以下条款：①保密的主体；②保密信息的范围；③保密的期限；④当事人的权利义务；⑤违约责任；⑥争议解决的办法等。

保密信息的范围要尽可能具体、明确，不能是一般性要求或者原则性约定，如果保密协议是格式合同，还要尽可能列明需要保护的一切信息。例如，在"湖北洁达环境工程有限公司等诉郑州润达电力清洗有限公司等侵害商业秘密纠纷案"[①]中，原告主张的技术信息是电厂油管道水基专用清洗液等，最高人民法院经审查后认为，涉案劳动合同中的保密条款仅为原则性规定，不足以构成对特定技术信息或经营信息进行保密的合理措施。

（2）与外部主体订立的保密协议

第一，与外部主体订立的保密协议的起草要点。单位在经营管理或者商务活动过程中，不可避免地要与外部机构或人员建立交易关系，如技术开发咨询或者中介服务等，对于那些接触或容易接触到单位商业秘密的主体，应当与之签订保密协议。该类保密协议既可以是主交易合同（如买卖合同、承揽合同、委托合同等）中的保密条款，也可以是一份单独签订的保密协议，一般均应采用书面形式。例如，在"合肥鼎蓝贸易有限公司等诉安徽中医药大学侵害商业秘密纠纷案"[②]中，原告主张的商业秘密是公寓床设计图纸及相关规格参数，但是最高人民法院经审查后发现，原告在与被告签订的根据涉案图纸生产的公寓床销售合同中并无任何保密条款，且合同附件中清晰地显示了涉案公寓床的技术参数。由此，法院认为，在本案被诉侵权行为发生之前，原告请求作为商业秘密予以保护的涉案图纸已经通过产品销售过程中的交付行为，处于公开状态。且因根据涉案图纸制造的产品实物进入市场后，相关公众完全可凭借观察和测量的方式直接获得公寓床的尺寸、结构等信息，而这些信息正是原告请求作为商业秘密保护的内容。据此，在被诉侵权行为发生之前，涉案图纸及相关技术参数已经处于可为不特定的第三人所知悉的状态，不具有秘密性。

第二，与外部主体订立的保密协议的主要条款。与外部主体订立的保密协议同单位与职工订立的保密协议不太一样的是，此类保密协议的内容往往不尽相同。以单独签订的保密协议为例，此类协议一般包括以下条款：与主交易合同的

---

① 最高人民法院（2016）最高法民申2161号民事判决书。
② 最高人民法院（2016）最高法民申3774号民事裁定书。

关系；保密的具体内容与明细范围；保密的期限；保密的措施或方式；当事人的权利义务；违约责任；争议解决的办法；等等。

3. 限制接触

限制接触，是指权利人通过内部规定或其他合理的控制手段将商业秘密的知悉者限定在一定的范围之内，如只有内部高层管理人员才可以（可能）接触到相关的经营信息。其措施包括：在物理上，隔离机器设备、加强门卫、为资料上锁，对涉密的厂房、车间等生产经营场所限制来访者或者进行区分管理，严格限制外部人员进入；在虚拟环境下，对能够接触、获取商业秘密的计算机设备、电子设备、网络设备、存储设备、软件等，采取禁止或者限制使用、访问、存储、复制等措施，足以排除他人通过通常手段获悉商业秘密。

典型案例

思克测试技术有限公司与兰光机电技术有限公司侵害技术秘密纠纷案①

事实概要：

原告济南思克测试技术有限公司（简称思克公司）主张其研发了涉案 GTR-7001 气体透过率测试仪，并采取了一系列保密措施，构成商业秘密。被告济南兰光机电技术有限公司（简称兰光公司）通过诉讼保全程序查封并拆解 GTR-7001 型号测试仪，获取了内部技术信息进而应用到其产品上，在市场上推出与原告技术相同的智能测试仪，侵犯了原告的商业秘密，遂向济南市中级人民法院提起诉讼。一审法院认定，原告的测试仪系公开销售的产品，流入市场后所承载技术可轻易为他人所获取，故原告未就涉案技术信息采取合理保密措施，原告的测试仪所承载的技术不构成商业秘密。一审判决驳回原告起诉。

思克公司向最高人民法院提起上诉，主张已采取合理保密措施，包括：对内采取的保密措施，如与员工签署包含保密条款的《劳动合同》《公司保密管理制度》等；对外采取的保密措施，如与客户签订的外销设备合同列有保密条款，外销设备粘贴有严禁私自拆卸的防撕毁标签，并在产品说明书中明确保密要求。

裁判观点：

最高人民法院审理认为，根据思克公司主张保护的涉案技术秘密及其载体的性质，综合审查本案现有证据，应认定思克公司未采取符合《反不正当竞争法》规定的"相应保密措施"，具体理由如下：

---

① 最高人民法院（2020）最高法知民终 538 号民事判决书。

其一，思克公司所主张采取的"对内保密措施"，因脱离涉案技术秘密的载体，即在市场中流通的GTR-7001气体透过率测试仪产品，故与主张保护的涉案技术秘密不具有对应性，不属于《反不正当竞争法》规定的"相应保密措施"。《最高人民法院关于审理侵犯商业秘密民事案件适用法律若干问题的规定》第5条第2款规定："人民法院应当根据商业秘密及其载体的性质、商业秘密的商业价值、保密措施的可识别程度、保密措施与商业秘密的对应程度以及权利人的保密意愿等因素，认定权利人是否采取了相应保密措施。"据此，商业秘密权利人所采取的保密措施，不是抽象的、宽泛的、可以脱离商业秘密及其载体而存在的保密措施，而应当是具体的、特定的、与商业秘密及其载体存在对应性的保密措施。本案中，思克公司主张保护的技术秘密是其产品GTR-7001气体透过率测试仪所承载的技术（包含6个秘密点），思克公司诉称兰光公司非法获取涉案技术秘密的不正当手段为"利用另案诉讼的证据保全拆解了思克公司的GTR-7001气体透过率测试仪"，可见，思克公司所采取的"对内保密措施"，如与员工签署包含保密条款的《劳动合同》与《企业与员工保密协议》，制定并施行《公司保密管理制度》，对研发厂房、车间、机器等加设门锁，限制来访者进出、参观等，均与兰光公司是否不正当地取得并拆解思克公司GTR-7001气体透过率测试仪产品进而获得涉案技术秘密不具有相关性，换言之，思克公司所主张的"对内保密措施"，均与其主张保护的涉案技术秘密及载体不具有对应性。因此，思克公司所主张采取的"对内保密措施"不属于《反不正当竞争法》规定的"相应保密措施"。

其二，思克公司所主张采取的"对外保密措施"，或仅具有约束合同相对人的效力，不具有约束不特定第三人的效力，或未体现出思克公司的保密意愿，故不属于《反不正当竞争法》规定的"相应保密措施"。一方面，思克公司虽在与客户公司签订的《设备购销合同》中约定，GTR-7001气体透过率测试仪产品的转让不意味着客户公司取得该产品的任何知识产权，且客户公司需承担确保该产品技术机密信息安全以及不得将技术机密信息提供给任何第三方的合同义务，但是，该约定仅具有约束客户公司的效力，不具有约束不特定第三人的效力。并且，《设备购销合同》并未限制客户公司对所购买的产品进行处分、转让，故不特定第三人可通过市场流通取得该产品，且不受思克公司与客户公司签订的《设备购销合同》的约束。另一方面，思克公司虽在其GTR-7001气体透过率测试仪的特定位置贴有标签，但标签载明的"危险！私拆担保无效！""SYSTESTER思克品质保证撕毁无效"等内容，属于安全性提示与产品维修担保提示，均不构成以保密为目的的保密防范措施。因此，思克公司所主张采取的"对外保密措施"不属于《反不正当竞争法》规定的"相应保密措施"。

其三，根据涉案技术秘密及其载体的性质，应认定思克公司未采取符合《反不正当竞争法》规定的"相应保密措施"。根据《最高人民法院关于审理侵犯商业秘密民事案件适用法律若干问题的规定》第5条第2款的规定，人民法院应当根据商业秘密及其载

体的性质等因素，认定权利人是否采取了相应保密措施。本案中，涉案技术秘密的载体
为GTR-7001气体透过率测试仪，因该产品一旦售出进入市场流通，就在物理上脱离思克
公司的控制，故区别于可始终处于商业秘密权利人控制之下的技术图纸、配方文档等内
部性载体。《最高人民法院关于审理侵犯商业秘密民事案件适用法律若干问题的规定》第
14条第1款、第2款规定：通过自行开发研制或者反向工程获得被诉侵权信息的，人民
法院应当认定不属于《反不正当竞争法》第9条规定的侵犯商业秘密行为。前款所称的
反向工程，是指通过技术手段对从公开渠道取得的产品进行拆卸、测绘、分析等而获得
该产品的有关技术信息。鉴于涉案技术秘密载体为市场流通产品，属于外部性载体，故
思克公司为实现保密目的所采取的保密措施，应能对抗不特定第三人通过反向工程获取
其技术秘密。此种对抗至少可依靠两种方式实现：一是根据技术秘密本身的性质，他人
即使拆解了载有技术秘密的产品，亦无法通过分析获知该技术秘密；二是采取物理上的
保密措施，以对抗他人的反向工程，如采取一体化结构，拆解将破坏技术秘密等。根据
本院查明的事实，思克公司亦认可，通过拆解GTR-7001气体透过率测试仪，可直接观察
到秘密点2、3、4、5，同时，本领域技术人员"通过常理"可知晓秘密点1和6，故涉案
技术秘密不属于上述第一种情形。需要进一步分析的是，思克公司对GTR-7001气体透过
率测试仪采取的保密措施是否属于上述第二种情形，从而可以对抗不特定第三人通过反
向工程获取其技术秘密。首先，如前所述，思克公司在其GTR-7001气体透过率测试仪上
贴附的标签，从其载明的文字内容来看属于安全性提示以及产品维修担保提示，故不构
成以保密为目的的保密措施，不属于上述第二种情形。其次，即使思克公司贴附在产品
上的标签所载明的文字内容以保密为目的，如"内含商业秘密，严禁撕毁"等，此时该
标签仍不能构成可以对抗他人反向工程的物理保密措施。一方面，通过市场流通取得相
关产品的不特定第三人与思克公司并不具有合同关系，故无须承担不得拆解产品的合同
义务。另一方面，不特定第三人基于所有权得对相关产品行使处分行为，而不受思克公
司单方面声明的约束。《中华人民共和国物权法》第4条规定："国家、集体、私人的物
权和其他权利人的物权受法律保护，任何单位和个人不得侵犯。"① 该法第5条规定："物
权的种类和内容，由法律规定。"② 该法第39条规定："所有权人对自己的不动产或者动产，
依法享有占有、使用、收益和处分的权利。"③ 根据物权法的上述规定可知，通过市场流通
取得GTR-7001气体透过率测试仪的不特定第三人，对该产品享有的所有权的内容应由法
律规定，包括占有、使用、收益和处分四项权能，而不受思克公司单方面声明的约束。
这一点也正是《最高人民法院关于审理侵犯商业秘密民事案件适用法律若干问题的规定》

---

① 现规定于《民法典》第207条，即："国家、集体、私人的物权和其他权利人的物权受法律平
　等保护，任何组织或者个人不得侵犯。"
② 同《民法典》第116条。
③ 同《民法典》第240条。

第14条第1款、第2款对于通过反向工程获得被诉侵权信息不构成侵害商业秘密行为规定的法理基础。权利人基于所有权得对所有物行使占有、使用、收益和处分行为，因而对所有物上承载的知识产权构成一定限制，这不仅体现在反向工程对商业秘密的限制，类似的还体现在画作的所有权对画作著作权人展览权的限制。因此，根据涉案技术秘密及其载体的性质，思克公司贴附在产品上的标签并不构成可对抗他人反向工程的物理保密措施，应认定思克公司未采取符合《反不正当竞争法》规定的"相应保密措施"。

知识链接

思考题

1. 商业秘密的构成要件是什么？
2. 如何判断相关信息是不为公众所普遍知悉和容易获得的？
3. 商业秘密的价值性应当如何证明？
4. 如何判断权利人对相关信息采取了合理的保密措施？

第四章　商业秘密法律归属

第一节　商业秘密归属一般规则

在商业秘密侵权判断中，除了证明信息本身符合商业秘密构成要件之外，还必须证明当事人对商业秘密具有正当利益，即证明当事人为商业秘密保护的适格主体或《反不正当竞争法》第9条规定的"权利人"。《最高人民法院关于审理不正当竞争民事案件应用法律若干问题的解释》（已废止）第14条规定，"当事人指称他人侵犯其商业秘密的，应当对其拥有的商业秘密符合法定条件、对方当事人的信息与其商业秘密相同或者实质相同以及对方当事人采取不正当手段的事实负举证责任"。在《江苏省高级人民法院侵犯商业秘密民事纠纷案件审理指南》中，江苏省高级人民法院指明审理侵犯商业秘密民事纠纷案件一般要遵循逐段审理的思路，即"第一步：在原告明确其主张的商业秘密内容的前提下，审查和认定原告是否有权就该内容主张权利、该内容是否符合商业秘密构成要件，以及被告的抗辩理由；第二步：在商业秘密成立且原告有权主张权利的前提下，审查和认定侵权是否成立，以及被告不侵权的抗辩理由；第三步：在被告侵权成立的情况下，审查和认定被告应当承担的民事责任"。在原告明确所主张的商业秘密内容的前提下，商业秘密案件审理首先即要审查和认定原告是否有权对该内容主张权利。由于商业秘密并非是一项基于注册或登记而获得保护的权利，因此，证明原告是商业秘密的权利人是商业秘密审判实践的焦点问题之一，但实践中就商业秘密保护主体的认定规则仍存在理论上的分歧，结合国际条约、比较法以及我国相关立法和司法实践，现就商业秘密保护的主体规则阐释如下。

一、国际条约与比较法实践

商业秘密保护在我国起步较晚，改革开放的背景下，我国1993年《反不正当竞争法》对商业秘密的保护很大程度上是为了融入国际贸易体系，与知识产权保护国际标准相一致。因此，国际条约与比较法实践可以作为理解我国商业秘密保护主体规则的制度背景和理论基础。

（一）国际条约

在国际条约层面，作为最早的知识产权保护多边协定，《巴黎公约》第10条之二的反不正当竞争条款并未直接规定商业秘密保护，仅具有通过解释间接保护商业秘密的作用。TRIPs 协定第 39 条对"未披露信息"即商业秘密的保护，规定了商业秘密构成、保护的最低标准。TRIPs 协定第 39 条第 2 款规定："自然人和法人应有可能防止其合法控制的信息在未经其同意的情况下以违反诚实商业行为的方式向他人披露，或被他人取得或使用，只要此类信息：（a）属秘密，即作为一个整体或就其各部分的精确排列和组合而言，该信息尚不为通常处理所涉信息范围内的人所普遍知道，或不易被他们获得；（b）因属秘密而具有商业价值；并且（c）由该信息的合法控制人，在此种情况下采取合理的步骤以保持其秘密性质。"该规定并未直接明确商业秘密制度为保护企业创造或者投资，提供的也非绝对保护，其直接客体是权利人合法控制下的信息，防止在未经权利人同意的情况下行为人以违反诚实商业行为的方式向他人披露该信息，或该信息被他人获取或使用。根据此规定可以明确，商业秘密保护的主体是"信息的合法控制人"，但 TRIPs 协定未进一步解释"信息的合法控制人"的内涵。

世界知识产权组织《关于反不正当竞争保护的示范规定》第六节对"有关秘密信息的不正当竞争"的保护作出了规定，其第 1 条规定："工商活动中的任何行为或实践，导致以违背诚实商业行为的方式，未经合法控制该信息的人（以下称为合法控制人）的同意，披露、获取或使用其秘密信息的，应构成不正当竞争行为。"该规定沿袭了 TRIPs 协定第 39 条第 2 款的规定，将商业秘密的主体定义为"信息的合法控制人"，简称为"合法控制人"。该节注释第 6.02 条进一步解释，"合法控制人指合法控制该信息的自然人或法人"。

上述国际条约的措辞，体现了商业秘密属性区别于知识产权属性的基本立场。根据"合法控制人"的定义，只要其通过合法来源对商业秘密信息进行了控制，商业秘密即可受到法律保护，其中秘密性、保密性要件应当是进一步界定"控制"成立的要件。

（二）欧盟法

除此之外，比较法上相关实践也可以作为理解 TRIPs 协定"信息的合法控制人"内涵的借鉴和参考。欧盟《商业秘密保护指令》将商业秘密保护主体定义为"商业秘密持有人"（trade secrets holder），该指令第 2 条规定，"'商业秘密持有人'是指合法控制该商业秘密的任何自然人或法人"。该定义在文字表述上基本与 TRIPs 协定的规定相一致，根据该定义，商业秘密保护主体并不必然要与商业秘密的创造者相关联，而应能够对该信息进行合法的控制。在立法过程中，欧盟刻意使用"持有人"（holder）的表述以与"所有者"（owner）相区分，"所有者"一般指的是知识产权、财产权完全归属于某人，而商业秘密保护仅仅保护的是持有人对该信息的控制。① 但是该指令对于何为合法获取以及何为控制并未明确定义，理论上认为，应至少包括两种情形：第一，该信息是他人的原始机密，例如该信息本身由其创造、研发或者发现；第二，对信息的衍生性控制，如第三方合法获得商业秘密并进行控制。②

（三）美国法

在商业秘密制度产生、发展以及国际规则订立过程中，另一具有重要影响力的法域即美国法。美国法上，商业秘密的保护主体问题可从这两个层面进行考察：在州法层面，成文法（如被各州广泛采纳的《统一商业秘密法》）并未对主体问题作明确规定，在早期判例法中，参照专利法的适格主体规则，各州法院一般将"所有者"（owner）认定为权利人，包括商业秘密的创造者、继受者及其独占许可人。但伴随着对商业秘密特质的深化理解，判例法上商业秘密诉讼适格主体的范围也得到了实质扩张，一般认为，商业秘密保护本质上是为了防止原告保有的有价值信息被不法获取以及不正当利用，故商业秘密诉讼一般并不要求原告对该信息具有所有权，只要合法占有该信息即已足够。③ 故商业秘密的权利主体应为其合法占有者（lawful possessor）而非所有者，当多方均占有商业秘密时，各占有人皆成为商业秘密所保护的适格主体，但针对特定商业秘密盗用行为，只有被盗用一方才有资格提起诉讼，其他各方因信息并未被盗用而不具有诉讼资格。④ 在联邦法层面，1996年《经济间谍法》受早期各州判例法影响，将商业秘密保护主体界定为"所有者"，指根据法定产权、衡平法产权（equitable title）或许可而保管商业秘密的人⑤。此后，各州判例法虽对商业秘密诉讼适格主体进行了发展，但2016年《保护商业秘密法》并未对此作出修改，仍然将商业秘密的保护主体界定为其"所有者"，因此，在商业秘密归属问题上，美国州法和联邦法也存在一定程度的对立。

二、中国法上商业秘密的归属规则

在我国法上，关于商业秘密的法律归属，现行《反不正当竞争法》未明确规

---

① Committee on Legal Affairs of European Parliament, Report on the proposal for a directive of the European Parliament and of the Council on the protection of undisclosed know-how and business information（trade secrets）against their unlawful acquisition, use and disclosure, p. 61<https://www.europarl.europa.eu>accessed Oct. 21, 2021.

② Alexander, WRP 2017, 1034-1038；MüKoUWG/Namysłowska, 3. Aufl. 2020, Geheimnisschutz-RL Art. 2 Rn. 20.

③ See Milgrim on Trade Secrets §15.01, Part 1 of 2；See Advanced Fluid Sys. v. Huber, 958 F.3d 168, 177（3d Cir. 2020）.

④ See Macquarie Bank Ltd. v. Knickel, No. 14-1683（8th Cir. 2015）.

⑤ 18 U.S. Code §1839（4）.

定,从其文本仅可推论得出,商业秘密归属于其"权利人",但对于如何界定商业秘密的"权利人",现行立法并未规定。《最高人民法院关于审理不正当竞争民事案件应用法律若干问题的解释》(已废止)、《最高人民法院关于审理侵犯商业秘密民事案件适用法律若干问题的规定》对此均未涉及。就目前的理论和实践而言,《反不正当竞争法》上的"权利人"存在两种解释路径:[①]

(一)商业秘密所有者及合法使用者

商业秘密的客体主要是经营信息和技术信息,与著作权法上的作品、专利法上的技术方案存在近似性,虽然《反不正当竞争法》对商业秘密的"权利人"并未作明确规定,类似于美国早期各州判例法观点,但有学者认为《专利法》《著作权法》上知识产权的归属规则具有可借鉴性,可作为确定商业秘密归属的依据。[②] 例如《著作权法》第11条规定,"著作权属于作者,本法另有规定的除外。创作作品的公民是作者"。《专利法》第6条规定:"执行本单位的任务或者主要是利用本单位的物质技术条件所完成的发明创造为职务发明创造。职务发明创造申请专利的权利属于该单位,申请被批准后,该单位为专利权人。……非职务发明创造,申请专利的权利属于发明人或者设计人;申请被批准后,该发明人或者设计人为专利权人。……"参照此逻辑,对商业秘密享有正当权利的"权利人"、也应当是付出投资、收集营业信息或者发明创造技术信息的人。有学者借鉴知识产权法上职务成果以及许可转让规则,提出确定商业秘密权利归属应遵循"三原则":[③](1)创造性原则,对技术秘密发明创造以及对经营信息收集、开发作出创造性贡献的人,一般是商业秘密权利人;(2)投资原则,为了便于组织生产,对职务技术成果或者营业信息,商业秘密权利应赋予研发投资的单位而非研发者;(3)契约自由原则,商业秘密权利归属应遵循意思自治原则,由雇主和雇员、委托人和受托人等在平等协商的基础上,自愿签订契约确定其权利归属。

此观点也在实践中被广泛采纳。《国家工商行政管理局关于禁止侵犯商业秘密行为的若干规定》第2条第6款规定:"本规定所称权利人,是指依法对商业秘密享有所有权或者使用权的公民、法人或者其他组织。"目前,国家市场监督管理总局拟制定新的《商业秘密保护规定》,2020年9月发布的《商业秘密保护规定(征求意见稿)》仍然沿用了此前的定义,其第9条规定:"本规定所称权利人,

---

① 参见张浩然:《合作生成商业秘密的归属认定》,载管育鹰主编:《知识产权审判逻辑与案例·反不正当竞争卷》,法律出版社2022年版,第123页。

② 例如,有学者认为,虽然我国目前并无商业秘密归属的直接规定,但商业秘密亦属于一种知识产权,可以参考我国《专利法》《著作权法》等法律的基本精神,确定商业秘密的归属。参见戴永盛:《商业秘密法比较研究》,华东师范大学出版社2005年版,第82页。

③ 参见汤茂仁:《商业秘密民事法律保护研究》,南京师范大学2013年博士论文,第19—20页。

是指依法对商业秘密享有所有权或者使用权的自然人、法人或者非法人组织。"《刑法》第219条"侵犯商业秘密罪"也吸收了《国家工商行政管理局关于禁止侵犯商业秘密行为的若干规定》的规定，明确，"本条所称权利人，是指商业秘密的所有人和经商业秘密所有人许可的商业秘密使用人"。司法实践中，如《江苏省高级人民法院侵犯商业秘密民事纠纷案件审理指南（修订版）》第1.4条"原告的主体资格"明确规定，"权利人是技术秘密和经营秘密的开发者，或者受让人、继承人、权利义务的承继者等"。根据其文义，所有人应当指的是研发收集商业秘密信息的原始取得者及其继受取得者，使用者指的则是经过所有人许可授权具有合法使用权限的使用人。[1] 北京市高级人民法院在"从兴技术有限公司与亚信科技（中国）有限公司等侵害商业秘密纠纷案"中也采纳了所有人原则，在该案中，从兴技术有限公司向广东移动提供软件开发服务，合同终止后就软件源程序涉及的商业秘密产生争议。北京市高级人民法院认为，"在合同双方当事人就开发软件源程序所负载的技术信息无权利归属约定时，该技术信息应属于实际付出劳动创造该信息的软件开发方"[2]。

（二）商业秘密合法持有者

除此之外，也有学者认为，不能将商业秘密简单类比于知识产权制度而确定其归属规则，由于商业秘密并非是一项排他性权利而是一项防御性权利，其权利保护边界依靠原告采取的保密措施和被告的保密义务范围进行认定，故其保护主体应为合法获取并实际控制商业秘密的人，这也是国际条约和比较法实践中的主要立场。[3] 该观点在目前的司法实践中也有所体现，吉林省高级人民法院知识产权审判庭认为："商业秘密的权利主体可以包括法人、自然人、个体工商户、个人合伙等，非常广泛，通过合法手段获取了商业秘密并合法控制它的人都是商业秘密的权利主体。"[4] 近期，在"杭州车厘子智能科技有限公司与北京恒誉新能源汽车租赁有限公司等商业秘密侵权纠纷案"[5]中，原告是汽车租赁软件平台，被告从事车辆租赁服务，双方共同生成了涉案数据，但存留在原告服务器中。此后，双方就数据归属产生争议，原告主张相关数据构成商业秘密且其为合法权利人，被告相关行为构成对原告商业秘密的侵犯。北京知识产权法院二审认为，相关数

---

[1] 参见孔祥俊：《商业秘密保护法原理》，中国法制出版社1999年版，第161页。

[2] 北京市高级人民法院（2019）京民终231号民事判决书。

[3] 参见郑友德、钱向阳：《论我国商业秘密保护专门法的制定》，载《电子知识产权》2018年第10期；张浩然：《合作生成商业秘密的归属认定》，载管育鹰主编：《知识产权审判逻辑与案例·反不正当竞争卷》，法律出版社2022年版，第123页。

[4] 吉林省高级人民法院知识产权审判庭：《关于商业秘密司法保护问题的几点意见》，载孔祥俊主编：《商业秘密司法保护实务》，中国法制出版社2012年版，第334页。

[5] 北京知识产权法院（2020）京73民终1598号民事判决书。

据符合商业秘密构成要件而依法予以保护，判定存储数据并采取保密措施的原告是权利人，但被告使用会员数据系基于此前合同授权，不构成对原告商业秘密的侵犯，判决商业秘密的合法持有者即其权利人，而不论其生成过程。

（三）商业秘密归属规则厘定

如上所述，对于《反不正当竞争法》第9条"权利人"概念的解释，目前理论及实践中存在不同理解，立法及相关司法解释也并未给出直接解答。本书认为，根据国际条约、比较法实践以及商业秘密的制度目标，应当将商业秘密的"权利人"解释为其合法持有者：

首先，参考商业秘密保护的国际条约及比较法实践，在TRIPs协定中，商业秘密保护客体是他人合法控制下的信息，保护主体是"信息的合法控制人"；欧盟法明确区分了商业秘密与专利权、著作权等传统知识产权的不同，而承袭了TRIPs协定规则，将商业秘密归属主体界定为"商业秘密持有人"，即商业秘密的合法控制人；美国法上，各州早期判例法以及联邦法均基于商业秘密与专利之共性而将适格主体定义为商业秘密"所有者"，但在逐渐认识到商业秘密的独特价值不在于知识创造高度而在于对信息的持续性保密，保护实质系排除他人对保密信息的不当获取及利用之后，各州判例法将适格主体由"所有者"扩大到"合法占有者"，"合法占有者"的范围实质上类似于欧盟法上的合法控制人。

在我国法上，TRIPs协定第39条规定的对未披露信息的保护义务主要通过《反不正当竞争法》实施，《反不正当竞争法》第9条隐去了"他人合法控制之下的信息"的表述，将保护对象界定为"商业秘密"，对保护主体也未采用TRIPs协定"信息的合法控制人"这一概念，而定义为"权利人"。在立法对此缺乏明确界定的情况下，基于公平正义的朴素观念，"权利人"的概念自然会因循专利法、著作权法的逻辑指向"创造者"，我国当前主流观点与美国早期州判例法以及联邦立法相一致。将商业秘密权利人定义为商业秘密的所有者及合法使用者，存在违反TRIPs协定之嫌。

其次，在理论层面，对比知识产权制度与商业秘密制度，二者虽然都是保护企业创新成果以激励创新，却遵循着截然不同的制度原理和路径。相对于知识产权制度以法律之力去人为地界定信息之归属并加以保护，商业秘密制度是一种企业事实产权之上的补充性机制，在信息生产过程中，企业首先通过保密措施、合同等机制自我界定信息财产的利用和保护秩序，商业秘密法律保护是在企业自我界定的秩序之上提供补充性保护，并不具有分配信息归属的功能。商业秘密制度的主要制度功能是恢复市场对成果开发的自律性作用，具体而言，就是防止他人对企业私力保护措施的侵害，禁止一切法律不允许的私力侵害，本质上是为了规制他人私力侵害行为的不法性。据此，任何合法获取商业秘密、并对商业秘密加以控制的人都可以成为《反不正当竞争法》第9条保护的对象，而不论其是否创造了商业秘密。

因此，对于《反不正当竞争法》上商业秘密"权利人"，理解为商业秘密的"合法持有者"更为可取，应当借鉴TRIPs协定以及欧盟商业秘密立法实践，定位于"商业秘密的持有人，即任何合法控制商业秘密的自然人或法人"，具体包括两个要件：第一，商业秘密信息的合法取得，即任何以《反不正当竞争法》第9条规定之外的方式正当取得商业秘密信息的情形，包括：（1）原始取得，即他人付出投资和智力劳动而创造、发现、收集到商业秘密信息；（2）继受取得，即他人以合同转让、许可等法律行为获取商业秘密信息，或者通过反向工程等事实行为获取商业秘密信息。第二，对商业秘密的合理控制，控制指的是依照一般社会观念，权利人可以限制、排除以及允许他人获取商业秘密信息，对这一要件的认定应当与商业秘密的合理保密措施相一致。

第二节   职务成果的商业秘密归属

如前节所述，《反不正当竞争法》第9条规定的商业秘密"权利人"，一般应理解为商业秘密的合法持有人，"即任何合法控制商业秘密的自然人或法人"。特殊情形是职务成果的商业秘密归属。比较法实践中，一般将雇员因雇佣关系采取的行为，视为雇主的行为。例如，在美国法上，《反不正当竞争法重述（第三次）》第四十二节评论e指出，"如果没有相反约定，法律一般将发明或创意的所有权赋予其创作者。但是，有价值信息如果是雇员完成任务的结果，所有权属于雇主，即使有关信息的产生使用了雇员个人的知识和技能"。例如，A为某家用化工产品生产商，B为化学工程师，受雇开发新产品。在受雇期间，B开发出一种新型地板清洁剂，为已有产品的重大改进。B在结束了与A的雇佣关系以后，受与A竞争的企业C的招徕，向C披露了秘密配方。因为A雇用B是为开发新产品，A对商业秘密具有正当权利，所以B和C应对A承担责任，B在受雇以外作出的相关成果，则应当属于B。在欧盟以及德国法上，雇员对相关商业秘密信息的控制，也被认为实际是雇主对相关商业秘密信息的控制，雇主是商业秘密的权利人。

在我国法上，《反不正当竞争法》并未直接对职务成果的商业秘密归属作出明确规定。与之最相关的是《民法典》合同编第二十章"技术合同"部分第847条规定，即："职务技术成果的使用权、转让权属于法人或者非法人组织的，法人或者非法人组织可以就该项职务技术成果订立技术合同。法人或者非法人组织订立技术合同转让职务技术成果时，职务技术成果的完成人享有以同等条件优先受让的权利。职务技术成果是执行法人或者非法人组织的工作任务，或者主要是利用法人或者非法人组织的物质技术条件所完成的技术成果。"该规定可以从以下三个方面加以理解：

首先，该规定的适用范围。该条虽然仅仅明确了"技术成果"之归属和利用，即仅直接适用于技术秘密而不包括营业秘密，但因技术秘密与营业秘密二者都属于商业秘密，故该规定对于营业秘密而言也具有类推适用的可能性。

其次，该规定的法律内涵。从文义来看，该条规定的"职务技术成果的使用权、转让权属于法人或者非法人组织的"可以有两种理解：一种是认为立法规定了职务技术成果的法律归属，即职务技术成果的使用权、转让权属于法人或者非法人组织；另一种是认为立法并未明确职务技术成果的法律归属，而仅仅是该条规制的一种前提性条件，即指在职务技术成果的使用权、转让权属于法人或者非法人组织的情况下。一般认为，应当采前一种理解，如最高人民法院民法典贯彻实施工作领导小组主编的《中华人民共和国民法典合同编理解与适用（四）》一书中即认为该条含义为"职务技术成果的使用权、转让权属于法人或者非法人组织"[1]。一方面，如果将"职务技术成果的使用权、转让权属于法人或者非法人组织的"理解为一种条件，"法人或者非法人组织可以就该项职务技术成果订立技术合同"这一表述就不具有任何规定性意义，职务技术成果归属于法人或者其他组织，法人或者其他组织自然应当有权订立技术合同，将该条规定理解为职务技术成果应当归属于法人或者其他组织，则逻辑更为顺畅。另一方面，从体系解释的角度，《民法典》第848条规定："非职务技术成果的使用权、转让权属于完成技术成果的个人，完成技术成果的个人可以就该项非职务技术成果订立技术合同。"参照第848条，第847条应当是规定职务技术成果的归属，即归属于相关法人或者非法人组织。

第三，该规定的效力。就商业秘密"权利人"的认定，根据前述《反不正当竞争法》一般规则，权利人即合法控制商业秘密的任何自然人或法人。仅从文字含义来看，该规定似乎与《反不正当竞争法》一般规则存在冲突，类似于民法上的"债权效力"和"物权效力"，二者应当存在效力上的不同，《反不正当竞争法》关于商业秘密归属的一般规则类似于"物权效力"的对世性，而《民法典》合同编"技术合同"第847条是调整员工与单位之间的债权相对关系，并不应当具备对世性的效力。依此，《民法典》第847条规定应当并不能使相关法人或非法人

---

① 最高人民法院民法典贯彻实施工作领导小组主编：《中华人民共和国民法典合同编理解与适用（四）》，人民法院出版社2020年版，第2240页。

组织成为可对抗第三人的商业秘密"权利人",而是在雇员与单位间直接产生一种相对效力,即雇员的相关创造行为直接归属于单位,单位对该商业秘密具有使用和转让的正当权利,即成为商业秘密的"合法获取人",单位如果进一步采取保密措施而控制该秘密信息,对外公示其保密意愿和边界,才成为《反不正当竞争法》意义上的"权利人"。

因此,职务成果的商业秘密必须符合《民法典》第847条规定的条件,且由单位采取相应保密措施,单位才能够成为主张商业秘密保护的"权利人"。关于"相应保密措施"的认定,此前已作阐释,故不作赘述。除此之外,欲产生《民法典》第847条规定的归属效果,必须是"职务技术成果",必须符合职务技术成果是执行法人或者非法人组织的工作任务,或者主要是利用法人或者非法人组织的物质技术条件所完成的技术成果这两个条件之一。"职务技术成果"的认定与《专利法》上"职务发明创造"的认定具有近似性,《专利法》第6条规定,"执行本单位的任务或者主要是利用本单位的物质技术条件所完成的发明创造为职务发明创造。职务发明创造申请专利的权利属于该单位,申请被批准后,该单位为专利权人"。以下结合相关规定及专利法实践,就"职务技术成果"的认定作如下探讨:

一、执行法人或者非法人组织工作任务完成的技术成果

《民法典》第847条旨在规定职务技术成果的法律归属,"法人或者非法人组织"与"职务技术成果的完成人",准确地讲就是雇主与雇员。雇主不仅包括民法规定的法人、非法人组织以及自然人,也包括个体工商户、农村承包经营户,是职务技术成果的权利主体。[①] 雇主与雇员之间一般认为应当存在劳动关系。此种劳动关系,不仅包括长期劳动关系,参照《专利法实施细则》第12条第2款的规定,还应包括临时的劳动关系。就具体情形认定,《最高人民法院关于审理技术合同纠纷案件适用法律若干问题的解释》第2条规定:"民法典第八百四十七条第二款所称'执行法人或者非法人组织的工作任务',包括:(一)履行法人或者非法人组织的岗位职责或者承担其交付的其他技术开发任务;(二)离职后一年内继续从事与其原所在法人或者非法人组织的岗位职责或者交付的任务有关的技术开发工作,但法律、行政法规另有规定的除外。法人或者非法人组织与其职工就职工在职期间或者离职以后所完成的技术成果的权益有约定的,人民法院应当依约定确认。"因此,技术成果一般包括履行本单位岗位职责的技术成果、

---

① 参见最高人民法院民法典贯彻实施工作领导小组主编:《中华人民共和国民法典合同编理解与适用(四)》,人民法院出版社2020年版,第2242页。

履行本单位岗位职责之外的任务所作出的技术成果、离职一年以后与本单位岗位职责或交付任务有关的技术成果。

（1）在岗位职责中作出的技术成果。"岗位职责"类似于《专利法实施细则》第12条第1款中的"本职工作"，是雇员根据劳动合同或者岗位职责所从事的研究、设计和开发工作，即雇员的工作职责就是或者包含发明创造。如果雇员从事的工作岗位相关职责中并不包含进行发明创造，那么雇员只要完成了劳动合同中约定、单位依法规定的岗位职责，即已经完全履行了职务，至于雇员在完成工作职责过程中自主进行创造性智力劳动，作出了技术成果，即使与其本职工作有关，也不属于"履行法人或者非法人组织的岗位职责"作出的技术成果。

（2）履行本单位岗位职责之外的交付的技术开发任务所作出的技术成果。与上述"岗位职责"相类似，此处"交付的其他技术开发任务"也仅指研究、设计和开发任务，即仅指进行发明创造或者包含发明创造的任务。如何判断本职工作以及本单位交付的本职工作以外的任务，需要依据雇主与雇员所签署的劳动合同等相关合同以及文件认定。参照专利法实践，在"合肥普天机电设备贸易有限责任公司与蒋家善专利权属纠纷案"中，法院认为，双方虽然签订的是《合作协议》，但通过对协议内容的分析，如当事人在任职期间负责的职务、薪酬等可知，该协议名为合作协议，实为聘用合同。并且在公司注册成立后，当事人继续在该公司担任生产厂长，分管各种型号钢筋弯曲机及切断机的生产及技术工作，并负责钢筋弯曲机的角度调节和变速结构的改进工作。因此可以认为，对钢筋弯曲机的技术研发就是当事人的本职工作。

（3）退休、调离原单位后或者劳动、人事关系终止后1年内作出的，与其岗位职责或者岗位职责之外分配的任务有关的技术成果，应当认定为职务技术成果。此外，《最高人民法院关于审理技术合同纠纷案件适用法律若干问题的解释》第2条还作出了但书规定，主要考虑到《植物新品种保护条例实施细则（农业部分）》《植物新品种保护条例实施细则（林业部分）》均对离职后的期限规定为3年，因为植物新品种的培育周期确实比一般技术成果更长，虽然这些实施细则本身不是行政法规，但属于执行行政法规的具体行政规章，法院可进行参照适用。[1] 此外，当事人之间另有约定的，从其约定。

二、主要利用本单位的物质技术条件完成的技术成果

除执行法人或者非法人组织工作任务完成的技术成果外，主要利用本单位的

---

[1] 参见最高人民法院民法典贯彻实施工作领导小组主编：《中华人民共和国民法典合同编理解与适用（四）》，人民法院出版社2020年版，第2242页。

物质技术条件完成的技术成果也应当归属于单位。首先，此处的"技术条件"仅限于物质的，而非普遍意义上的技术条件。《最高人民法院关于审理技术合同纠纷案件适用法律若干问题的解释》第3条规定："民法典第八百四十七条第二款所称'物质技术条件'，包括资金、设备、器材、原材料、未公开的技术信息和资料等。"类似地，《专利法实施细则》第12条第2款也规定，"物质技术条件，是指本单位的资金、设备、零部件、原材料或者不对外公开的技术资料等"。

其次，这种利用对于完成技术成果是不可缺少或不可替代的前提条件，即构成"主要利用"，对单位物质技术条件的一般性利用所完成的发明并不构成职务技术成果。但对于何为"主要利用"，《最高人民法院关于审理技术合同纠纷案件适用法律若干问题的解释》第4条规定："民法典第八百四十七条第二款所称'主要是利用法人或者非法人组织的物质技术条件'，包括职工在技术成果的研究开发过程中，全部或者大部分利用了法人或者非法人组织的资金、设备、器材或者原材料等物质条件，并且这些物质条件对形成该技术成果具有实质性的影响；还包括该技术成果实质性内容是在法人或者非法人组织尚未公开的技术成果、阶段性技术成果基础上完成的情形。但下列情况除外：（一）对利用法人或者非法人组织提供的物质技术条件，约定返还资金或者交纳使用费的；（二）在技术成果完成后利用法人或者非法人组织的物质技术条件对技术方案进行验证、测试的。"根据该条规定，"主要利用"应主要指以下两种情形：其一，职工在发明创造的研究开发过程中，全部或者大部分利用了单位的资金、设备、器材或者原材料等物质条件，并且这些物质条件对形成该技术成果具有实质性的影响。其二，职工作出的技术成果的实质性内容是在单位尚未公开的技术成果、阶段性技术成果的基础上完成的。但对利用单位提供的物质技术条件，已约定返还资金或者交纳使用费的，以及仅是在技术成果完成后利用单位物质技术条件对技术方案进行验证、测试的，不属于前述主要利用单位的物质技术条件的情形。单位由于对其资金、设备、器材、原材料以及尚未公开的技术成果都有完全的控制权，一般均有管理措施，并有相应组织机构予以实施，因此，单位主张发明人主要利用其物质技术条件完成发明创造的，应对"主要利用"的情形负举证责任。

第三节 委托合作开发成果的商业秘密归属

除职务技术成果之外，《民法典》合同编第二十章"技术合同"还对技术开发合同的成果归属作出了特殊规定，虽然仅直接适用于技术秘密，但对于营业秘密也应当具有参照适用的效力。

　　根据《民法典》第851条规定，技术开发合同是当事人之间就新技术、新产品、新工艺、新品种或者新材料及其系统的研究开发所订立的合同。技术开发合同可进一步区分为委托开发合同和合作开发合同。委托开发，一般指的是作为受托人的自然人、法人和非法人组织一方接受他人委托的研究、设计任务进行的研究开发。《民法典》第852条规定：委托开发合同的委托人应当按照约定支付研究开发经费和报酬，提供技术资料，提出研究开发要求，完成协作事项，接受研究开发成果。第853条规定：委托开发合同的研究开发人应当按照约定制定和实施研究开发计划，合理使用研究开发经费，按期完成研究开发工作，交付研究开发成果，提供有关的技术资料和必要的技术指导，帮助委托人掌握研究开发成果。合作开发，指的是两个以上主体共同进行的研究开发。

　　在技术成果专利申请权归属中，《民法典》采取了发明人原则，即在当事人未明确约定的情况下，专利申请权属于研究开发人，根据《民法典》第859条，对委托开发完成的发明创造，专利申请权归受托人，委托人有实施使用该技术方案的权利；根据第860条规定，对合作开发完成的发明创造，专利申请权归合作开发的当事人共有，一方放弃专利申请权的，仍具有实施使用该技术方案的权利。

　　对于当事人不申请专利权而作为技术秘密保护的成果，《民法典》第861条规定："委托开发或者合作开发完成的技术秘密成果的使用权、转让权以及收益的分配办法，由当事人约定；没有约定或者约定不明确，依据本法第五百一十条的规定仍不能确定的，在没有相同技术方案被授予专利权前，当事人均有使用和转让的权利。但是，委托开发的研究开发人不得在向委托人交付研究开发成果之前，将研究开发成果转让给第三人。"《最高人民法院关于审理技术合同纠纷案件适用法律若干问题的解释》第20条进一步规定："民法典第八百六十一条所称'当事人均有使用和转让的权利'，包括当事人均有不经对方同意而自己使用或者以普通使用许可的方式许可他人使用技术秘密，并独占由此所获利益的权利。当事人一方将技术秘密成果的转让权让与他人，或者以独占或者排他使用许可的方式许可他人使用技术秘密，未经对方当事人同意或者追认的，应当认定该让与或者许可行为无效。"第21条规定："技术开发合同当事人依照民法典的规定或者约定自行实施专利或使用技术秘密，但因其不具备独立实施专利或者使用技术秘密的条件，以一个普通许可方式许可他人实施或者使用的，可以准许。"

　　如果仅从《民法典》第861条文本以及上述司法解释的规定来看，似乎在约定不明的情况下，商业秘密归双方当事人共有。然而，如前所述，根据商业秘密归属认定的一般认定规则，商业秘密权利人应理解为商业秘密的合法控制人，即任何合法控制商业秘密的自然人或法人，这似乎与《民法典》第861条规定相冲突，尤其在合作或委托开发一方并未实际持有商业秘密的情况下，按照一般规则，其不能成为权利人。如何处理这一冲突？

如前所述，首先，因 TRIPs 协定具有更高效力，根据 TRIPs 协定，且从商业秘密行为法的属性来看，商业秘密权利人即应为商业秘密的合法控制人。其次，《反不正当竞争法》旨在调整商业秘密权利人与第三者的关系，《民法典》第861条规定旨在调整合作开发者之间的关系，二者调整对象不同，技术秘密信息经委托开发或合作开发完成之后，如果未明确约定，合同各方当事人之间均有使用和转让的权利，即均成为商业秘密的合法控制人，但这并不意味着其可以成为对抗第三人的商业秘密权利人，还需要通过合理保密措施建立对该技术信息的控制，从而体现权利的"社会典型公开性"。

依此，各方依据合同委托或者合作开发出技术成果之后，如果共同采取保密措施而成为控制人，则共同成为商业秘密权利人，可以共同协商行使权利，也可以不经对方同意而自己使用或者以普通使用许可的方式许可他人使用技术秘密。但是，当事人一方将技术秘密成果的转让权让与他人，或者以独占或者排他使用许可的方式许可他人使用技术秘密，未经对方当事人同意或者追认的，应当认定该让与或者许可行为无效。各方如果分别采取保护措施，则就各自保密部分独立地成为商业秘密之权利人，可以分别进行对外使用许可和转让，且仅及于各自控制之信息，并不排除其他权利人就其他保密部分对外进行使用许可和转让的权利。

典型案例

杭州车厘子智能科技有限公司与北京恒誉新能源汽车租赁有限公司不正当竞争纠纷案[①]

事实概要：

2014年9月29日，杭州车厘子智能科技有限公司（简称车厘子公司）与北京恒誉新能源汽车租赁有限公司（简称恒誉公司）签订《软件系统租用协议》，恒誉公司租用车厘子公司"车纷享"租赁软件系统平台，从事车辆租赁服务，租赁期间为2014年9月26日至2017年9月25日。其间，恒誉公司使用车厘子公司的收费系统收取客户支付的租金等费用，所有运营收入归恒誉公司所有，与各自业务相关的数据应在车厘子公司服务器或者数据库中留存，恒誉公司随时有权查阅和调取车厘子公司保存并记录的恒誉公司运

---

① 北京知识产权法院（2020）京73民终1598号民事判决书。

营收入及相应运营管理费用的资料及数据。恒誉公司在与车厘子公司的租赁合同到期后，使用北京轻享科技有限公司（简称轻享公司）运营的"绿狗租车"平台，利用会员数据向用户发送短信告知可申请退款和平台转换。但由于双方未对会员数据归属作出明确约定而产生纠纷，车厘子公司主张其后台"恒誉智能租车管理系统"内保存的 104 551 个会员数据构成商业秘密，恒誉公司对该会员数据的使用构成不正当获取、使用和披露商业秘密。北京市西城区人民法院（2019）京 0102 民初 33310 号民事判决一审认定涉案信息构成车厘子公司的商业秘密，但恒誉公司的行为不构成不正当获取行为。车厘子公司向北京知识产权法院提起上诉。

裁判观点：

北京知识产权法院审理认为，本案诉争会员数据不能从公开渠道获知，属于不为公众所知悉的信息；且对在相关商业竞争中取得优势地位和获得更多交易机会有着重要意义，具有商业价值；车厘子公司亦采取了相应的保密措施，可以防止涉密信息泄露，符合保密性条件的要求，故本案诉争会员数据构成商业秘密。法院认定实际控制商业秘密信息的车厘子公司为权利人，但基于双方的租用协议，车厘子公司向恒誉公司开放会员资源，恒誉公司作为车辆租赁服务提供方，使用会员数据系基于履行合同的需要，因此不构成对车厘子商业秘密的不当获取、使用和公开。法院具体裁判意见为：

根据《反不正当竞争法》第9条的规定，构成侵犯商业秘密必须同时具备三个条件：一是权利人合法掌握符合法律规定的商业秘密；二是行为人实施了获取、披露、使用或者允许他人使用该商业秘密的行为；三是行为人获取、披露、使用或者允许他人使用该商业秘密的行为违法。权利人指控他人侵犯其商业秘密，必须对上述三个条件成立的事实负有举证责任。其中任一条件不能证明成立的，被控侵权人都不构成侵犯商业秘密。

具体到本案而言，车厘子公司主张恒誉公司及轻享公司的行为侵犯其商业秘密，应当提供证据证明侵权行为的发生。首先，恒誉公司在公众号、网页上发布宣传信息的行为与车厘子公司主张的会员数据缺乏关联性，不属于侵犯车厘子公司商业秘密的行为。其次，关于恒誉公司向会员发送短信的行为，根据在案证据，恒誉公司与车厘子公司于2014年9月29日签订《软件系统租用协议》，该协议仅针对车厘子公司软件系统的租用作了约定，恒誉公司租用车厘子公司的系统，包括软件及运营软件相关的硬件、系统、技术人员和资源，其中软件及相关系统的租用是本协议的核心，对于会员数据的使用未作明确约定。结合在协议履行中，车厘子公司确实向恒誉公司开放会员资源的事实，现车厘子公司主张该会员资源属于有偿使用，恒誉公司应当支付会员数据使用费，但车厘子公司并未提交有效证据证明就向恒誉公司开放注册会员资源并收取会员数据使用费与恒誉公司达成合意，故在本协议履行过程中，恒誉公司作为车辆租赁服务提供方，使用会员数据系基于履行合同的需要，车厘子公司不能证明恒誉公司使用会员资源属于以不正当手段获取权利人的商业秘密，亦无证据表明恒誉公司违反约定或者违反权利人有关保守商业秘密的要求，披露、使用或者允许他人使用所掌握的商业秘密。且现有证据无法判断车厘子公司主张商业秘密的客户数据与被控侵权行为涉及的客户数据构成实质性相同，故车厘子公司有关恒誉公司及轻享公司的行为侵犯其商业秘密的主张缺乏事实和法律依据，法院不予支持。

知识链接

思考题

1. 如何界定商业秘密的权利人？
2. 商业秘密的创造者与商业秘密权利人之间的关系是什么？
3. 职务成果的商业秘密归属如何认定？
4. 发生许可转让后，如何认定商业秘密的权利人？

第五章　商业秘密许可与转让

第一节　商业秘密许可

一、商业秘密许可的法律性质

商业秘密许可，在事实层面上，如美国学者伊丽莎白·米勒所指出的，"如果商业秘密的持有人对外许可商业秘密，则被许可方支付的对价实质上是换取了许可方对该商业秘密的披露，而不是像专利许可那样为了获取对专利的使用"。当然，从逻辑上分析，换取对方对商业秘密的披露也是为了最终使用该商业秘密。故商业秘密许可，是指商业秘密权利人将商业秘密披露给他人使用的一种知识产权贸易形式。[1]从法律性质上来看，商业秘密许可将产生两方面的法律后果：第一，许可人以合同的方式为其防御性权利设置了一种负担，在许可范围内放弃对被许可人主张权利，同时，许可人可以进一步限制被许可人使用、披露其商业秘密；第二，基于许可授权行为，被许可人成为商业秘密信息的合法获取者，如果其进一步对商业秘密采取控制措施，则成为独立的商业秘密权利人，对控制之下的商业秘密信息，可以排除其他未经授权的获取、使用和披露行为。

此外，虽然商业秘密相关权能主要为反不正当竞争法所创设，但许可协议本身一般主要由合同法进行调整，很大程度上取决于当事人双方的意思自治，并受反垄断法等竞争规范调整。故以下将对商业秘密许可实践进行重点介绍。

二、商业秘密许可的类型

由于商业秘密的客体本质上是营业信息或者技术信息，与专利权、著作权等知识产权具有近似性，因此，商业秘密的许可模式也与知识产权较为接近。从不同角度进行划分，商业秘密许可有以下类型：

（一）独占许可、排他许可和普通许可

根据被许可人享有实施权的范围不同，可以将商业秘密许可分为独占许可、排他许可和普通许可三类。《最高人民法院关于审理技术合同纠纷案件适用法律若干问题的解释》第25条规定，"专利实施许可包括以下方式：（一）独占实施许可，是指许可人在约定许可实施专利的范围内，将该专利仅许可一个被许可人实施，许可人依约定不得实施该专利；（二）排他实施许可，是指许可人在约定

---

[1]　参见祝磊：《美国商业秘密法律制度研究》，湖南人民出版社2008年版，第112页。

许可实施专利的范围内，将该专利仅许可一个被许可人实施，但许可人依约定可以自行实施该专利；（三）普通实施许可，是指许可人在约定许可实施专利的范围内许可他人实施该专利，并且可以自行实施该专利。当事人对专利实施许可方式没有约定或者约定不明确的，认定为普通实施许可。专利实施许可合同约定被许可人可以再许可他人实施专利的，认定该再许可为普通实施许可，但当事人另有约定的除外"。

（二）单向许可和交叉许可

根据许可当事人之间相互关系的不同，商业秘密许可可以分为单向许可和交叉许可。单向许可是指仅由许可人向被许可人单方面所为的许可，许可人授权被许可人实施其商业秘密，被许可人按约支付许可费用给许可人。交叉许可是指许可合同的当事人，互为许可人和被许可人，互相授权对方实施其商业秘密的许可。交叉许可的形成存在客观的需求，因为在当今通信电子等技术领域，技术具有高度的集成性和系统性，一个可商业化的技术创新往往涉及多个不同的知识碎片，并由不同的权利人所享有。事实上，对于生产性企业而言，其主要精力集中于制造和销售其自身产品，而往往不愿意陷入高成本、长周期、高风险的知识产权诉讼中，交叉许可往往会成为大公司之间的通常选择。

三、商业秘密许可合同的主要内容

商业秘密许可实践主要由合同制度进行调整，我国《民法典》合同编第二十章"技术合同"第三节"技术转让合同和技术许可合同"对技术秘密许可作出了专门但有限的规定。根据《民法典》第862条规定，技术许可合同是合法拥有技术的权利人，将现有特定的专利、技术秘密的相关权利许可他人实施、使用所订立的合同。技术许可合同应当采取书面形式，技术许可合同的许可人应当保证其是所提供技术的合法拥有者，并按照约定向许可人提供技术资料、进行技术指导，保证所提供的技术完整、无误、有效，能够达到约定的目标；被许可人应当按照约定支付使用费并承担保密义务。

除此之外，对于许可合同的内容，合同法交由当事人的意思自治进行约定。《民法典》第845条规定，技术合同的内容一般包括项目的名称，标的的内容、范围和要求，履行的计划、地点和方式，技术信息和资料的保密，技术成果的归属和收益的分配办法，验收标准和方法，名词和术语的解释等条款。

就一般商业秘密许可的重要条款，现介绍如下：

（一）许可授权的范围

商业秘密许可的核心即在于授权条款，即权利人向他人披露何种商业秘密，以及在何种范围内允许他人使用乃至向第三人披露其商业秘密。《民法典》第

864条规定，"技术转让合同和技术许可合同可以约定实施专利或者使用技术秘密的范围"，《最高人民法院关于审理技术合同纠纷案件适用法律若干问题的解释》第28条进一步解释："民法典第八百六十四条所称'实施专利或者使用技术秘密的范围'，包括实施专利或者使用技术秘密的期限、地域、方式以及接触技术秘密的人员等。当事人对实施专利或者使用技术秘密的期限没有约定或者约定不明确的，受让人、被许可人实施专利或者使用技术秘密不受期限限制。"

具体到实践中，当事人应就相关事项作出具体约定，包括：（1）许可的商业秘密内容；（2）许可的方式，进行普通许可、独占许可或排他许可；（3）许可授权使用行为的范围，是否包括产品研发、产品制造、工艺流程优化等；（4）公开或者允许披露的人员范围；（5）许可期限；（6）许可授权使用的地域范围，包括全球许可、部分国家（地区）许可或国内部分地区许可；（7）许可使用的产品范围，对某一技术领域如"显示设备""半导体产品"等进行许可或对所有产品进行许可；等等。

（二）许可费的确定

商业秘密的价值在于其创新成果的未来前景，许可费的确定往往难以通过成本或市场竞争的需求确定，一般的商品定价规则难以成为确定许可费合理参考的依据。许可费取决于未来可预期的经济效益，并受技术先进性、技术营利能力和权利稳定性因素的影响。每一项合同的许可费均是合同各方博弈、谈判的结果。对于技术价值，实践中总结出了"25%规则"，即认为一项技术带来的价值占总产品利润的25%左右，以此为基础调整确定许可费率。借鉴有形资产的评估理论和方法，已经形成了技术资产价值评估的固定方法，可以为合同各方在确定许可费时提供参考。此外，根据《专利资产评估指导意见》，技术价值评估的方法主要包括成本法、收益法和市场法三种。成本法也称重置成本法，是在现时条件下重新构建一个全新状态的待评估资产即商业秘密，并计算使该资产达到使用状态所需要的全部成本，从而确定待评估资产的价值；收益法也称收益现值法，是通过将商业秘密预期收益折现而确定其价值；市场法也称市场比较法，是通过在现行市场上搜集与待估资产相近的参照物及其近期交易价格等数据，以这些数据为基础，经过差异分析与价格调整，从而确定待估资产即商业秘密的价值。在资产评估时，应当根据评估目的、评估对象、价值类型、资料收集等相关条件，分析这三种基本评估方法的适用性，恰当选择一种或多种资产评估方法。每种方法在技术价值评估时都各有优势，也具有各自难以克服的缺陷，例如，较之成本法和收益法，市场法能够较直接地反映技术的市场价值，其采用的前提条件是存在一个充分发育、活跃的资产交易市场，且相关交易数据是可获得的，这在实际应用时具有一定困难。此外，具体许可费率的确定还是主要由合同各方的交易信息和谈判力量所决定。

（三）许可费的支付方式

许可费的支付方式实际上是许可当事人双方风险衡量和分配的结果，一般包括一次总付、提成支付两种。

一次总付，是指在许可合同中约定一个固定的许可费金额，被许可人一次或分次支付给许可人。被许可人无论实施商业秘密是否获得收益、收益多寡，都须按约定的数额向许可人支付使用费。这种支付方式可以让许可人尽快获得商业秘密交易的收益，无须分担技术市场化开发的任何风险，但无法分享技术市场化开发后取得的收益。

提成支付，是指在合同中不明确约定许可费的金额，而是设定一种计算许可费的方法（如按照单件产品收取固定费用或按照销售额的百分比收费），被许可人按照此种方法向许可人支付许可费，一般是在具体实施商业秘密并取得实际效果后再进行支付。提成支付将许可人和被许可人的利益紧密联系在一起。但是这一方式的缺陷在于，其受益对于许可人而言具有一定的不确定性，而且在实施中被许可人需要持续向许可人报告销售和财务数据，制度的实施和监督成本较高。为避免不确定性，有的许可人和被许可人会在适用提成支付方式的前提下设置许可费的最低值或最高值，超出最高值时则适用固定费率，或约定许可费由固定费用（入门费）和提成费用两部分组成，以降低风险。

第二节　商业秘密转让

一、商业秘密转让的法律性质

商业秘密转让，在事实层面，指作为让与人的商业秘密原权利人将其合法取得的商业秘密完全披露给受让人，由受让人自主地进行使用以及披露。转让之后，未经受让人同意，让与人不得再获取、使用和披露商业秘密。但这是否意味着商业秘密原权利人权利的直接移转？如前所述，从法律性质来看，商业秘密并非是权利人对其商业秘密的一种排他性财产权，而是权利人在合法获取和控制商业秘密的基础上，排除他人不当侵害的一种防御性权利。这种防御性权利不能因双方合意的法律行为而直接移转，商业秘密转让是权利人将对商业秘密正当使用权利的整体让渡以及对其防御性权利的放弃，受让人因此成为商业秘密的合法获取者。但根据反不正当竞争法，商业秘密权利人是商业秘密的合法控制者，受让人只有采取进一步的保密和控制措施，才能成为商业秘密的权利人。

例如在"昆山和准测试有限公司、富士和机械工业（昆山）有限公司与重庆三友机器制造有限责任公司、林信宏侵害技术秘密纠纷案"[1]中，法院认为，原告两公司主张系商业秘密权利人，但提交的关于保密措施的证据仅为两个案外人之间签订的公司员工约定书，而未提交以该两公司作为主体采取保密措施的证据。即使原告能够证明案外人系涉案技术信息的原权利人且采取了保密措施，但在相关技术信息资料由原权利人移转至原告之后，原告仍应举证证明在持有相关信息期间也采取了保密措施，以确保在正常情况下涉密信息不会泄漏。否则，法院无法认定涉案技术信息经原告采取了保密措施而可作为商业秘密保护。

二、商业秘密转让合同的主要内容

商业秘密转让，一般以合同的形式进行。《民法典》合同编第二十章"技术合同"第三节"技术转让合同和技术许可合同"对技术秘密的转让作出了专门规定。第862条规定，"技术转让合同是合法拥有技术的权利人，将现有特定的专利、专利申请、技术秘密的相关权利让与他人所订立的合同"。第863条规定，"技术转让合同包括专利权转让、专利申请权转让、技术秘密转让等合同"。与技术许可合同类似，技术转让合同亦应当采取书面形式，技术合同的让与人应当保证其是所提供技术的合法拥有者，按照约定向受让人提供技术资料、进行技术指导，保证所提供的技术完整、无误、有效，能够达到约定的目标；受让人应当按照约定支付转让费，并就未转让部分负保密义务。

除此之外，商业秘密转让合同内容由当事人双方按照意思自治原则加以订立，与商业秘密许可合同类似，一般应当包括以下条款：

（1）商业秘密具体内容。合同应列明被转让的商业秘密的内容和范围。

（2）转让费条款。合同中应当明确商业秘密转让费的数额、计算方法或者支付方式。

（3）权利人的技术提供义务。合同中应明确权利人提供相应秘密信息、技术资料的义务。

（4）保密条款。《民法典》第868条规定，"技术秘密转让合同的让与人和技术秘密使用许可合同的许可人应当按照约定提供技术资料，进行技术指导，保证技术的实用性、可靠性，承担保密义务"。商业秘密在转让之后，让与人对其所转让商业秘密负有保密义务，不得使用、公开商业秘密，不得将已经转让的商业秘密再转让给第三人或向他人提供相关文件资料。

（5）保证条款。《民法典》第870条规定："技术转让合同的让与人和技术

---

[1] 最高人民法院（2015）民申字第1518号民事裁定书。

许可合同的许可人应当保证自己是所提供的技术的合法拥有者，并保证所提供的技术完整、无误、有效，能够达到约定的目标。"让与人应当保证其商业秘密为合法取得、不侵害他人的合法权益，且应保证该商业秘密符合受让人的特定需要。

第三节　商业秘密许可、转让限制性条款规制

商业秘密作为一种信息，具有非竞争、非排他、非易耗的公共物品特性，可以在同一时间为若干不同的人所掌握。尤其在商业秘密许可中，可能出现商业秘密实施脱离许可人以及被许可人控制的局面。因此，在商业秘密尤其是技术秘密许可、转让中，当事人之间可能订立一些限制性条款防止越权实施技术，相关限制性条款具有一定的合理性和必要性。

但有些权利人所订立的限制性条款并非是基于技术提升或者加强保护的要求，而是以此作为阻碍其他竞争者进入市场、排挤现存的竞争者或压制潜在的竞争者的手段，这是对限制性条款的滥用。法律应对这种不正当行为加以规制和调整。

一、限制性条款的含义

限制性条款，也称限制性商业惯例，《联合国关于控制限制性商业惯例的公平原则和规则的多边协议》将其定义为：通过谋取和滥用市场支配地位，限制进入市场或以其他方式不适当地限制竞争，对国际贸易特别是对发展中国家的国际贸易及其经济发展造成或可能造成不利影响；或通过企业之间的正式或非正式、书面或非书面的协议安排造成同样的影响。技术转让合同中的限制性条款是指在技术转让的交易过程中，技术转让方凭借自己的技术优势地位在技术使用、技术改进、产品生产与销售等方面施加给受让方的具有各种限制性内容的合同条款。

对于限制性条款的类型，《联合国国际技术转让行动守则（草案）》第四章列举了常见的 14 种限制性条款：（1）回授条款。要求受让方在对技术进行改进后，无偿、非互惠地提供给技术的转让方使用。（2）对效力的异议。不得对技术转让方专利权的有效性，或对转让方取得的其他权利的效力提出异议或者控告。（3）独家经营。限制受让方获得类似的或者具有竞争性的技术。（4）对研究的限制。限制受让方对受让技术从事开发研究工作。（5）对使用人员方面的

限制。要求受让方在某些关键性生产部门必须使用转让方指定的人员，而不得任用受让方自己的技术人员。（6）限定价格。在受让方对技术制造的产品或提供的服务进行销售时限定其所定的价格。（7）对技术更改的限制。禁止受让方对技术进行革新性的更改。（8）包销和独家代理条款。要求受让方以包销和独家代理的方式将技术授予给转让方或转让方指定的任何人。（9）附带条件的安排。强迫受让方接受其不愿要的额外技术或服务，或以获取技术为条件，限制技术或服务的来源，而这种做法并非为了维持产品或服务的质量。（10）出口限制。包括禁止受让方的产品向转让方所在国以外的任何国家出口，禁止向某些特定的国家出口，或只能向某些国家出口，限制出口产品的数量、价格和渠道。（11）共享专利或互授许可协定以及其他安排。（12）对宣传的限制。（13）工业产权到期后的付款义务和其他义务。对因继续使用业已失效、被撤销或有效期届满的工业产权而要求付款或强加其他义务。（14）合同期满后的限制。即在合同期满后，尽管该项技术秘密已因受让方以外的原因被泄露，或工业产权已到期，受让方不得继续使用已转让的技术。除对效力的异议、工业产权到期后的付款义务等情形专门适用于知识产权转让外，其他情形均可作为商业秘密许可、转让的参考。

二、限制性条款的规制路径

由于限制性条款有可能对科技创新和市场竞争形成实质阻碍，故比较法上，各国对专利、商业秘密等技术转让的限制性条款也进行了相对明确的规制。以美国法为例，美国主要通过反垄断法对限制性条款进行规制。美国反垄断法对技术转让处理的原则是：权利人如果在转让合同中约定搭售、单方回授、限制销售、划分市场等，就会被视为滥用权利。这些行为超出了法定权利范围，就要受到反垄断的指控。美国法院在认定技术转让中某个具体的限制性做法是否构成反垄断行为时，主要依据"本身违法规则"和"合理规则"的原则来判断。所谓"本身违法规则"，是指某些限制性做法本身就具有明显的反竞争的性质，可直接认定为违法，如强制搭售，对受让方的研究和发展进行限制等。所谓"合理规则"，是指某些条款虽然含有一些限制性的条件，但只要没有超出商业上认为合理的限度，不会削弱或消灭市场上的自由竞争，就不是限制性条款，就不是触犯反垄断法的行为。1995年4月6日，美国司法部和联邦贸易委员会联合发布的《知识产权许可的反垄断指南》依据反垄断法的"本身违法规则"和"合理规则"的原则，适用于专利、版权和商业秘密的许可行为，并结合转让合同涉及的具体情况，对经营者是否存在垄断行为进行考察和规制。

在我国法上，关于技术转让中的限制性条款，在2008年《反垄断法》实施以前，我国对于限制性条款的规制主要由民法尤其是合同法加以规制，2008年《反垄断法》的实施为技术转让中的限制性条款提供了更为明确的规制框架。

（一）合同法规制

1999年颁布的《合同法》（已废止）第329条规定："非法垄断技术、妨碍技术进步或者侵害他人技术成果的技术合同无效。"现行《民法典》第864条规定："技术转让合同和技术许可合同可以约定实施专利或者使用技术秘密的范围，但是不得限制技术竞争和技术发展。"第850条规定："非法垄断技术或者侵害他人技术成果的技术合同无效。"《最高人民法院关于审理技术合同纠纷案件适用法律若干问题的解释》第10条则对《民法典》第850条规定的"非法垄断技术"的情形作出了类型列举即，"（一）限制当事人一方在合同标的技术基础上进行新的研究开发或者限制其使用所改进的技术，或者双方交换改进技术的条件不对等，包括要求一方将其自行改进的技术无偿提供给对方、非互惠性转让给对方、无偿独占或者共享该改进技术的知识产权；（二）限制当事人一方从其他来源获得与技术提供方类似技术或者与其竞争的技术；（三）阻碍当事人一方根据市场需求，按照合理方式充分实施合同标的技术，包括明显不合理地限制技术接受方实施合同标的技术生产产品或者提供服务的数量、品种、价格、销售渠道和出口市场；（四）要求技术接受方接受并非实施技术必不可少的附带条件，包括购买非必需的技术、原材料、产品、设备、服务以及接收非必需的人员等；（五）不合理地限制技术接受方购买原材料、零部件、产品或者设备等的渠道或者来源；（六）禁止技术接受方对合同标的技术知识产权的有效性提出异议或者对提出异议附加条件"。

关于国家间的技术进出口交易，我国2001年发布的《技术进出口管理条例》第29条规定："技术进口合同中，不得含有下列限制性条款：（一）要求受让人接受并非技术进口必不可少的附带条件，包括购买非必需的技术、原材料、产品、设备或者服务；（二）要求受让人为专利权有效期限届满或者专利权被宣布无效的技术支付使用费或者承担相关义务；（三）限制受让人改进让与人提供的技术或者限制受让人使用所改进的技术；（四）限制受让人从其他来源获得与让与人提供的技术类似的技术或者与其竞争的技术；（五）不合理地限制受让人购买原材料、零部件、产品或者设备的渠道或者来源；（六）不合理地限制受让人产品的生产数量、品种或者销售价格；（七）不合理地限制受让人利用进口的技术生产产品的出口渠道。"伴随着我国合同法律制度的完善，单独对于技术进出口合同作特别规定已经没有必要，2019年3月，上述第29条已经为《国务院关于修改部分行政法规的决定》所删除，现主要应适用《民法典》及相关司法解释的规定。

（二）反垄断法规制

2008 年 8 月 1 日，我国《反垄断法》正式实施（后于 2022 年修正），将各种限制性条款纳入反垄断法的调整范围。《反垄断法》具体对两种情形进行了规制：对排除、限制竞争的垄断协议提供规制；对滥用市场支配地位的情形提供规制。2019 年《国务院反垄断委员会关于知识产权领域的反垄断指南》（以下简称《指南》）对滥用知识产权排除、限制竞争行为的判断提供了具体指引。

1. 垄断协议的认定

在垄断协议的认定中，《指南》提出："涉及知识产权的协议，特别是联合研发、交叉许可等，通常具有激励创新、促进竞争的效果，不同的协议类型产生的积极影响有所不同。但是，涉及知识产权的协议也可能对市场竞争产生排除、限制影响，适用《反垄断法》第二章规定。"对于技术转让中常见的限制性条款，如交叉许可，排他性回授和独占性回授，不质疑条款，限制知识产权的使用领域，限制利用知识产权提供的商品的销售或传播渠道、范围或者对象，限制经营者利用知识产权提供的商品数量，限制经营者使用具有竞争关系的技术或者提供具有竞争关系的商品等情形，《指南》明确上述限制性条款有可能对市场竞争产生排除、限制影响，并提供了具体分析考量时的参考因素。

对于交叉许可条款，分析时可以考虑以下因素：（1）是否为排他性许可；（2）是否构成第三方进入市场的壁垒；（3）是否排除、限制下游市场的竞争；（4）是否提高了相关商品的成本。

对于排他性回授和独占性回授条款，分析时可以考虑以下因素：（1）许可人是否就回授提供实质性的对价；（2）许可人与被许可人在交叉许可中是否相互要求独占性回授或者排他性回授；（3）回授是否导致改进或者新成果向单一经营者集中，使其获得或者增强市场控制力；（4）回授是否影响被许可人进行改进的积极性。

对于不质疑条款，分析时可以考虑以下因素：（1）许可人是否要求所有的被许可人不质疑其知识产权的有效性；（2）不质疑条款涉及的知识产权许可是否有偿；（3）不质疑条款涉及的知识产权是否可能构成下游市场的进入壁垒；（4）不质疑条款涉及的知识产权是否阻碍其他竞争性知识产权的实施；（5）不质疑条款涉及的知识产权许可是否具有排他性；（6）被许可人不质疑许可人知识产权的有效性，是否可能因此遭受重大损失。

对于限制知识产权的使用领域、商品范围等其他限制情形，分析时可以考虑以下因素：（1）限制的内容、程度及实施方式；（2）利用知识产权提供的商品的特点；（3）限制与知识产权许可条件的关系；（4）是否包含多项限制；（5）如果其他经营者拥有的知识产权涉及具有替代关系的技术，其他经营者是否实施相同或者类似的限制。

2. 滥用市场支配地位的认定

在技术转让中，如果权利人在相关市场具有市场支配地位，其技术转让时不合理的限制条款将可能构成《反垄断法》第三章"滥用市场支配地位"的情形，其行为类型包括但不限于以不公平的高价许可知识产权、拒绝许可知识产权、搭售、附加不合理的限制条件的情形。

在考虑是否构成不公平的高价时，可以考虑以下因素：（1）许可费的计算方法，及知识产权对相关商品价值的贡献；（2）经营者对知识产权许可作出的承诺；（3）知识产权的许可历史或者可比照的许可费标准；（4）导致不公平高价的许可条件，包括超出知识产权的地域范围或者覆盖的商品范围收取许可费等；（5）在一揽子许可时是否就过期或者无效的知识产权收取许可费。

在考虑权利人是否有义务进行许可或拒绝许可是否构成市场支配地位滥用时，可以考虑以下因素：（1）经营者对该知识产权许可作出的承诺；（2）其他经营者进入相关市场是否必须获得该知识产权的许可；（3）拒绝许可相关知识产权对市场竞争和经营者进行创新的影响及程度；（4）被拒绝方是否缺乏支付合理许可费的意愿和能力等；（5）经营者是否曾对被拒绝方提出过合理要约；（6）拒绝许可相关知识产权是否会损害消费者利益或者社会公共利益。

搭售，是指技术的许可、转让，以经营者接受其他知识产权的许可、转让，或者接受其他商品为条件，在判断其是否构成滥用市场支配地位时可以考虑以下因素：（1）是否违背交易相对人意愿；（2）是否符合交易惯例或者消费习惯；（3）是否无视相关知识产权或者商品的性质差异及相互关系；（4）是否具有合理性和必要性，如为实现技术兼容、产品安全、产品性能等所必不可少的措施等；（5）是否排除、限制其他经营者的交易机会；（6）是否限制消费者的选择权。

其他附加的不合理限制条件的情形，例如：要求进行独占性回授或者排他性回授，禁止交易相对人对其知识产权的有效性提出质疑，禁止交易相对人提起知识产权侵权诉讼，限制交易相对人实施自有知识产权，限制交易相对人利用或者研发具有竞争关系的技术或者商品，对期限届满或者被宣告无效的知识产权主张权利，在不提供合理对价的情况下要求交易相对人与其进行交叉许可，迫使或者禁止交易相对人与第三方进行交易，或者限制交易相对人与第三方进行交易的条件。在缺乏正当性理由的前提下，上述情形将构成滥用市场支配地位。

典型案例

吴琦诉思路高公司技术合同纠纷案[①]

事实概要：

原告吴琦与被告思路高公司就联合商品化靶浓度输注麻醉泵系列产品达成协议，原告向被告提供技术，被告负责生产销售并向原告提供利润分成，涉案技术在协议签订之时未申请专利而作为商业秘密保护。作为合作条款之一，双方于协议第8条第3款约定："乙方（原告吴琦）作为技术投资方，负责提供产品生产、改进、提高所需的核心技术，提供产品市场推广和售后服务的技术支持……甲方（被告思路高公司）不得通过其他方法获得具有靶浓度输注功能的单片机芯片。"此后，双方在合同履行过程中产生纠纷，被告思路高公司通过原告之外的其他途径获取具有靶浓度输注功能的单片机芯片并继续生产销售相关设备。原告主张被告违反合同，主张被告赔偿经济损失4 267 200元。被告则主张根据合同法的相关规定，协议第8条第3款属于"非法垄断技术、妨碍技术进步"的无效条款。

裁判观点：

北京市第一中级人民法院一审认为：《合同法》第329条规定，非法垄断技术、妨碍技术进步或者侵害他人技术成果的技术合同无效。根据《最高人民法院关于审理技术合同纠纷案件适用法律若干问题的解释》第10条的规定，限制当事人一方从其他来源获得与技术提供方类似技术或者与其竞争的技术属于《合同法》第329条所称的"非法垄断技术、妨碍技术进步"的情形。协议第8条第3款约定思路高公司不得通过其他方法获得具有靶浓度输注功能的单片机芯片，限制了思路高公司从其他来源获得类似技术，该约定属于《合同法》第329条所称的"非法垄断技术、妨碍技术进步"的情形，是无效的约定。因此，吴琦根据该约定主张思路高公司赔偿经济损失4 267 200元于法无据，故不予支持。

原告不服一审判决，向北京市高级人民法院提起上诉，北京市高级人民法院二审认为：原审法院认定涉案协议第8条第3款无效正确，吴琦的该项上诉请求不能成立，故不予支持。

[①]　参见北京市第一中级人民法院（2005）一中民初字第10224号民事判决书，北京市高级人民法院（2007）高民终字第592号民事判决书。

知识链接

思考题

1. 商业秘密许可合同一般包括哪些内容?
2. 商业秘密转让合同一般包括哪些内容?
3. 商业秘密许可转让存在哪些法定限制?

第六章 侵犯商业秘密的行为

第一节 侵犯商业秘密的行为概述

一、侵犯商业秘密的构成要件

虽然《民法典》第123条将"商业秘密"列入知识产权的保护客体之一，规定权利人对商业秘密享有"专有的权利"，但这并非意味着权利人对于商业秘密具有绝对支配权，其权利仅限于排除他人侵犯商业秘密的情形。

目前，商业秘密在我国仍主要通过《反不正当竞争法》加以保护，故侵犯商业秘密的行为应作为一种特殊类型的不正当竞争行为加以认定。《反不正当竞争法》第2条规定，"经营者在生产经营活动中，应当遵循自愿、平等、公平、诚信的原则，遵守法律和商业道德。本法所称的不正当竞争行为，是指经营者在生产经营活动中，违反本法规定，扰乱市场竞争秩序，损害其他经营者或者消费者的合法权益的行为"。一般认为，不正当竞争行为成立应满足行为人与权利人存在竞争关系、行为违反诚信原则或公认的商业道德、损害竞争者的合法权益三个基本要件。[①] 作为一种特殊的不正当竞争行为类型，侵犯商业秘密的行为也应当据此认定。

首先，侵犯商业秘密的主体存在一定特殊之处。一般不正当竞争的行为主体限于存在竞争关系的经营者之间，《反不正当竞争法》第2条第3款规定："本法所称的经营者，是指从事商品生产、经营或者提供服务（以下所称商品包括服务）的自然人、法人和非法人组织。"但侵犯商业秘密的行为不同于一般的不正当竞争行为而具有其特殊性。自产生至今，商业秘密保护的正当性基础经历了契约义务理论、侵权责任理论、财产权理论再向财产权理论的过渡，由于受侵权责任理论的影响，商业秘密制度被定位于反不正当竞争法上的保护而限于调整经营者之间的关系。但伴随着商业秘密在现代经济和创新活动中的价值日益显著，其财产属性在法律保护中被不断凸显和强调。从全球立法来看，商业秘密保护立法也存在着脱离反不正当竞争法框架而进行专门立法保护的趋势，[②] 其中体现了较

---

① 参见孔祥俊：《商标与不正当竞争法·原理与判例》，法律出版社2009年版，第686页；王先林：《竞争法学》，中国人民大学出版社2009年版，第97—98页；种明钊主编：《竞争法》（第二版），法律出版社2008年版，第113—115页。

② 参见郑友德、钱向阳：《论我国商业秘密保护专门法的制定》，载《电子知识产权》2018年第10期。

强财产权保护的特点，侵犯商业秘密的主体不限于有竞争关系的经营者而是扩大到一切民事主体，例如，2016年欧盟《商业秘密保护指令》第2条规定："'侵害人'是指任何实施了非法获取、使用或披露商业秘密行为的自然人或法人。"美国1985年修改后的《统一商业秘密法》以及2016年《保护商业秘密法》都规定侵权主体不限于经营者，而是自然人、法人以及其他任何法律或商务实体。[①] 受国际立法影响，我国2019年修正的《反不正当竞争法》在商业秘密制度中突破了"经营者"的一般限制而规定"经营者以外的其他自然人、法人和非法人组织实施前款所列违法行为的，视为侵犯商业秘密"。即侵犯商业秘密的主体包括一切自然人、法人和非法人组织在内的民事主体。

因此，侵犯商业秘密的不正当竞争行为认定将集中于后两个要件，即存在不正当竞争行为以及损害竞争者的合法权益。《最高人民法院关于审理不正当竞争民事案件应用法律若干问题的解释》（已废止）进一步明确了侵犯商业秘密行为的认定要件，第14条规定，"当事人指称他人侵犯其商业秘密的，应当对其拥有的商业秘密符合法定条件、对方当事人的信息与其商业秘密相同或者实质相同以及对方当事人采取不正当手段的事实负举证责任"。参照该规定，认定侵犯商业秘密的行为需要满足以下要件：（1）权利人拥有合法权益，权利人需证明其技术信息或经营信息满足商业秘密的构成要件，即应当从前述秘密性、价值性、保密性三个要件进行认定；（2）他人利用与商业秘密相同或者实质相同的信息的行为对权利人造成了损害，且该行为具有不正当性。

实践中，侵犯商业秘密的行为的判定也主要围绕这两个层面展开：第一，法院依据原、被告提供的证据，准确认定原告主张保护的信息是否构成商业秘密；第二，认定被告是否存在《反不正当竞争法》第9条规定的不正当竞争行为类型。[②]前已对商业秘密构成要件进行了充分论述，故本章主要讨论不正当侵害他人商业秘密的行为。关于不正当侵犯商业秘密的行为类型，《反不正当竞争法》第9条通过类型化的方式对不正当竞争行为进行了列举，主要包括不正当获取、利用和披露三种行为类型，以下作具体阐述。

二、侵犯商业秘密的行为类型

在传统商标权、专利权、著作权等知识产权制度之外，商业秘密是企业保护其创新成果的重要形式，科技型企业超过一半的创新成果最先是以技术秘密的形

---

① Sharon K. Sandeen, Elizabeth A. Rowe, *Trade Secret Law including The Defend Trade Secrets Act of 2016 in a Nutshell*, 2nd ed., West Academic Publishing, 2018, p. 33.

② 参见孔祥俊主编：《商业秘密司法保护实务》，中国法制出版社2012年版，第156—157、163页。

式存在并加以保护的。由于信息的公共属性，法律无法类比于传统有体财产授予商业秘密权利人对其商业秘密的绝对支配权，因此，我国将商业秘密置于《反不正当竞争法》下予以保护。如何全面地界定侵犯商业秘密的不正当竞争行为类型成为企业创新成果保护的关键。

我国《反不正当竞争法》第9条规定，"经营者不得实施下列侵犯商业秘密的行为：（一）以盗窃、贿赂、欺诈、胁迫、电子侵入或者其他不正当手段获取权利人的商业秘密；（二）披露、使用或者允许他人使用以前项手段获取的权利人的商业秘密；（三）违反保密义务或者违反权利人有关保守商业秘密的要求，披露、使用或者允许他人使用其所掌握的商业秘密；（四）教唆、引诱、帮助他人违反保密义务或者违反权利人有关保守商业秘密的要求，获取、披露、使用或者允许他人使用权利人的商业秘密。经营者以外的其他自然人、法人和非法人组织实施前款所列违法行为的，视为侵犯商业秘密。第三人明知或者应知商业秘密权利人的员工、前员工或者其他单位、个人实施本条第一款所列违法行为，仍获取、披露、使用或者允许他人使用该商业秘密的，视为侵犯商业秘密"。

根据该规定，侵犯商业秘密的行为类型可归纳为三类：第一，不正当获取他人商业秘密以及披露、使用、允许他人使用不正当获取的商业秘密；第二，不正当披露、使用、允许他人使用合法获悉的商业秘密；第三，第三人恶意获取、使用、披露商业秘密的行为。由于我国商业秘密保护立法很大程度上是履行国际条约和借鉴国际立法，故我国《反不正当竞争法》上不正当侵犯商业秘密的行为类型应当在此背景下进行理解，现结合国际条约、比较法上和我国法上侵犯商业秘密的行为类型介绍如下。

（一）国际条约与比较法上侵犯商业秘密的行为类型

1. 国际条约

在国际条约层面，《巴黎公约》第10条之二的反不正当竞争条款虽然规定"凡在工商业活动中违反诚实经营的竞争行为即构成不正当竞争行为"，"本同盟成员国必须对各该国国民保证予以取缔不正当竞争的有效保护"。但并未直接规定商业秘密的保护，仅可通过对该条文的解释间接地保护商业秘密。然而，《巴黎公约》并未界定何谓"违反诚实的习惯做法"，从而难以协调各成员国之间的商业秘密保护实践。

作为《巴黎公约》反不正当竞争条款的延续和具体化，TRIPs协定第七节专门规定了对未披露信息的保护。所谓"未披露信息"，应当具有秘密性、价值性并采取合理保密措施，世界知识产权组织《关于反不正当竞争保护的示范规定》将其界定为"秘密信息"，即应为一般意义上的商业秘密。TRIPs协定第39条第2款进一步界定了《巴黎公约》"违反诚实的习惯做法"侵犯商业秘密的行为类型，即"自然人和法人应有可能防止其合法控制的信息在未经其同意的情况下以违反诚实商业行为的方式向他人披露，或被他人取得或使用"。TRIPs协定首次在国际条约中规定了以违反诚实商业行为的方式获取、使用和披露商业秘密的三种行为类型，对于这三种行为类型的内涵及外延，该条注10进一步解释，"在本规定中，'违反诚实商业行为的方式'应至少包括以下做法：如违反合同、泄密和违约诱导，并且包括第三方取得未披露的信息，而该第三方知道或因严重疏忽未能知道未披露信息的取得涉及此类做法"。但对相关行为类型如何具体认定，TRIPs协定并未规定。

为了弥补《巴黎公约》和TRIPs协定关于反不正当竞争保护规定过于概括和模糊的缺陷，世界知识产权组织《关于反不正当竞争保护的示范规定》第六节进一步对"秘密信息"保护作出了规定，其中，第2条以列举的方式进一步明确了TRIPs协定第39条第2款规定的不正当获取、披露、使用的行为类型，即："未经合法控制人同意，披露、获取或使用其秘密信息，尤其可以为以下行为构成：（1）工业或商业间谍；（2）违反合同；（3）违反保密关系；（4）诱使他人从事上述（1）（2）（3）款行为；（5）第三人明知或因重大过失未知上述（1）（2）（3）（4）款情形而获取秘密信息。"

2. 美国法

美国法上，在2016年《保护商业秘密法》颁布之前，联邦层面并不存在统一的商业秘密法，商业秘密保护立法主要体现为各州立法以及判例法，1939年《侵权法重述（第一次）》、1979年《统一商业秘密法》和1995年《反不正当竞争法重述（第三次）》作为协调工具，被各州立法和司法广泛采纳和借鉴。2016年《保护商业秘密法》通过后，联邦法院对于跨州或者跨境贸易商业秘密案件具有管辖权，该法统一适用于所有跨州或者跨境贸易商业秘密案件。美国法上关于侵害商业秘密行为的类型，也在以上法案或者示范法中得到逐步发展：

1939年《侵权法重述（第一次）》第757条规定了四种侵害商业秘密的行为类型，即："未经许可，有以下泄露或者使用他人商业秘密的行为之一的，应当承担责任：（a）以不正当手段获取商业秘密；（b）违反信赖义务，泄露或者使用他人商业秘密；（c）从第三人处获取商业秘密，明知是商业秘密且由第三人以不正当手段获取或者违反信赖义务；（d）获得商业秘密，明知该信息为商业秘密且系错误向其披露。"

1985年修改后的《统一商业秘密法》在第一节"定义"部分规定"不正当手段"包括盗窃、贿赂、虚假陈述、违反或诱使违反保密义务，或通过电子或其他手段进行间谍活动。"侵占"意为："（i）明知或应知获得他人商业秘密已经使用了不正当手段的人，获得该商业秘密；或（ii）未经明示或默示同意披露或使用他人商业秘密，且该人：A. 使用了不正当手段获得该商业秘密知识；或 B. 在披露或使用时，明知或应知该商业秘密是（1）源于或经过使用了不正当手段的人获得的；（2）在已产生保密或限制使用义务的情势下获得的；或（3）源于或经过对已寻求司法救济以保持秘密或限制使用者负有义务的人获得的；C. 在该人状态产生实质性变动之前，知道或应该知道有关内容为商业秘密，但由于意外或失误获得的。"

1995 年《反不正当竞争法重述（第三次）》第四十节"侵占商业秘密"规定，"行为人对下列侵占他人商业秘密的行为承担责任：（a）行为人知道或有理由应该知道该信息属他人商业秘密，仍以第四十三节规定的不正当手段获取该信息；（b）行为人未经他人同意，使用或披露他人商业秘密，且使用或披露时：（1）行为人知道或有理由应该知道该信息为他人商业秘密，同时根据第四十一节规定，行为人在过去获得他人商业秘密时，对他人承担了保密义务；（2）行为人知道或有理由应该知道该信息为他人商业秘密，同时行为人过去是以第四十三节规定的不正当手段获取；（3）行为人知道或有理由应该知道该信息为他人商业秘密，同时行为人过去对该商业秘密的获得，是取自或经过了以违反第四十三节规定的不正当手段获取该商业秘密的第三人，或是取自或经过了违反第四十一节规定的保密义务披露该商业秘密的第三人；（4）行为人知道或有理由应该知道该信息为商业秘密，同时行为人过去是因意外或失误获得的，他人未采取合理保密措施导致行为人获得的除外"。

作为联邦法院管辖商业秘密的法律依据，2016 年《保护商业秘密法》吸收了《统一商业秘密法》的规定，将侵犯商业秘密的行为界定为："（A）明知或应知获得他人商业秘密已经使用了不正当手段的人，获得该商业秘密；或者（B）未经明示或默示许可而披露或使用他人的商业秘密，且（i）使用了不正当手段获取该商业秘密的内容；（ii）在披露或使用时，知道或有理由知道该商业秘密的内容系：（I）来源于或通过第三人以不正当手段获取；（II）在负有保守商业秘密或限制性使用商业秘密之义务的情况下获取；或者（III）来源于或者通过向寻求救济方承担了保守商业秘密或限制性使用商业秘密的第三人处获取；或者（iii）在接触商业秘密者的状态发生实质性改变之前，知道或者有理由知道：（I）所接触的商业秘密系商业秘密；且（II）商业秘密的内容系偶然或无意中获取。"

概括而言，美国法上侵犯商业秘密的行为主要包括以下类型。第一，以不正当手段获取商业秘密；第二，披露和使用商业秘密的行为，具体又包括：（1）以不正手段获取商业秘密的人，继续披露、使用商业秘密；（2）违反合同或者法律上的保密义务，使用、披露商业秘密；（3）明知第三人以不正当手段获得商业秘密或者违反保密义务披露、使用商业秘密，行为人仍然获取进而披露和使用该商业秘密；（4）明知或应知他人的商业秘密是意外或错误泄露，行为人取得后仍然使用、披露该商业秘密。

3. 欧盟法

2016年欧盟《商业秘密保护指令》第4条对侵犯商业秘密的具体行为类型作出了规定："（1）成员国须确保，商业秘密的持有人针对非法获取、使用及披露商业秘密的行为，能够运用本指令所规定的措施、程序和救济，防止上述行为的发生或针对上述行为获得赔偿。（2）当行为人实施下列行为时，视为未征得商业秘密持有人的同意，非法获取商业秘密：a）针对处于商业秘密持有人合法控制下的，包含商业秘密或者能演绎出商业秘密的文档、物体、原料、材料或者电子信息，通过未经授权的渠道接触、未经授权占有或未经授权复制；b）其他根据具体情况不属于诚信商业实践的行为。（3）使用或者披露一项商业秘密将视为违法，当行为人未经商业秘密持有人允许，通过第三人获取了相关商业秘密，且第三人表示实施了下列行为之一：a）非法获取商业秘密；b）违反了不披露商业秘密的保密协议或其他保密义务；c）违反了关于限制性使用商业秘密的合同义务或者其他义务。（4）同样被认为是非法获取、使用以及披露商业秘密的行为还包括，当行为人在获取、使用以及披露商业秘密时，知道或者根据具体情况应当知道，该直接或者间接从持有商业秘密的第三人处取得的商业秘密，存在本条第（3）款所述及的违法使用或者披露的情形。（5）直接生产、提供或将侵权产品投放市场，或为了实现这种目的而实施的进口、出口或储存侵权产品的行为，上述三种行为也被认为是侵犯了商业秘密，当行为人在实施上述三种行为时，知道或者根据具体的情况应当知道存在本条第（3）款所述及的违法使用商业秘密的情形。"

因此，欧盟法上侵犯商业秘密的行为可以归纳为以下类型：第一，以不正当手段获取商业秘密；第二，利用、公开通过不正当手段获取商业秘密；第三，违反保密义务利用、公开商业秘密；第四，明知或应知第三人以不正当手段获得商业秘密或者违反保密义务公开、使用商业秘密，仍然通过第三人获取、利用、公开商业秘密。与美国法不同的是，欧盟法明确规定，在第三人明知存在侵犯商业秘密的情形，仍然制造、许诺销售、销售、进口、出口或为此目的存储侵犯商业秘密产品，也被视为违法利用商业秘密的行为。

4. 日本法

日本《不正当竞争防止法》第2条第1款第4—10项，列举了七种侵犯商业秘密的行为，规定："本法所称'不正当竞争'含义如下：……四、以盗窃、欺诈、胁迫或其他不正当手段获取商业秘密的行为（以下简称不当获取行为），以及对获取的商业秘密的使用、披露行为（包括在保守秘密的同时向特定的人披露，以下同）；五、明知或因重大过失而不知该商业秘密存在不当获取行为而获取商业秘密的行为，以及披露、使用所获得的商业秘密的行为；六、取得商业秘密之后，知道或因重大过失而不知道该商业秘密存在不当获取行为，而使用或披露该商业秘密；七、商业秘密应由持有该商业秘密的经营者（以下简称持有人）开示，以取得不正当利益或损害持有人的目的而使用或公开商业秘密的行为；八、知道或者因重大过失未能知道对方是不正当披露商业秘密（包括前项规定的披露行为，以及违反应该保密的法律上的义务而披露商业秘密的行为，以下同），或者该商业秘密已经存在不正当的披露，而获取该商业秘密的行为，以及对该商业秘密的使用或者披露行为；九、在取得商业秘密之后，知道或者因重大过失未能知道对方是不正当地披露商业秘密，或者该商业秘密已经存在不正当的披露，而使用或者披露该商业秘密的行为；十、基于第四至前项行为[以技术秘密（属于技术信息的商业秘密，以下同）的使用行为为限，本项以下称"不正当使用行为"]产生产品的转让、交付，或为转让、交付目的的展览、进口、出口，或通过电子通信网络提供之行为[产品受让人（限于在受让时不知道且不因重大过失不知道该产品是不正当使用行为产生的人）的转让、交付，或为转让、交付目的的展览、进口、出口或通过电子通信网络提供之行为被排除在外]……"

日本法上，侵犯商业秘密的类型可作以下划分：第一，不正当获取商业秘密的行为；第二，披露、使用不正当获取的商业秘密的行为；第三，违反法定义务披露、使用商业秘密的行为；第四，明知或因重大过失不知存在第三人不当披露行为，仍然获取、披露、使用商业秘密的行为。日本法上的特殊之处在于，其明确区分了恶意或重大过失取得与取得时善意、嗣后转为恶意、重大过失的不正当竞争行为，对于交易过程中善意取得者的利用行为予以保护。[①]与欧盟法类似的是，日本法也规定了对侵犯商业秘密而生产产品的规制，对明知不正当使用商业秘密而生产的产品进行转让、交付，为转让、交付目的的展览、进口、出口，或通过电子通信网络提供之行为，构成不正当竞争。

（二）中国法上侵犯商业秘密的行为类型

中国法上，1993年《反不正当竞争法》最早规定了对商业秘密的保护，其第10条规定，"经营者不得采用下列手段侵犯商业秘密：（一）以盗窃、利诱、胁迫或者其他不正当手段获取权利人的商业秘密；（二）披露、使用或者允许他人使用以前项手段获取的权利人的商业秘密；（三）违反约定或者违反权利人有关保守商业秘密的要求，披露、使用或者允许他人使用其所掌握的商业秘密。第三

---

① 参见［日］田村善之：《日本知识产权法》（第4版），周超、李雨峰、李希同译，知识产权出版社2011年版，第45页。

人明知或者应知前款所列违法行为，获取、使用或者披露他人的商业秘密，视为侵犯商业秘密"。

该规定已经满足了 TRIPs 协定第 39 条对商业秘密不正当获取、披露行为规制的要求，与美国、欧盟、日本等国际立法实践相一致，我国规定了四类基本的侵犯商业秘密的行为类型：第一，以不正当手段获取商业秘密；第二，使用、披露不正当取得的商业秘密；第三，违反保密义务披露、使用合法取得的商业秘密；第四，明知或应知不正当披露，仍然获取、使用、披露商业秘密的行为。

与国际条约和比较法实践不同的是，我国在获取、使用和披露三种行为类型之外，还规定了"允许他人使用"的行为类型，指获取人以有偿或无偿的方式将商业秘密提供给第三人使用。[①] 但事实上，"允许他人使用"的行为可以被既有的"使用""披露"行为所涵盖，如果侵权人将商业秘密提供给第三人使用，则势必涉及商业秘密的披露行为，如日本法上即明确规定即使通过保密的方式将商业秘密向特定的人披露，仍然视为"披露"行为；如果侵权人将商业秘密提供给第三人进行合作、委托加工生产，则可视为侵权人本身的"使用"行为，故我国《反不正当竞争法》的保护在实质上并未超出传统"获取""使用""披露"三种侵权行为范畴。

在 1993 年《反不正当竞争法》的基础上，《反不正当竞争法》于 2017 年进行了第一次修改但并未对侵犯商业秘密的行为类型作出修改。《反不正当竞争法》于 2019 年第二次修改时，则对侵犯商业秘密的行为类型作出了实质性修改，修改后的第 9 条规定，"经营者不得实施下列侵犯商业秘密的行为：（一）以盗窃、贿赂、欺诈、胁迫、电子侵入或者其他不正当手段获取权利人的商业秘密；（二）披露、使用或者允许他人使用以前项手段获取的权利人的商业秘密；（三）违反保密义务或者违反权利人有关保守商业秘密的要求，披露、使用或者允许他人使用其所掌握的商业秘密；（四）教唆、引诱、帮助他人违反保密义务或者违反权利人有关保守商业秘密的要求，获取、披露、使用或者允许他人使用权利人的商业秘密。经营者以外的其他自然人、法人和非法人组织实施前款所列违法行为的，视为侵犯商业秘密。第三人明知或者应知商业秘密权利人的员工、前员工或者其他单位、个人实施本条第一款所列违法行为，仍获取、披露、使用或者允许他人使用该商业秘密的，视为侵犯商业秘密"。

第二次修改增加了第 4 项，将"教唆、引诱、帮助"行为也纳入直接侵犯商业秘密的不正当竞争行为类型。这是否在既有国际条约规定以及通行国际实践之外规定了更为严格的商业秘密保护标准？事实上，1993 年《反不正当竞争法》

① 参见孔祥俊：《商业秘密保护法原理》，中国法制出版社 1999 年版，第 274 页。

以及 2017 年修订的《反不正当竞争法》根据通行的国际立法实践已经构建起了简单明了而又逻辑严谨的针对侵犯商业秘密的行为类型的规制体系，其可以划分为三种基本类型：第一，来源不正当的行为，即行为人以不正当手段获取他人商业秘密，以及嗣后继续利用、公开商业秘密的情形；第二，来源正当但使用不正当的行为，即行为人虽然基于职务、合同交易等方式获得了他人的商业秘密，但超出该授权范围利用、公开的情形；第三，明知来源不正当而获取、公开、利用的情形，即行为人明知商业秘密系第三人以不正当手段获得或违反保密义务，仍然获取、使用、公开商业秘密的行为。与商标权、专利权、著作权等法定权利不同，商业秘密的保护范围取决于商业秘密权利人自我界定的保护范围，即商业秘密权利人采取合理保密措施的范围。以上三种行为类型基本对现实生活中超出权利人许可范围而恶意侵犯商业秘密的情形作出了周延规制，同时实现了对善意第三人的保护。[①]

2019 年修正的《反不正当竞争法》新增教唆、引诱、帮助的行为类型，是否超出了既有行为类型的范围？首先，从文义来看，该法将"教唆、引诱、帮助"行为直接规定为侵犯商业秘密的不正当竞争行为，似乎将教唆、引诱、帮助的间接行为也规定为直接的侵权行为，但要求该行为不仅仅有"教唆、引诱、帮助"行为本身，还存在"获取、披露、使用或者允许他人使用权利人的商业秘密"的客观结果，即"教唆、引诱、帮助他人违反保密义务或者违反权利人有关保守商业秘密的要求"是手段，"获取、披露、使用或者允许他人使用权利人的商业秘密"是侵犯结果。典型情形如通过财务资助、高薪聘请等方式诱惑商业秘密权利人的员工获取商业秘密，本质上仍属于以不正当手段获取商业秘密的情形，以及继续使用、披露以不正当手段获取的商业秘密的情形，从实践案例来看也限于这几种情形[②]。故增加上述行为类型最重要的意义是提升法律适用的确定性，但并未实质上扩张商业秘密的保护范围。

除此之外，美国、欧盟、日本的实践与我国《反不正当竞争法》第 9 条规定的三类行为相比，还存在三方面的具体差别：第一，美国法上规定了行为人明知或应知他人商业秘密是意外或错误泄露，获取后仍然使用、披露该商业秘密的应当构成侵权；第二，日本法上明确区分了恶意或重大过失取得，以及取得时善意，嗣后转为恶意、重大过失的不正当竞争行为；第三，欧盟以及日本均将侵犯商业秘密产生产品的制造、许诺销售、销售、进口、出口等行为纳入侵权范畴。

---

① 参见孔祥俊：《商业秘密保护法原理》，中国法制出版社 1999 年版，第 267 页。
② 例如"北京协合张某教育科技有限公司与张某等侵害商业秘密纠纷案"，北京知识产权法院（2019）京 73 民终 3377 号民事判决书；"重庆慢牛工商咨询有限公司诉谭某等侵害商业秘密纠纷案"，重庆市第五中级人民法院（2019）渝 05 民初 1225 号民事判决书。

相关行为我国法上并未作出明确规定，对相关情形是否能够纳入《反不正当竞争法》规定的既有行为类型或是否有必要在未来商业秘密立法中加以规制，以下将在侵犯商业秘密的具体行为类型中加以介绍和探讨。

第二节　不正当获取、披露、使用商业秘密的行为

在侵犯商业秘密的行为中，第一类是来源不正当的商业秘密侵权行为，包括以不正当手段获取他人商业秘密，以及使用、披露不正当获取的商业秘密两种类型，现分别探讨如下。

一、以不正当手段获取商业秘密

（一）基本规则与认定难点

我国《反不正当竞争法》第9条规定，竞争者不得"以盗窃、贿赂、欺诈、胁迫、电子侵入或者其他不正当手段获取权利人的商业秘密"。立法以列举的方式对不正当获取商业秘密的行为作出了规定，包括盗窃、贿赂、欺诈、胁迫、电子侵入等。典型情形如，派出商业间谍窃取权利人的商业秘密，通过侵入权利人的电脑网络系统盗窃权利人的商业秘密，通过提供财务、高薪聘请、人身威胁、制造把柄等方式诱惑、骗取、胁迫权利人的员工获取商业秘密等。以不正当手段获取商业秘密的情形难以穷尽列举，因此，《反不正当竞争法》采用"其他手段"兜底。[①]

对已经列举的情形，相对较容易理解。盗窃一般指的是行为人以不易被权利人发觉的方法，秘密地获取权利人的商业秘密并据为己有。行为人盗窃商业秘密，既可以是将载有商业秘密的文件等据为己有，也可以是复制后还原原件、保留复制件，还可以是将商业秘密的内容记忆下来。贿赂是以一定利益好处，如丰厚的物质报酬、优厚的工作条件、高等的生活环境等，引诱知悉商业秘密的人向其透露商业秘密信息。欺诈是通过不真实、不充分的陈述，使商业秘密权利人或者知悉商业秘密的人形成错误认识，而向其提供商业秘密信息。胁迫指的是行为人对商业秘密权利人或者知悉商业秘密的人采取威力逼迫、恫吓的方式获取商业秘密的行为。现实中，行为人可能通过以危害他人生命、健康、名誉、财产等手段来形成对权利人或相关主体的精神强制，迫使其透露商业秘密的信息内容。[②]

---

① 参见王瑞贺主编：《中华人民共和国反不正当竞争法释义》，法律出版社2018年版，第34页。
② 参见孔祥俊主编：《商业秘密司法保护实务》，中国法制出版社2012年版，第156—157页。

针对信息网络环境下以电子侵入等新型手段获取商业秘密的情形日益普遍，2019年修正的《反不正当竞争法》增加规定了以"电子侵入"的方式不正当获取商业秘密的情形。电子侵入首先要求以电子手段获取权利人在电子载体之上的商业秘密信息，其次要求权利人对电子载体设定一定保密措施或访问权限。而行为人超出授权获取商业秘密信息，一般指行为人不具有对存储权利人商业秘密信息电子载体的访问权限或未经授权，或超越访问权限或授权范围，通过"黑客""病毒植入""爬虫""端口监听"等各种电子信息技术手段，非法获取权利人商业秘密的行为。

除了已经明确列举的不正当获取行为类型，在复杂多样的司法实践中如何认定兜底性"其他手段"成为关键性问题。立法并未对侵犯商业秘密的不正当手段的内涵进行直接定义，如何界定以"其他手段"获取商业秘密的不正当竞争行为取决于对商业秘密法律属性的理解。2020年《最高人民法院关于审理侵犯商业秘密民事案件适用法律若干问题的规定》第8条规定："被诉侵权人以违反法律规定或者公认的商业道德的方式获取权利人的商业秘密的，人民法院应当认定属于反不正当竞争法第九条第一款所称的以其他不正当手段获取权利人的商业秘密。"该解释将"其他手段"理解为违反法律规定和公认商业道德的方式，将此置于反不正当竞争法的"公认商业道德"的一般框架之下进行判断，这体现了在《反不正当竞争法》下将商业秘密理解为竞争者之间交往一般善意义务的保护逻辑。公认的商业道德是行业内经过长期发展演进后被普遍接受的商业习俗，其认定需要法官在个案中根据案情并综合社会、经济、技术、道德等多方面因素进行，并进一步验证其合法性、正当性，充分考虑反不正当竞争法律属性及政策导向、竞争主体的行为是否符合消费者利益和竞争秩序的维护等目标进行判断。然而，公认商业道德作为民法上诚信原则在反不正当竞争领域的体现，具有极大的模糊性和不确定性，为了充分把握"不正当手段获取商业秘密"行为的内涵，有必要结合国际条约与比较法实践作出解释和理解。

（二）国际条约与比较法实践

1. 国际条约

在国际条约层面，TRIPs协定并未对侵犯商业秘密的行为类型作出直接规定。世界知识产权组织于1996年出台的《关于反不正当竞争保护的示范规定》，为理解不正当获取商业秘密的行为提供了参考。其第六节第2条规定："未经合法控制人同意，披露、获取或使用其秘密信息，尤其可以为以下行为构成：（1）工业或商业间谍；（2）违反合同；（3）违反保密关系；（4）诱使他人从事上述（1）（2）（3）款行为；（5）第三人明知或因重大过失未知上述（1）（2）（3）（4）款情形而获取秘密信息。"其中，"工业或商业间谍"即属于不正当获取商业秘密的类型，该条注释说明："工业或商业间谍行为一般是企图侵占秘密信息的故意行为，间谍行为可由谎报意图形成某种关系、诱使合法控制人告知秘密信息而构成，……间谍行为亦包括使用窃听装置，设法进入工厂以观察、发现秘密，使用照相装置和其他手段等。"但除此之外，《关于反不正当竞争保护的示范规定》并未规定其他不正当获取商业秘密的行为类型。

2. 美国法

美国法上对于单纯以不正当手段获取商业秘密是否构成商业秘密侵权，不同州法和联邦法存在不同理解。例如，《侵权法重述（第一次）》规定仅以不正当手段获取商业秘密并非是独立的可诉行为，必须证明还存在进一步的使用或公开行为；1985年修改后的《统一商业秘密法》以及2016年《保护商业秘密法》规定仅以不正当手段获取商业秘密即构成侵权，并不必要证明实际损害。对于不正当竞争手段的界定，《侵权法重述（第一次）》将其一般性地界定为"低于普遍接受的商业道德和合理行为标准的手段"，"不正当手段可以包括偷窃、侵入、贿赂或诱使雇员或其他人违背义务而披露信息、虚假陈述、以非法伤害行为威胁、窃听电话、以间谍目的介绍某人的雇员或代理人成为他人的雇员等"。《统一商业秘密法》界定为："'不正当手段'包括盗窃、贿赂、虚假陈述、违反或诱使违反保密义务，或通过电子或其他手段进行间谍活动。"《反不正当竞争法重述（第三次）》第四十三节则对"不正当获取商业秘密"作出了较为具体的界定："获取他人商业秘密的'不正当'手段包括：盗窃、诈骗、未经许可截收通讯、引诱他人泄密或故意参加违反保密义务行为，以及其他本身违法的手段，或在案件特定情势下构成违法的手段。自主开发、分析通过公开渠道获得的产品或信息，不构成不正当获取手段。"关于"本身违法"以及"特定情势"下违法，该节"评论"解释为：

"全面列出获取商业秘密不正当手段的清单是不可能的。如果获取商业秘密的行为本身构成对商业秘密权利人的侵权或犯罪，那么一般被认为是不正当的。所以，如果行为人用对竞争对手办公室行窃的方法获取商业秘密，其手段不正当；对商业秘密所有人进行电话窃听，或使用虚假陈述引发商业秘密披露，其手段不正当；故意引诱或有意识地接受以不正当手段获取商业秘密的第三人的披露，或者故意引诱或有意识地接受违反保密义务的第三人的披露，亦属以不正当手段获取商业秘密。

即使有关手段独立看来并非不正当，使用该手段获取商业秘密也可能构成不正当。判断得到商业秘密的手段是否正当，应该考虑案件的全部情况，包括获取手段是否符合公共政策的公认原则，以及对有关手段，商业秘密所有人是否采取了合理的保密措施。在认定商业秘密所有人是否采取合理保密措施时，应考虑该获取行为的可预见性，并且对照商业秘密的经济价值，考虑有效预防这类行为措施的成本。"

除此之外，该节"评论"还对获得商业秘密的正当手段作出了解释：

"除非商业秘密是在产生保密义务的环境下获得，否则行为人对以正当手段获得的商业秘密，可以自由使用，不产生任何责任。与专利权的所有人不同，商业秘密所有人无权禁止他人独立开发该秘密。同理，对商业秘密所有人公开上市的产品，他人可以自由分析，只要没有专利和版权保护，对'反向工程'获得的任何信息，均可以利用。他人还可从公开发表的材料、通过对在公共视线之内的物体和事件的观察，或者其他正当手段获得商业秘密。"

该"评论"意见很大程度上源自1970年"杜邦公司诉克里斯托夫案"[①]，该案中，克里斯托夫兄弟驾驶飞机在空中对杜邦公司的新建厂房进行了拍摄，并将冲洗后的照片交给了身份不明的第三人，杜邦公司主张其研发了一种保密的甲醇生产方法，克里斯托夫兄弟所拍摄的新建厂房即生产该甲醇的厂房，该生产方法的某些部分可以在空中直接看到，通过拍摄照片可以推导出该生产甲醇的方法。故而原告杜邦公司主张被告克里斯托夫兄弟侵犯其商业秘密，被告则主张并未违反法律法规或者任何保密义务，而仅仅是在自由航空领域拍照，其行为并不构成不正当手段。美国第五巡回法院审理认为，"不正当手段"不仅仅限于《侵权法重述（第一次）》或《统一商业秘密法》所列举的偷窃、侵入、欺诈、违反保密义务等情形，而是应当在具体情形下结合公认的行为方式来认定，"'不正当'将一直是一个具有许多细微差别的，由时间、地点和情形来确定的字词。因而，我们不需要宣布一个商业上不正当行为的目录。然而很清楚，它的戒律之一确实是说'汝不得用特定情形下偏离正道的方式获取商业秘密，因为相反的合理辩解是不存在的'"，法院对于"不正当手段"作出了一个极为宽泛的认定，"如果某人就已经完成的产品进行反向工程而获取竞争者的秘密方法，他可以使用该方法；如果他通过自己的独立研究而获得竞争者的方法，他可以使用该方法；但是，当发明者采取合理的措施维护该方法的秘密性时，他不能不经发明者的允许而将该方法拿走，并以此来免除上述努力。获取有关该方法的知识，而又没有花费时间和金钱去独立地开发它，就是不正当的。除非所有人自动地披露了它或没有采取合理的措施维护它的秘密性"[②]。根据该解释，除已处于公有领域可自由访问的信息，任何不付出金钱劳动而获取他人商业秘密的手段，都构成"不正当手段"，该判决体现出了浓厚的财产权色彩，超出了一般"公认商业道德"的范畴限制，而将所有不劳

① E. I. duPont deNemours & Co. v. Christopher, 431 F.2d 1012（5th Cir. 1970）.

② 李明德：《美国知识产权法》（第二版），法律出版社2014年版，第196页。

而获的行为都纳入规制范畴。

在联邦层面，2016年《保护商业秘密法》对"不正当手段"从正反两方面以列举的方式作出了定义，即"（A）包括窃取、贿赂、虚假陈述、违反或诱使违反保密义务，或通过电子或其他手段进行间谍活动；且（B）不包括反向工程、独立推导或其他任何合法获取方式"。该规定并未明确"不正当手段"的内涵，但从其文字含义上来看，"其他任何合法获取方式"均被排除在"不正当手段"外，但根据"杜邦公司诉克里斯托夫案"中的判例观点，"不正当手段"不仅仅包括非法方式也包括特定情形下的合法方式。故而有学者认为该立法文本与之前的判例存在背离，未来有待联邦法院在判例中进一步明确该条"不正当手段"仅限于非法手段，或从立法目的出发对例外条款中的"合法获取方式"作狭义理解。①

3. 欧盟法

欧盟《商业秘密保护指令》第4条第2款规定："当行为人实施下列行为时，视为未征得商业秘密持有人的同意，非法获取商业秘密：a）针对处于商业秘密持有人合法控制下的，包含商业秘密或者能演绎出商业秘密的文档、物体、原料、材料或者电子信息，通过未经授权的渠道接触、未经授权占有或未经授权复制；b）其他根据具体情况不属于诚信商业实践的行为。"在成员国将之转化为国内法的实践中，如德国2019年《商业秘密保护法》第4条第1款规定："不得通过以下方式获取商业秘密：（1）未经授权访问、盗用或复制处于商业秘密所有人合法控制、包含该商业秘密或从中能导出该商业秘密的文件、物品、材料、原料或电子数据等载体的行为，或（2）其他根据具体情况考虑到良好的市场惯例而不符合诚实信用原则的行为。"

商业秘密的客体本身即是权利人合法控制之下的具有秘密性、价值性的信息，商业秘密的不当获取限于未经权利人同意而破坏或者绕过权利人的控制措施而获取信息的行为，故而行为人的行为正当与否应取决于权利人采取合理保密措施的范围。由于作为商业秘密客体的信息具有无体性而难以直接进行控制，必须通过一定载体来实现，他人获取商业秘密一般也必须通过对信息载体的访问、盗用或者复制来实现。因此，欧盟法上对不正当获取商业秘密的行为作出了一般性的抽象概括，除了未经商业秘密持有人同意的前提之外，相关行为应包含以下要件：

（1）获取行为的客体。作为信息的商业秘密通常需要以某种形式记录、存储

---

① See Sharon K. Sandeen, Elizabeth A. Rowe, *Trade Secret Law including The Defend Trade Secrets Act of 2016 in a Nutshell*, 2nd ed., West Academic Publishing, 2018, p.96.

或固定而加以控制，欧盟法上将文档、物体、材料或者电子文件等信息的载体作为获取行为的客体，当然其不限于法律所列举的形式，本质上是技术中立和开发性的，可以随着新的技术手段和信息存储形式而不断扩张。^① 商业秘密的载体可以分为两种类型：一种是该载体直接记载了商业秘密信息；另一种是该载体是根据商业秘密制造的，通过分析制作或者反向工程可以直接获得。^② 作为商业秘密保护的前提，该载体应当限于采取合理保密措施、处于商业秘密权利人控制之下的载体。^③

（2）获取的行为方式。对于获取商业秘密的行为方式，欧盟法规定了访问（access）、盗用（misappropriation）和复制（copy）三种形式，这三种行为方式可以分别实现，也可以共同实现。访问指的是克服权利人对于商业秘密载体的保护性措施，能够接触到商业秘密载体从而了解到商业秘密内容的行为，可以通过物理的方式（如闯进封闭的房间、打开保险箱），也可以通过数字化的方式进行（如行为人通过规避技术措施来访问数据或者计算机程序）。^④ 盗用，并不限于一般意义上的盗窃，是指行为人取得对商业秘密载体事实上的控制权的一切行为，盗用一般伴随着剥夺商业秘密权利人对其载体的控制权（如盗窃文件、存储介质、样本、原件等）^⑤。复制指的是访问商业秘密的人创造新的商业秘密的载体，可以通过物理复制也可以通过电子存储。但上述所有行为都仅仅是手段，其最终目的是产生获得商业秘密内容的客观结果，行为人即使获得了商业秘密载体，但并未了解到商业秘密的内容，也不构成对商业秘密的不正当获取。仅仅凭记忆记录商业秘密信息不构成对商业秘密载体的复制，^⑥ 但可能存在违法访问的情形而仍然构成对商业秘密的获取。

（3）获取行为的主观状态。对于商业秘密信息的不正当获取，欧盟法上并没有对行为人主观状态进行限定。在立法过程中，欧盟委员会2013年11月28日的提案中曾经将不正当获取、披露、使用商业秘密的行为都限于故意或重大过失的情形。但在立法讨论过程中，此要件被认为是一项过高的要求而不利于提升商业秘密保护水平而被删除。主观过错程度主要在法律救济中得到体现，对于一般商业秘密侵权情形，权利人可主张停止侵权，仅在侵权人存在主观过错的情况下，权利人才可主张损害赔偿。^⑦ 欧盟法上规制的商业秘密的获取行为一般指的是有

① Köhler / Bornkamm / Feddersen / Alexander GeschGehG § 4 Rn. 13.
② BeckOK GeschGehG / Hiéramente GeschGehG § 4 Rn. 6-11.
③ Köhler / Bornkamm / Feddersen / Alexander GeschGehG § 4 Rn. 13.
④ Köhler / Bornkamm / Feddersen / Alexander GeschGehG § 4 Rn. 16.
⑤ BeckOK GeschGehG / Hiéramente GeschGehG § 4 Rn. 16.
⑥ Hoeren/Münker WRP 2018, 150（152 f）.
⑦ MüKoUWG/Namysłowska Geheimnisschutz-RL Art. 4 Rn. 9.

意识的主动违反法定义务的行为，对于因意外或错误获取商业秘密的行为是否应当纳入规制，欧盟及其各成员国立法中没有作出明确规定，理论中对此存在不同见解。有学者认为，消极被动的行为不应当被纳入保护范围（如某人意外地获得计算机系统的访问权限），否则会造成对商业秘密不成比例的过度保护；也有学者认为，因错误意外泄露的商业秘密可能不再符合保密性要件（如在火车上遗漏的保密性文件），但如果符合商业秘密的秘密性、价值性、保密性要件，意外发现并不能为行为人获取该商业秘密提供正当性支撑，行为人负有不再进一步利用和公开该商业秘密的义务。①

（4）兜底条款。除了对商业秘密作出明确界定外，为了应对商业秘密保护实践的多样性，欧盟以及德国商业秘密法还对不正当获取商业秘密作出一般性的规定，从而为法院根据个案情况作出灵活裁判提供了空间，即考虑市场一般交易习惯，任何不符合诚信原则的商业获取行为均为不正当行为。由于前述情形主要是对商业秘密载体进行访问、盗用和复制而获取商业秘密的情形，实践中还存在大量非通过商业秘密载体而开展的行为，如窃听商业对话、观察他人生产过程、商业贿赂、欺诈、商业间谍等形式，以及其他可能构成不正当获取商业秘密的情形。②

（三）"不正当手段"内涵之再提炼

从全球商业秘密保护实践来看，欧盟以及美国均对不正当获取商业秘密的行为进行了规制。类似于美国法实践，我国《反不正当竞争法》第9条规定，竞争者不得"以盗窃、贿赂、欺诈、胁迫、电子侵入或者其他不正当手段获取权利人的商业秘密"，以列举的方式对不正当获取商业秘密的行为作出了规定，但缺乏对行为要件的具体概括，这导致实践中对行为的认定可能缺乏统一的标准和不确定性。欧盟及其成员国最新的商业秘密立法实践将权利人是否采取了合理保密措施作为界定行为人的行为正当与否的界限，将对商业秘密的不正当获取限于未经权利人同意而破坏或者绕过权利人的保密措施而获取商业秘密的情形；基于信息一般必须经过载体才能传播的特性，将不正当获取行为定位为未经允许访问、盗用、复制商业秘密载体的情形，更加具有法律适用的明确性和确定性，也明确了商业秘密制度的保护目标，可以为我国当前商业秘密司法和未来商业秘密立法所借鉴，即不正当获取商业秘密的行为，应包括"未经授权访问、盗用或复制处于商业秘密所有人合法控制、包含该商业秘密或从中能导出该商业秘密的文件、物品、材料、原料或电子数据等载体的行为"，具体可以从是否经权利人授权、获

---

① Ohly/Harte-Bavendamm/Ohly/Kalbfus, GeschGehG, 1. Auflage 2020, § 4 Handlungsverbote, Rn 13.
② BeckOK GeschGehG/Hiéramente, 8. Ed. 15.6.2021, GeschGehG § 4 Rn. 35-37.

取行为的客体、行为方式、主观状态几个方面进行认定。对于不直接经过商业秘密载体而直接通过感官获得商业秘密的情形，则可以从一般市场交易出发，通过判断行为人是否符合诚信原则进而判断其行为正当与否。除了明确列举不正当获取商业秘密的情形，美国法从财产权观念出发，规定除已处于公有领域可自由访问的信息外，任何不付出金钱、劳动而获得他人商业秘密的行为，都将构成"不正当手段"，该认定方式无疑对市场交易相对人课以过高义务。基于我国当前采用反不正当竞争法保护商业秘密的定位，"其他手段"仍应当置于反不正当竞争法的"公认商业道德"的一般框架之下进行判断。

二、披露、使用不正当获取的商业秘密

侵权人在获取商业秘密后，一般会有进一步的利用行为，包括披露、使用或者允许他人使用。各国普遍禁止对不正当获取的商业秘密的后续公开和利用行为，我国《反不正当竞争法》第9条第2项规定，竞争者不得"披露、使用或者允许他人使用以前项手段获取的权利人的商业秘密"。

（一）不正当披露行为

"披露"，是指将权利人的商业秘密公开，以破坏权利人的竞争优势，[1] 应当将披露理解为"使某秘密信息溢出原来存在的范围"[2]，故而是否构成"披露"应结合权利人自我界定的保密范围加以认定，侵权人违背权利人的保密意思、超出其商业秘密的保密范围向第三方提供秘密信息的任何行为即构成不正当披露行为。不正当披露行为不仅包括向社会（不特定的人）公开商业秘密，也包括在侵权人约定保密的条件下向特定人、少部分人透露商业秘密。[3] 美国《反不正当竞争法重述（第三次）》第四十节评论指出，"与未经许可使用一样，未经许可的披露亦可对商业秘密所有人造成损害。对公众披露，使商业秘密失去继续受保护的必要性，……私下披露增加了未经许可使用和进一步公开的危险性。所以根据（b）条所述条件，行为人无论是向公众披露还是私下披露，均要承担相应责任。在追究行为人责任时，任何未经许可的披露无须明示，行为人任何使他人得知商业秘密的行为，包括销售、交付物品或其他有形对象，使商业秘密可从中泄露的，均构成本节规则所述的商业秘密披露"。未经许可披露商业秘密可以分为两种情形：一是披露商业秘密的主要目的是因所有人造成损害，如前雇员因解聘进行报复，公开前雇主的商业秘密，但这种情况相对较少；二是披露商业秘密作为侵犯

---

[1]　参见王瑞贺主编：《中华人民共和国反不正当竞争法释义》，法律出版社2018年版，第33页。

[2]　朱谢群：《商业秘密法中"不可避免披露"原则的规范性分析》，载《科技与法律》2003年第4期。

[3]　参见孔祥俊：《商业秘密保护法原理》，中国法制出版社1999年版，第274页。

商业秘密的部分行为而发生，侵权人在不正当获取商业秘密之后，进一步向第三人披露商业秘密，从而开发商业秘密的价值，进而与商业秘密权利人进行竞争。在实际认定中，一般情况下，向第三人透露商业秘密信息即构成商业秘密的披露行为。

特殊情形在于，侵权人如果向已经知悉商业秘密的行为人进一步公开该商业秘密信息，是否构成披露行为？我国立法和实践中对此问题并不明确，德国法上对此问题尚存在争议。[1]本书认为，对披露行为的规制旨在防止他人不正当获取商业秘密后对权利人造成进一步的损害，而即使侵权人向已经合法知悉商业秘密的人进行披露，仍然会产生损害。例如，侵权人在不正当获取权利人的商业秘密后，以独立研发的名义向知悉商业秘密的权利人的交易对象出售该秘密信息，将可能对权利人造成进一步损害。为了最大限度地保护权利人不受"二次伤害"，应严格限制侵权人向任何第三人披露商业秘密的行为。

（二）不正当使用行为

依照我国《反不正当竞争法》第9条的规定，"使用"以不正当方式获取的商业秘密是侵犯商业秘密的行为。侵权人以不正当手段获取他人商业秘密，最终目的往往在于利用他人研发的经营信息或技术信息，获得不正当的竞争优势，包括提供替代性的产品或者服务，或者降低成本、节省时间、提高效率等。由于企业生产经营活动的多样性，《反不正当竞争法》对于何为"使用"商业秘密的情形未作具体界定。对此，《最高人民法院关于审理侵犯商业秘密民事案件适用法律若干问题的规定》第9条作出了明确规定："被诉侵权人在生产经营活动中直接使用商业秘密，或者对商业秘密进行修改、改进后使用，或者根据商业秘密调整、优化、改进有关生产经营活动的，人民法院应当认定属于反不正当竞争法第九条所称的使用商业秘密。"《〈最高人民法院关于审理侵犯商业秘密民事案件适用法律若干问题的规定〉的理解与适用》对此进一步解释为，"使用"商业秘密的行为具体可划分为三种类型：一是在生产、经营等活动中直接使用商业秘密，例如，使用构成商业秘密的配方、方法、工艺，直接用于制造同样的产品。二是在商业秘密的基础上，进一步修改、改进后再进行使用，例如，对于属于商业秘密的配方进行改进后，制造特定的产品。三是根据权利人的商业秘密，相应调整、优化、改进与之有关的生产经营活动，例如，根据权利人研发失败所形成的数据、技术资料等商业秘密，以及研发过程中形成的阶段性成果商业秘密等，相应优化、调整研发方向，或者根据权利人的经营信息商业秘密，相应调整营销策

---

[1] BeckOK GeschGehG / Hiéramente GeschGehG § 4 Rn. 47.

略、价格等。①

根据《最高人民法院关于审理侵犯商业秘密民事案件适用法律若干问题的规定》规定，可以明确的是，"使用"包括任何以商业秘密信息为直接使用对象的生产经营行为，包括任何直接使用技术信息用于产品研发、生产过程优化、产品制造，以及使用经营信息调整经营策略等的活动。但对商业秘密的间接"使用"，如在生产经营活动中使用利用商业秘密生成的产品，是否构成对商业秘密的"使用"行为？技术秘密与专利法保护的技术方案具有相似性，《专利法》规定他人未经许可不得制造、使用、许诺销售、销售、进口专利产品或者使用专利方法以及使用、许诺销售、销售、进口依该专利方法直接获得的产品，《专利法》不仅规制直接使用专利方法的行为，还规制对依专利方法直接获得的产品的利用行为。是否应当对侵犯商业秘密生成产品的"使用"行为进行规制？《反不正当竞争法》第9条以及《最高人民法院关于审理侵犯商业秘密民事案件适用法律若干问题的规定》并未明确规定，司法实践中对此存在较大争议，包括两种冲突的裁判立场：②

第一种观点认为，《反不正当竞争法》第9条所规定的"使用"应当指直接使用商业秘密内容本身，而不包括使用商业秘密生产制造的侵权产品生产销售后，其他销售商的后续销售行为以及购买者的使用行为。关于商业秘密"使用"行为，最高人民法院早在"四维企业股份有限公司与艾利丹尼森公司等侵犯商业秘密纠纷管辖权异议案"中作出了较为狭义的解释："根据《反不正当竞争法》第10条的规定，销售侵犯商业秘密所制造的侵权产品并不属于该法所列明的侵犯商业秘密的行为……使用商业秘密的过程，通常是制造侵权产品的过程，当侵权产品制造完成时，使用商业秘密的侵权结果即同时发生……"③在2021年最高人民法院公布的"人民法院反垄断和反不正当竞争典型案例"之一的"'优选锯'侵犯技术秘密纠纷案"中，最高人民法院沿袭了上述观点，认为"既然销售侵犯技术秘密所制造的侵权产品不属于侵犯技术秘密的行为，那么购买者使用侵犯技术秘密所制造的侵权产品亦不应属于《反不正当竞争法》第9条所禁止的侵犯商业秘密的行为"④。按照该解释，商业秘密使用行为一般仅包括直接利用商业秘密信息的研发制造行为，而不包括制造完成后的销售、许诺销售、使用侵权产品等

---

① 参见林广海、李剑、杜微科：《系列解读之一〈最高人民法院关于审理侵犯商业秘密民事案件适用法律若干问题的规定〉的理解与适用》，载《法律适用》2021年第4期。

② 参见张浩然：《商业秘密使用行为的认定》，载管育鹰主编：《知识产权审判逻辑与案例·反不正当竞争卷》，法律出版社2022年版，第130页。

③ 最高人民法院（2007）民三终字第10号民事裁定书。

④ 最高人民法院（2019）最高法知民终7号民事判决书。

行为，该观点也为部分下级法院所接受。[①]

第二种观点认为，商业秘密"使用"行为，既包括直接使用商业秘密信息进行研发、制造的行为，也包括销售、许诺销售、使用生成产品的行为。例如，陕西省高级人民法院在"瑜纲公司等侵犯商业秘密罪案"中认为，"瑜纲公司应当知道所购分切机系华某、沈某非法披露、使用了秦邦公司的技术信息而生产的设备，是秦邦公司商业秘密的载体，而使用该分切机及商业秘密，造成特别严重的损失后果的，应当以侵犯商业秘密罪论"，陕西省高级人民法院进一步指出，瑜纲公司的使用行为造成了商业秘密权利人的实际损失："秦邦公司研制分切机的目的不是出售设备，而是利用该设备提高分切复合带的质量，进而通过销售高质量的分切复合带赢得竞争优势。同样，瑜纲公司购买分切机的目的也是使用该分切机生产复合带，提高产品质量，增加市场份额，瑜纲公司使用分切机的过程就是侵犯秦邦公司商业秘密的过程，故给秦邦公司造成的损失并非这台分切机的价值，而是秦邦公司被侵权后市场竞争力的下降和市场份额的减少，应当以侵权分切机生产的产品作为认定损失的基础。"[②]

就此问题，在国际条约层面，TRIPs协定第39条第2款仅仅规定了禁止未经权利人同意不正当获取、使用、公开未披露信息的行为，对何为"使用"并未进一步界定。1996年世界知识产权组织《反不正当竞争保护示范规定》将"使用"解释为："秘密信息的'使用'通常是指利用（exploitation），例如取得者将秘密信息运用于生产活动之中，也可以以其他方式用于支持企业的生产或经营活动。"但其他方式应当如何界定仍未明确。

比较法中，欧盟2016年《商业秘密保护指令》第4条规定，禁止违法获取、使用和公开商业秘密，理论上认为，"使用"（use）应当指的是除公开之外的任何利用行为，包括任何商业利用交易。该条第5项专门规定了对于使用非法获取的商业秘密制造产品（以下简称侵权产品）的规制："直接生产、提供或将侵权

[①] 例如在"上海天祥·健台制药机械有限公司与上海东富龙科技股份有限公司等侵害商业秘密纠纷案"中，上海知识产权法院、上海市高级人民法院认为：《反不正当竞争法》第九条所规定的'使用'应当指直接使用商业秘密内容本身，而不包括使用商业秘密生产制造的侵权产品生产销售后，其他销售商的后续销售以及购买者的使用行为。生产商以外的其他销售商销售侵害商业秘密产品的行为不属于擅自使用他人的商业秘密的行为，而是在客观上构成对使用商业秘密行为的帮助。即正是基于后续的销售行为才促成使用商业秘密损害后果的发生。因此，只有在销售商明知其销售的系侵害商业秘密的产品而仍然予以销售的情况下，才可能承担帮助侵权的民事责任；对于经营者购买侵害商业秘密产品进行使用的行为，由于此时侵权产品已经退出市场流通，并不涉及与其他市场主体进行市场竞争的问题，不论侵权产品使用人主观上是否知道该产品涉嫌侵权，均不属于反不正当竞争法调整的范畴。"参见上海市高级人民法院（2019）沪民终129号民事判决书。

[②] 陕西省高级人民法院（2013）陕刑二终字第00117号刑事附带民事裁定书。

产品投放市场，或为了实现这种目的而实施的进口、出口或储存侵权产品的行为，上述三种行为也被认为是侵犯了商业秘密，当行为人在实施上述三种行为时，知道或者根据具体的情况应当知道存在本条第（3）款所述及的违法使用商业秘密的情形。"

类似地，日本《不正当竞争防止法》第2条第1款第10项也规定了对于侵权产品的规制，"基于第四至前项（第四至第九项）行为［技术秘密（属于技术信息的商业秘密，以下同）的使用行为为限，本项以下称"不正当使用行为"］产生产品的转让、交付，或为转让、交付目的的展览、进口、出口，或通过电子通信网络提供之行为［产品受让人（限于在受让时不知道且不因重大过失不知道该产品是不正当使用行为产生的人）的转让、交付，或为转让、交付目的展览、进口、出口或通过电子通信网络提供之行为被排除在外］"，将被视为不正当竞争行为。

在美国法上，《反不正当竞争法重述（第三次）》第四十节评论对"使用"的含义进行了极为宽泛的解释："（b）条规定的商业秘密'使用'行为，性质上没有任何限制。一般而言，任何利用商业秘密而可能对商业秘密所有者造成损害的，或使行为人不当得利的，均属本节规定的'使用'。因此，销售体现商业秘密的产品，使用商业秘密进行生产或制造，依靠商业秘密支持或加速研究与开发，或者使用商业秘密的信息招徕他人客户（见第四十二节，评论f）的行为均构成'使用'"。判例法中也对此进行了广泛的适用，不仅规制包括利用商业秘密进行研发制造产品的直接使用行为，还规制包括销售、许诺销售、使用侵权产品等间接使用行为。[①]

在我国司法实践中，最高人民法院先后明确，《反不正当竞争法》第9条所规定的"使用"应当指直接使用商业秘密内容本身，而不包括使用商业秘密生产制造的侵权产品在生产销售后，其他销售商后续的销售行为以及购买者的使用行为。这也是我国当前司法实践中的"主流观点"。在理论探讨中，郑友德教授等则认为应当借鉴欧盟、日本商业秘密立法，将生产、进出口、销售侵权产品的行为认定为商业秘密侵权行为。[②] 张玉瑞教授、孔祥俊教授倾向于借鉴美国《反不正当竞争法重述（第三次）》，对"使用"作宽泛解释，即一般而言，任何利用商业秘密而可能对商业秘密所有者造成损害的，或使用行为人不当得利的行为，均属"使用"。[③] 依照此观点，"使用"不仅包括直接利用商业秘密信息的行

---

① E.g., University Computing Company v. Lykes-Youngstown Corporation, 504 F.2d 518（5th Cir. 1974）. Metallurgical Industries Inc. v. Fourtek, Inc., 790 F.2d 1195（5th Cir. 1986）.

② 参见郑友德、钱向阳：《论我国商业秘密保护专门法的制定》，载《电子知识产权》2018年第10期。

③ 参见张玉瑞：《商业秘密法学》，中国法制出版社1999年版，第510页；孔祥俊主编：《商业秘密司法保护实务》，中国法制出版社2012年版，第160页。

为，还包括销售、许诺销售、使用侵权产品等间接利用行为。本书也赞同此观点，禁止商业秘密"使用"行为本质上是为了避免商业秘密在被不当获取之后，其价值进一步被他人所盗用。作为商业秘密客体的技术秘密与作为专利权客体的技术方案具有同质性。对于方法专利，专利法不仅禁止他人直接使用专利方法的行为，同时提供"延伸保护"防止其价值被他人不当盗用，即任何单位或个人未经专利权人许可，除不得为生产经营目的使用该专利方法外，还不得为生产经营目的使用、许诺销售、销售或者进口依照该专利方法直接获得的产品。其保护原因有二：第一，专利方法本质上是由一系列生产步骤特征组成，其表征的是一种行为过程而非物品，举证证明被控侵权人进行的过程性行为是否采用了专利权利要求记载的步骤特征，远比证明被控侵权人制造的产品是否包含了专利权利要求记载的结构特征更为困难；第二，对于许多方法技术来说，其经济价值很大程度上体现在依照该方法获得的产品，使用、销售这样的产品实际上利用了方法发明人的发明创造成果，如果他人在国外使用产品制造方法专利，然后将所获得的产品进口到国内予以销售和使用，在仅仅禁止使用专利方法行为的情况下，专利权人的合法权益将无法得到充分保障。[①] 对于作为生产过程的技术秘密而言同样如此，将"使用"仅限定在利用他人商业秘密进行产品研发和制造的直接使用行为，其合理性有待商榷。行为人明知或应知他人侵犯商业秘密，仍然销售、许诺销售、进口、出口侵权产品，无疑会对商业秘密权利人的利益产生损害，不对其进行规制则会大大提升商业秘密权利人的维权难度，故应纳入规制范畴。此外，从欧盟、日本、美国比较法实践来看，虽然在规制行为类型上存在差异，但均同时规制直接使用和间接使用行为。因此，在我国法上，应当对"使用"行为作广义理解，即不仅包括直接使用商业秘密信息用于生产经营活动的行为，还应当包括"间接适用"行为，即使用、许诺销售、销售或者进口依照该商业秘密直接获得的产品。

第三节 不正当披露或使用合法获悉的商业秘密

一、基本规则与认定难点

在商业秘密保护早期，商业秘密纠纷多发生于掌握一定秘密信息的学徒离开雇主后向竞争者提供其商业秘密的情形，即合法知悉商业秘密的人违反保密义务披露和使用商业秘密的情形。目前，这一情形也占据了商业秘密侵权纠纷

---

① 参见尹新天：《中国专利法详解》，知识产权出版社2011年版，第158页。

的绝大多数。对此，首先可以通过合同法进行规制。例如，1860年之前，美国法院主要依据当事人之间明示不使用或者不公开特定秘密信息的协议，以合同法调整商业秘密纠纷，不存在一般性的商业秘密理论和制度。但由于合同仅具有相对效力，当直接使用商业秘密或者是享受商业秘密带来利益的一方不是合同相对人时，合同法则难以适用，即产生了突破合同相对关系直接对商业秘密进行保护的必要。因此，世界知识产权组织《关于反不正当竞争保护的示范规定》将"违反合同""违反保密关系"明确列举为"未经合法控制人同意，披露、获取或使用秘密信息"的不正当竞争行为。美国、欧盟以及日本法上均对此情形作出明确规制。

我国《反不正当竞争法》第9条明确规定，经营者不得"违反保密义务或者违反权利人有关保守商业秘密的要求，披露、使用或者允许他人使用其所掌握的商业秘密"。此类侵权行为的认定包含两个要件：第一，行为人以正当或者合法手段获取权利人的商业秘密，例如，经营者通过与权利人签署合作协议取得商业秘密，权利人的员工、前员工因参与研发、生产而知悉商业秘密；第二，行为人对权利人负有保密义务，行为人违反保密义务而对外披露、使用或者允许他人使用所掌握的商业秘密，即构成侵犯商业秘密的不正当竞争行为。[1]关于披露、使用、允许他人使用行为正当与否的判断，关键在于行为人是否负有保密义务以及是否违反了保密义务。对此，《反不正当竞争法》未作明确规定，而应当依据《民法典》合同编、《劳动合同法》等具体法律规范加以认定。《最高人民法院关于审理侵犯商业秘密民事案件适用法律若干问题的规定》第10条对此解释："当事人根据法律规定或者合同约定所承担的保密义务，人民法院应当认定属于反不正当竞争法第九条第一款所称的保密义务。当事人未在合同中约定保密义务，但根据诚信原则以及合同的性质、目的、缔约过程、交易习惯等，被诉侵权人知道或者应当知道其获取的信息属于权利人的商业秘密的，人民法院应当认定被诉侵权人对其获取的商业秘密承担保密义务。"据此，保密义务可以分为明示的保密义务和默示的保密义务，明示的保密义务是指权利人与相对人签订了保密合同，或者对相对人提出了保密要求；默示的保密义务则是根据法律规定、事实、习惯等原因认定，即使相对人与权利人之间未签订保密合同或权利人没有明确的保密要求，相对人也应当承担保密和不使用义务。[2]由于我国现有立法以及司法解释对于保密义务的规定有限，以下可结合比较法实践进行理解。

---

① 参见王瑞贺主编：《中华人民共和国反不正当竞争法释义》，法律出版社2018年版，第33页。
② 参见张玉瑞：《商业秘密法学》，中国法制出版社1999年版，第523页。

二、比较法实践中的保密义务认定

（一）美国法

在美国法上，《侵权法重述（第一次）》《统一商业秘密法》《反不正当竞争法重述（第三次）》以及《保护商业秘密法》均将违反保密义务而泄露或者使用他人商业秘密的情形规定为侵犯商业秘密的行为。其中，《反不正当竞争法重述（第三次）》第四十一节专门对"保密义务"的认定作出了规定："适用第四十节时，下列商业秘密的披露接受者，对商业秘密所有人承担保密义务：（a）在商业秘密披露前，曾作出明示保密承诺的；（b）披露商业秘密是在特定环境下进行的，即在披露中，当事人的关系，或有关披露的相关事实可以证实：（1）披露接受者知道或应当知道，该披露不打算公开；并且（2）有合理理由推断，披露接受者同意承担保密义务。"此外，第四十二节专门将雇员违反保密义务作为违反保密义务的一种特殊类型加以规定，即"雇员或前雇员违反保密义务，使用或披露雇主或前雇主商业秘密，适用第四十节有关侵犯商业秘密的责任的规定"。根据该规定，保密义务的产生可以分为两种类型：第一，明示的保密义务，即因商业秘密权利人与披露接受者的明示保密承诺而创设的保密义务；第二，默示的保密义务，即基于特定关系或者特定环境、事实，虽然当事人之间并不存在明示的要约承诺，但推定产生保密义务。

对于明示的保密义务，依据当事人之间订立的合同较容易认定，默示保密义务的认定则较为复杂。第四十一节的评论解释道，"只有接受者意识到了披露的保密性质，才能推定对其产生保密义务。尽管对意识的形式没有要求，但是相关环境必须表明，接受者有理由知道或应当知道有关披露不打算公开。另外，相关环境必须能支持披露者的判断，即接受者已经同意承担保密义务。如果披露是对表示拒绝保密的人作出的，或是对事前没有机会表示拒绝保密的人作出的，则接受者不承担保密义务"。关于默示保密义务的产生，《反不正当竞争法重述（第三次）》列举了三种产生默示保密义务的情形：

1. 因行业习惯推定产生保密义务

在某些案件中，特定行业中的习惯足以向接受者证明，有关披露不打算公开。在非经营环境下有关披露的习惯，与经营环境下的可能不同。例如，生产企业研究机构中的披露习惯，不同于非营利性研究机构的披露习惯。接受者知道商业秘密所有者的保密措施，可以作为接受者知道或应当知道所有者保密意图的证据。对接受者引发的披露，可以作出存在保密关系的推论，对因接受者的虚假陈述或其他不正当行为所造成的披露，尤其如此。在一些案例中，对特定信息的明示保密协议，可作为当事人对该协议范围之外的信息具有保密意图的证明。

2. 因特定披露目的而产生保密义务

如果商业秘密所有人是为特定目的披露商业秘密，该目的在披露时为接受者所知，在一般情况下，接受者受该目的约束，除非接受者表示拒绝。例如，在与可能的买主、客户或被许可方进行谈判时，商业秘密所有人有时为使对方可以正确判断将要达成的交易，需要披露商业秘密。商业秘密法提供必要保障，使商业秘密所有人为特定目的的披露行为得到保护。值得注意的是，除非有相反协议，否则购买体现商业秘密的产品一般不承担保密义务，对于通过研究、分析产品获得的信息，购买者可以自由开发利用。然而，对于出租或寄托，如果当事人知道是为特定目的，在一般情况下应推定产生保密义务。例如，为维修目的交付体现商业秘密的机器，一般情况下不允许接受者使用或披露通过交接知悉的商业秘密。

3. 因存在保密关系而产生保密义务

法院经常认定基于所谓保密关系，当事人之间对交换的信息，产生不使用或披露义务。特定的商务关系，如雇主与雇员、许可方与被许可方之间的关系有时被认为是保密关系。当事人之间这类现存关系的事实，在决定特定披露是否产生保密义务时，具有一定作用。但不是所有特定关系下的披露，均产生保密义务。甚至在一般认为是保密的关系中，披露的目的、当事人之间过去的做法、行业习惯，以及与披露有关的其他情况，在决定接受者是否承担保密义务时，亦应被考虑。所以，尽管根据许可合同，向被许可方披露保密配方一般会产生保密义务，但是向被许可方披露其他信息，并未指明该信息是保密的，可以不产生保密义务。《反不正当竞争法重述（第三次）》第四十二节专门规定了雇佣关系下的保密义务，雇佣关系由于其性质一般被推定为，在雇佣关系存续期间，雇员对所知道或应当知道是秘密的任何信息，均同意承担保密义务。在雇佣关系结束后，雇员不得使用或披露保密信息的义务仍然延续，但对构成雇员一般技能、知识、训练、经验的信息，即使直接归因于雇佣期间雇主的资源投入，也不能被雇主主张为商业秘密。

（二）欧盟法

欧盟《商业秘密保护指令》规定，行为人违反了不披露商业秘密的保密协议或者限制性使用商业秘密的合同义务及其他义务，而使用、披露商业秘密的，将构成对商业秘密的侵害。但对于合同义务及其他保密义务的认定，欧盟法上并没有实现一体化，而是有待通过成员国内部的民法及相关法律加以认定。在成员国内部，如德国《商业秘密保护法》作为《商业秘密保护指令》在德国转化实施的结果，同样规定，违反商业秘密使用限制要求、披露要求而使用、披露商业秘密的，构成对商业秘密的侵害。

在德国法上，不披露或限制使用义务可因法律规定或因合同约定而产生：（1）明确规定的法定义务，如德国《雇员发明法》第24条规定了雇主对雇员发明秘密的保密义务以及雇员的保密义务；德国《商法典》第90条规定了代理商对委托合作者商业秘密的保密义务；德国《企业组织法》第79条规定了企业中各工作委员会成员对其所知悉的商业秘密的保密义务。（2）实践中，不披露或限制使用义务主要因合同而产生，如签订专门的保密协议，或者将保密条款作为研发协议、销售协议、特许经营协议等的合同条款；也可以根据交易习惯推定双方之间订立了保密协议，如双方移交标记为"保密"的文件。[①] 在双方没有明确约定的情况下，还可以基于合同解释以及合同履行中的保护义务产生不披露或限制使用义务，《德国民法典》第241条第2款规定，"债务关系可以依其内容使任何一方负有顾及另一方的权利、法益和利益的义务"；第242条规定，"债务人有义务照顾交易习惯，以符合诚实信用的方式履行给付"。即使在合同订立之前或合同履行完毕之后，也可以产生限制披露、使用的先合同义务或后合同义务。《德国民法典》第311条第2款规定："以第241条第2款所规定的义务为内容的债务关系，也因下列情形之一而发生：1.合同磋商的开始；2.在合同的准备阶段，鉴于可能的法律行为上的关系，一方将影响自己的权利、法益和利益的可能性给予另一方，或将自己的权利、法益和利益托付给另一方；或3.类似的交易上的接触。"[②]

实践中，由于商业秘密主要为雇员所接触，雇员在雇佣期间以及离职后侵害商业秘密的案件在商业秘密侵权案件中占据很大比例。因此，雇佣关系中雇员的保密义务往往被作为一种特殊类型，即在雇佣关系中，即使双方没有明确约定，雇员对雇主也具有忠诚义务，在雇佣关系存续期间，雇员不得对外披露和使用雇主的商业秘密。但确定前雇员的保密义务在实践中存在较大的困难，在认定时面临两种不同利益的冲突：一方面，在雇佣关系结束后，雇主可以主张其商业秘密得到合法保护；另一方面，为了促进人才自由流动，雇员在更换雇主之后必须能够自由使用之前获得的一般知识经验。然而，如何在雇主的商业秘密与雇员的知识经验之间进行区分成为实践中的难点，雇主在雇员离职之后可以就保密事项与雇员签订明确的保密协议，在法律未作出明确规定的情况下，应当结合以下因素在雇主的商业秘密与雇员的一般知识经验之间作出区分：（1）所使用信息的性质、内容；（2）信息对雇主的重要性；（3）信息对雇员职业发展的重要性；（4）雇员

[①] Köhler/Bornkamm/Feddersen/Alexander, 39. Aufl. 2021, GeschGehG § 4 Rn. 46.

[②] Ohly/Harte-Bavendamm/Ohly/Kalbfus, GeschGehG, 1. Auflage 2020, § 4 Handlungsverbote, Rn 52-53.

在其此前工作中的职位。[①]

三、我国法上保密义务的认定

在我国法上，如前所述，保密义务可以分为明示的保密义务和默示的保密义务。明示的保密义务是指权利人与员工、交易对象等签订专门的保密合同或者在研发、加工、销售等合同中订立专门的保密条款，明确交易相对人对其商业秘密的保密义务。对当事人之间作出明确约定的情形，一般较容易判断。争议难点在于对默示的保密义务的认定，可分为两种类型：

一是基于法律规定而产生的保密义务，如国家机关执行公务而有可能知悉企业的商业秘密的，当事人之间虽然不具有合同关系，但法律对此明确规定要保护企业的合法权益。在既有立法中，《监察官法》第10条规定，"监察官应当履行下列义务：……（六）保守国家秘密和监察工作秘密，对履行职责中知悉的商业秘密和个人隐私、个人信息予以保密"。《数据安全法》第38条规定："国家机关为履行法定职责的需要收集、使用数据，应当在其履行法定职责的范围内依照法律、行政法规规定的条件和程序进行；对在履行职责中知悉的个人隐私、个人信息、商业秘密、保密商务信息等数据应当依法予以保密，不得泄露或者非法向他人提供。"《食品安全法》第82条第2款规定："省级以上人民政府食品安全监督管理部门应当及时公布注册或者备案的保健食品、特殊医学用途配方食品、婴幼儿配方乳粉目录，并对注册或者备案中获知的企业商业秘密予以保密。"《海关法》第72条规定，"海关工作人员必须秉公执法，廉洁自律，忠于职守，文明服务，不得有下列行为：……（五）泄露国家秘密、商业秘密和海关工作秘密"。《进出口商品检验法》第10条第2款规定："国家商检部门和商检机构的工作人员在履行进出口商品检验的职责中，对所知悉的商业秘密负有保密义务。"上述国家机关及其工作人员对企业商业秘密的保密义务集中规定在2021年之后的立法中，在此之前的立法对国家机关履行公共职能而获取他人商业秘密的情形并未作出专门规定，但由于国家机关及其工作人员的行政行为具有强制性，根据"公民的合法的私有财产不受侵犯"的宪法基本原则，故在立法规定之外因履行国家职能获取他人商业秘密的情形，除履行公共职能或因公共利益之必要，国家机关及其工作人员对企业商业秘密也应当负有保密义务。

除此之外，对某些提供公共服务、法定职能的情形，立法也规定了保护商业秘密的法定义务，《法律援助法》第21条规定："法律援助机构、法律援助人员

[①] Ohly/Harte-Bavendamm/Ohly/Kalbfus, GeschGehG, 1. Auflage 2020, § 4 Handlungsverbote, Rn 36-42.

对提供法律援助过程中知悉的国家秘密、商业秘密和个人隐私应当予以保密。"《律师法》第38条第2款规定，"律师对在执业活动中知悉的委托人和其他人不愿泄露的有关情况和信息，应当予以保密"。《公司法》第148条规定："董事、高级管理人员不得有下列行为：……（七）擅自披露公司秘密……"

二是基于合同约定产生的保密义务。由于法律传统上的亲缘关系，与德国法类似，即使双方在合同中并未明确约定保密义务，在合同订立、履行过程之中以及履行完毕之后，依据诚信原则，当事人对因此而知悉的他人的商业秘密负有保密义务。基于合同约定产生的保密义务可作如下分类：

（1）先合同义务。《民法典》第501条规定："当事人在订立合同过程中知悉的商业秘密或者其他应当保密的信息，无论合同是否成立，不得泄露或者不正当地使用；泄露、不正当地使用该商业秘密或者信息，造成对方损失的，应当承担赔偿责任。"在缔约过程中，当事人双方存在保护和照顾的义务，对于当事人在此过程中获得的商业秘密，无论合同是否成立，当事人均不得泄露或者不正当地使用。[1]

（2）合同履行中的附随义务。《民法典》第509条规定："当事人应当按照约定全面履行自己的义务。当事人应当遵循诚信原则，根据合同的性质、目的和交易习惯履行通知、协助、保密等义务……"依照诚信原则，当事人在合同履行中负有保密义务，尤其在商事交易活动中，当事人会在合同履行中知悉对方的各种经营信息，即使合同中没有明确约定保密义务及其范围，当事人对于应当保密的信息都负有保密义务。[2]

（3）后合同义务。《民法典》第558条规定："债权债务终止后，当事人应当遵循诚信等原则，根据交易习惯履行通知、协助、保密、旧物回收等义务。"后合同义务，是指合同的权利义务终止后当事人依照法律的规定，遵循诚信原则等法律原则，根据交易习惯履行的各项义务，其中也包括对合同订立、履行过程中知悉他人商业秘密的保密义务。[3]

基于合同约定产生的保密义务以当事人之间明确相关信息是商业秘密为前提，根据《最高人民法院关于审理侵犯商业秘密民事案件适用法律若干问题的规定》，当事人未在合同中约定保密义务，但根据诚信原则以及合同的性质、目的、缔约过程、交易习惯等，被诉侵权人知道或者应当知道所获取的信息属于权利人的商业秘密，应当认定其对获取的商业秘密承担保密义务。

在因合同产生的默示保密义务中，其中相对重要而特殊的一类是因劳动关系

---

[1]　参见黄薇主编：《中华人民共和国民法典合同编释义》，法律出版社2020年版，第118页。
[2]　参见黄薇主编：《中华人民共和国民法典合同编释义》，法律出版社2020年版，第135页。
[3]　参见黄薇主编：《中华人民共和国民法典合同编释义》，法律出版社2020年版，第242页。

而产生的保密义务。与德国法不同的是，我国法上并没有一般性地规定劳动者对用人单位的忠诚义务以及因此产生的保密义务，而是仅仅规定了当事人之间可以签订保密协议，如《劳动合同法》第23条规定，"用人单位与劳动者可以在劳动合同中约定保守用人单位的商业秘密和与知识产权相关的保密事项。对负有保密义务的劳动者，用人单位可以在劳动合同或者保密协议中与劳动者约定竞业限制条款"。但即使《劳动法》《劳动合同法》对此并未作明确规定，依据前述《民法典》对先合同义务、合同履行中的附随义务以及后合同义务的规定，员工、前员工对其履行单位职责中获悉的商业秘密，在雇佣关系存续期间以及雇佣关系结束之后都应当负有保密义务。

　　类似于德国法、美国法实践，我国司法实践认为，员工对其基本技能、知识的运用不应当构成对商业秘密的侵犯。例如，在"山东山孚集团有限公司、山东山孚日水有限公司与马达庆等不正当竞争纠纷案"中，最高人民法院认定，员工的基本技能是"职工人格的组成部分"，是员工在工作中掌握和积累的除单位的商业秘密以外的知识、经验和技能。员工在业务中使用此前在受雇期间获取的，且如果受雇于其他制造商也能够获取的知识不会构成对保密义务的违反，自然不会构成对商业秘密的侵犯。[①] 如何区分商业秘密与员工的基本技能无疑是实践中的一大难题，除了要求单位将内部以及外部保密措施与一般信息相区分外，可借鉴前述比较法实践经验，在企业商业秘密与员工基本技能之间作出区分。

第四节　第三人恶意获取、披露、使用商业秘密

一、基本规则与认定难点

　　我国《反不正当竞争法》第9条第3款规定："第三人明知或者应知商业秘密权利人的员工、前员工或者其他单位、个人实施本条第一款所列违法行为，仍获取、披露、使用或者允许他人使用该商业秘密的，视为侵犯商业秘密。"该款是关于第三人恶意侵犯商业秘密的规定，即第三人明知他人以不正当手段获取、披露、使用商业秘密或者违反保密义务披露、使用商业秘密，仍然通过他人获取、披露、使用商业秘密，即构成对商业秘密的侵犯。与该款相似的是第9条第1款第4项规定，即："教唆、引诱、帮助他人违反保密义务或者违反权利人有关保守商业秘密的要求，获取、披露、使用或者允许他人使用权利人的商业秘密。"不同于第3款规定的行为类型，"教唆、引诱、帮助他人违反保密义务或者违反

---

① 最高人民法院（2009）民申字第1065号民事裁定书。

权利人有关保守商业秘密的要求"从而获取商业秘密的行为，本身具有主动性，应当属于不正当获取商业秘密的行为类型。而第3款强调的是，第三人明知或者应知已经存在商业秘密侵权行为，而接受该"毒树之果"，但没有参与该商业秘密的不当获取过程。[①]

适用《反不正当竞争法》第9条第3款一般认为应当符合以下要件：第一，商业秘密权利人的员工、前员工或者其他单位、个人实施第9条第1款所列违法行为是前提，即以不正当手段获取、披露、使用商业秘密或者违反保密义务披露、使用商业秘密。第二，在客观行为上，要求第三人基于他人违法行为而获取商业秘密，以及进一步披露、使用商业秘密。[②]第三，在主观要件上，第三人的主观状态限于"明知或应知"，"明知"是第三人知晓该违法行为存在行为上的故意；"应知"是指第三人在主观状态上虽然不知道，但从客观情况来看，尽到合理必要注意义务的人都应当知道，其行为存在过失。如果第三人在获取、披露、使用商业秘密时，主观上不知道且不能知道该信息是他人的商业秘密，则不构成侵犯商业秘密。

相对存在疑问的是，如果他人在取得商业秘密时系善意，即不知该信息系他人的商业秘密，之后获悉该信息系他人商业秘密，有学者称之为"善意消失"，如果第三人此时立即停止使用，毫无疑问其必然不构成侵犯商业秘密。[③]但如果该第三人继续披露、使用商业秘密，将如何处理？是否直接适用《反不正当竞争法》第9条第3款认定构成第三人恶意侵权的行为，或者认定存在民法上善意取得的情形？目前，我国立法对此未作明确规定，有学者认为可直接适用该款而认定该继续行为将构成商业秘密侵权；[④]也有学者认为，应当类推一般物权的善意取得制度而认定不构成侵权。[⑤]比较法上，日本、美国对此作出了明确规定，可为我国认定第三人恶意获取、披露、使用商业秘密提供参考。

二、比较法上的善意第三人保护

（一）美国法

在美国法上，《侵权法重述（第一次）》《统一商业秘密法》《反不正当竞争法重述（第三次）》和2016年《保护商业秘密法》均规定，行为人明知商业秘密是

---

① 参见张玉瑞：《商业秘密法学》，中国法制出版社1999年版，第541页。
② 关于"获取""披露""使用"行为的认定，参见第二节"不正当获取、披露、使用商业秘密的行为"，在此不再赘述。
③ 参见王瑞贺主编：《中华人民共和国反不正当竞争法释义》，法律出版社2018年版，第34页。
④ 参见孔祥俊主编：《商业秘密司法保护实务》，中国法制出版社2012年版，第161页。
⑤ 参见汤茂仁：《论商业秘密善意取得制度在我国的适用》，载《法律适用》2013年第12期；彭学龙：《商业秘密善意取得与动产善意取得制度之比较》，载《政法论丛》2001年第4期。

源于或经过使用了不正当手段的人获得的或者违反保密义务而获得的，其进一步的披露、使用行为将构成对他人商业秘密的侵犯。此外，美国法上还专门明确了对善意第三人的保护。《侵权法重述（第一次）》第758条专门规定了"善意取得商业秘密"的情形，即："行为人从第三人处获得他人的商业秘密并使用，没有注意到其属于商业秘密且第三人的披露行为违反了对他人的义务；或行为人因错误获知该商业秘密而没有注意到秘密性和错误：（a）行为人对在接到他人通知之前的披露或使用行为，对他人不承担法律责任；（b）行为人对在接到他人通知之后的披露或使用行为，对他人承担法律责任，除非在此之前行为人已善意地支付了商业秘密的对价，或行为人的状态已改变，致使行为人承担责任显失公平。"即为了保护交易安全，没有使用不正当手段获取或违反保密义务，且不知道存在相关情形的行为人，具有善意地获取、披露、使用相关信息的自由；行为人接到权利人的通知之后即可能由善意变为恶意，采取继续行为将构成侵权。但作为例外情形，行为人已经善意地支付了商业秘密的对价，或者行为人的状态已经发生了实质变化，如行为人对厂房设备进行了实质投资、调查研发等情形，如果完全禁止行为人使用商业秘密将显失公平，则有必要允许行为人继续使用商业秘密。

《侵权法重述（第一次）》之后，《统一商业秘密法》《反不正当竞争法重述（第三次）》以及《保护商业秘密法》都仅仅规定了行为人明知或应知他人以不正当手段获取、披露、使用商业秘密或者违反保密义务披露、使用商业秘密，而进一步披露、使用商业秘密的将构成侵权。未明确规定类似于《侵权法重述（第一次）》第758条对善意第三人的免责规定，而是根据具体案件在救济手段的选择上考虑衡平原则对善意第三人利益进行考量，《反不正当竞争法重述（第三次）》第四十节评论d在解释商业秘密盗用主观状态的认定中指出：

"为使行为人根据（b）条之（2）—（4）承担责任，商业秘密所有人无须证明行为人知道存在违法盗用商业秘密的情形，只需证明行为人应当知道存在违法盗用商业秘密的情形。所以如果一个有理智的人处于行为人的地位，就会意识到已经违法盗用他人商业秘密，就应该追究行为人使用和披露商业秘密的责任。在一些案件中，一个有理智的人如果结合已知情况，通过进一步询问能够得知存在违法盗用的情形，行为人亦应被追究责任。获取信息且故意不考虑有关背景，并不免除本节责任。辅助判定知道或应当知道的情节如：行为人知道商业秘密所有人采取了保密措施；行为人知道有关行业的习惯实践，这能够证明第三人向行为人披露是未经许可的；行为人知道商业秘密所有人与该第三人关系的性质；任何商业秘密所有人与行为人的直接通信。如果行为人主张该第三人提供了权利转让或合法来源的担保，仅在相关背景条件下证明行为人的认识具有正当性时，才能免除行为人的责任。

如果在获取商业秘密时，行为人处于本节（b）条之（2）—（4）规定的知道或应当知道的主观状态，行为人对所有使用、披露商业秘密的行为应当承担责任。如果行为人在获取商业秘密以后，转为上述主观状态，那么行为人对处于上述主观状态以后的使用或披露行为承担责任，对以前的行为不承担责任。应该注意，即使接受商业秘密时的主观状态足以使行为人对其之后的行为承担责任，但是对商业秘密所有人的救济，在具体案件中应该考虑衡平原则。因此，如果处于上述主观状态以前，行为人已经对商业秘密善意地支付了对价，或对商业秘密进行了重要的设备投资或研究开发，或依赖该信息实质性地改变了自身状态，那么对行为人之后的使用或披露追究责任，是不适当的……"

根据《反不正当竞争法重述（第三次）》，行为人在获取商业秘密时，不知且不应知存在商业秘密盗用的情形，不承担责任；但在商业秘密所有人通知之后，行为人的行为将转化为恶意，行为人继续披露、使用商业秘密将承担责任。例外情形是，行为人已经对商业秘密善意地支付了对价，或对商业秘密进行了重要的设备投资或研究开发，或依赖商业秘密实质性地改变了自身状态的可以不承担商业秘密侵权责任。商业秘密所有人可以采取其他手段进行救济，如要求行为人支付合理的许可费等。

（二）日本法

如前所述，日本《不正当竞争防止法》在第2条第1款第4—10项列举了七种侵犯商业秘密的行为，除了对商业秘密侵权产品的规制外，依据商业秘密来源的不同、行为人的主观过错，具体区分了六种侵权行为。这六种侵权行为可简单概括为两大类。第一类是来源不正当的侵权行为，包括：（1）不正当获取、披露、使用商业秘密的行为；（2）第三人自始恶意的获取、披露、使用行为；（3）第三人嗣后恶意的获取、披露、使用行为。第二类是来源正当的侵权行为，包括：（1）违反保密义务披露、使用商业秘密的行为；（2）第三人自始恶意的获取、披露、使用行为；（3）第三人嗣后恶意的获取、披露、使用行为。这六种侵权行为明确区分了恶意或重大过失取得与取得时善意、嗣后转为恶意、重大过失的不正当竞争行为，将善意第三人排除在侵权行为之外，同时也为商业秘密持有人避免损害扩大提供了救济途径，即若商业秘密持有人在发现侵权行为之后及时地通知善意第三人，则善意第三人转化为恶意第三人，不得为进一步的商业秘密披露或者使用行为。在市场交易中，善意第三人可能通过支付许可费或转让费等而获得商业秘密，如果完全禁止其进一步披露和使用商业秘密，则有失公平且不利于交易安全。为了促进技术性情报信息的自由传播，在商业秘密交易时，对于无恶意或重大过失的商业秘密利用行为，即便之后由于商业秘密持有人的警告等行为而成为恶意，也不应当予以禁止。因此，日本《不正当竞争防止法》第19条第1款第6项专门规定了对善意第三人的保护例外，规定，"第二条第一款第四项至第九项所列的不正当竞争行为：通过交易取得商业秘密的人（以其不知且无重大过失应知该商业秘密是不正当披露，或者该商业秘密已经存在不正当获取行为或不正当披露行为为限）在通过交易获得的权限范围内的商业秘密使用或者披露行为"，将不承担反不正当竞争法规定的停止侵权、损害赔偿等侵权责任。但这一例外不能超出原有权利的限制，例如，在双方缔结了3年许可使用合同的情况下，第三人可以在保密条件下在3年内继续使用该秘密信息，但不得披露或者超出3年的期限使用该秘密信息，从而侵害原商业秘密持有人的利益。[①]

（三）欧盟法

欧盟《商业秘密保护指令》第4条规定，"当行为人在获取、使用以及披露商业秘密时，知道或者根据具体情况应当知道，该直接或者间接从持有商业秘密的第三人处取得的商业秘密，存在本条第（3）款所述及的违法使用或者披露的情形"时构成对于商业秘密的侵犯。在成员国对该指令的转化实践中，例如德国《商业秘密保护法》第4条也规定，"通过他人获取商业秘密，在获取时知道或应当知道该他人违反第2款而利用或公开商业秘密的，不得获取、利用或公开商业秘密"。即构成对他人商业秘密的侵犯，应包括以下要件：（1）此前他人存在非法的商业秘密使用或披露行为；（2）行为人直接或间接从他人处获得商业秘密信息；（3）行为人存在获取、使用或披露行为；（4）行为人主观上明知或者应知他人存在违法使用或披露商业秘密的行为。[②]在具体认定中，行为人知道或者应当知道的时间点是在获取、披露、使用行为之前，如果行为人不知道且不应当知道相关违法情形而获取、披露、使用商业秘密，则不构成侵权，但如果此后行为人被通知存在相关侵权情形，而继续披露或者使用商业秘密，根据《商业秘密保护指令》第4条，构成对他人商业秘密的侵犯。对于善意取得商业秘密的行为人，《商业秘密保护指令》并没有直接规定免责或例外情形。在成员国实践中，如德国法学者认为，可以通过法律救济手段的灵活选择来保护善意第三人的合法利益，如《商业秘密保护指令》第13条规定，成员国法院应当考虑"各方具有的正当性利益，以及司法机构在作出支持或者拒绝提供保护措施而可能造成的对双方利益的影响"来选择救济措施，德国《商业秘密保护法》第9条也规定，考虑"商业秘密权利人和侵权人的正当性利益以及实施救济对双方可能产生的影响"等因素，法院可以不判令采取消除危险、停止侵权等救济措施。如果善意第三人基于所获得的商业秘密信息进行了善意投资，法院可以不判令善意第三人停止侵

[①]　参见［日］田村善之：《日本知识产权法》（第4版），周超、李雨峰、李希同译，知识产权出版社2011年版，第44页。

[②]　MüKoUWG/Namysłowska, 3. Aufl. 2020, Geheimnisschutz-RL Art. 4 Rn. 17-22.

权，而要求其提供许可费或损害赔偿作为替代性救济措施。[①]

三、我国法上的善意第三人保护

我国《反不正当竞争法》第9条仅规定了恶意第三人应当承担商业秘密侵权责任的情形，但对善意第三人及其嗣后转化为恶意的情形并未作出明确规定，实践中最具争议性的问题在于，在善意第三人不知道且不应当知道存在违法侵害商业秘密的情形中，善意第三人支付对价获取商业秘密或者基于此付出实质性投资是否还应当承担侵权责任。[②] 与此相关的是，《民法典》第311条规定了动产和不动产的善意取得制度，即："无处分权人将不动产或者动产转让给受让人的，所有权人有权追回；除法律另有规定外，符合下列情形的，受让人取得该不动产或者动产的所有权：（一）受让人受让该不动产或者动产时是善意；（二）以合理的价格转让；（三）转让的不动产或者动产依照法律规定应当登记的已经登记，不需要登记的已经交付给受让人。受让人依据前款规定取得不动产或者动产的所有权的，原所有权人有权向无处分权人请求损害赔偿。当事人善意取得其他物权的，参照适用前两款规定。"根据《民法典》第123条，商业秘密属于知识产权的一种，并非第311条第3款之"其他物权"，故而无法直接参照一般物权之善意取得制度。

除此之外，《民法典》合同编第二十章"技术合同"对技术许可人或者让与人无权处分而侵害他人合法权益的情形作出了调整。第850条规定："非法垄断技术或者侵害他人技术成果的技术合同无效。"第874条规定："受让人或者被许可人按照约定实施专利、使用技术秘密侵害他人合法权益的，由让与人或者许可人承担责任，但是当事人另有约定的除外。"《最高人民法院关于审理技术合同纠纷案件适用法律若干问题的解释》第12条第1款规定："根据民法典第八百五十条的规定，侵害他人技术秘密的技术合同被确认无效后，除法律、行政法规另有规定的以外，善意取得该技术秘密的一方当事人可以在其取得时的范围内继续使用该技术秘密，但应当向权利人支付合理的使用费并承担保密义务。"第13条规定："依照前条第一款规定可以继续使用技术秘密的人与权利人就使用费支付发生纠纷的，当事人任何一方都可以请求人民法院予以处理。继续使用技术秘密但又拒不支付使用费的，人民法院可以根据权利人的请求判令使用人停止使用。……不论使用人是否继续使用技术秘密，人民法院均应当判令其向权利人支

[①] Ohly/Harte-Bavendamm/Ohly/Kalbfus, GeschGehG, 1. Auflage 2020, § 4 Handlungsverbote, Rn 48.

[②] 参见宋建宝：《美国第三人侵害商业秘密的民事责任认定及其借鉴》，载《法律适用》2020年第7期。

付已使用期间的使用费。使用人已向无效合同的让与人或者许可人支付的使用费应当由让与人或者许可人负责返还。"

根据上述规定，对善意第三人获取他人商业秘密的情形可作如下处理：第一，侵权人无权处分他人商业秘密，所签订的合同无效；第二，不知道且不应当知道存在侵犯商业秘密情形的善意第三人此前获取、披露、使用商业秘密的行为不构成侵权；第三，在商业秘密权利人告知第三人侵权情形之后，善意第三人虽然转化为恶意第三人，但为了保护其合理预期的正当利益，其可以在原合同范围内继续使用商业秘密，但应向商业秘密权利人支付合理使用费，当事人之间就此发生争议的可以由人民法院裁判；第四，第三人此前使用他人商业秘密的，虽然不构成侵权，但会产生不当得利之债，故应向权利人支付该使用期间的使用费，已向侵权人支付的可要求侵权人进行返还。由于技术合同仅适用于技术秘密，对营业秘密而言，其保护利益与技术秘密并不存在实质区别，故相关规定可类推适用于营业秘密纠纷。除了善意第三人与侵权人签订技术合同并支付合理对价获得商业秘密的情形外，善意第三人基于单方行为无偿取得商业秘密，由于并未支付对价，停止披露、使用并无实质损失，故原则上其在知道或应当知道存在侵犯商业秘密的情形后，应当停止继续披露、使用商业秘密。例外情形是，如果善意第三人依据商业秘密进行了重要的设备投资或研究开发，或依赖商业秘密实质性改变了自身状态，禁止其使用商业秘密，其境况将严重变坏，所受利益损失将难以通过向无权处分人追偿获得，则有必要对善意第三人进行保护。[①] 对此，现行立法及司法解释虽未规定，但按国际经验，在确定救济措施时，基于当事人双方利益平衡和比例原则，可以不判定第三人停止侵权，而允许其继续使用相关商业秘密，同时向权利人支付合理使用费作为替代性救济措施。

典型案例

上海豪申化学试剂有限公司、上海美墅化学品有限公司与朱佳佳、上海黎景贸易有限公司侵害经营秘密纠纷案[②]

事实概要：

原告上海豪申化学试剂有限公司（简称豪申公司）与原告上海美墅化学品有限公司（简称美墅公司）系关联公司。被告朱佳佳在原告豪申公司处从事产品销售工作，于

---

① 参见汤茂仁：《论商业秘密善意取得制度在我国的适用》，载《法律适用》2013年第12期。
② 上海市杨浦区人民法院（2019）沪0110民初1662号民事判决书。

2017年10月离职。在职期间，豪申公司与朱佳佳约定了商业秘密保护义务。在朱佳佳入职前，两原告与24家客户建立业务关系，在朱佳佳入职后，两原告与另外18家客户建立业务关系。朱佳佳在职期间以业务员身份与上述42家客户进行接洽，掌握每笔业务的销售日期、送货单号、物资名称及规格、销售数量、单价、销售金额和客户名称等业务明细。被告上海黎景贸易有限公司（简称黎景公司）成立于2017年9月，朱佳佳从豪申公司离职后入职黎景公司，担任产品销售。2017年12月起，被告与上述42家客户中的41家进行了业务交易，这些交易中包含较多这些客户原先从两原告处采购的产品，且价格亦低于两原告提供给这些客户的产品价格。

两原告向法院起诉称：原告掌握的大量客户信息已经构成经营秘密。朱佳佳故意违反保密规定向黎景公司披露并与黎景公司共同使用所掌握的两原告客户名单信息，给两原告造成巨大损失，侵犯了两原告的商业秘密，请求两被告承担连带责任。审理中，被告辩称其中24家客户为自愿与朱佳佳和黎景公司发生交易往来，是基于双方信任的市场经济行为。

裁判观点：

法院认为，本案的秘密点为42家客户名单，包括客户名称、联系方式以及每笔业务的产品名称、数量、金额、单价等"不为公众所知悉"的特殊客户信息。上述信息可以为两原告带来经济利益，具有一定的商业价值，且两原告采取了保密措施，属于《反不正当竞争法》所保护的客户名单经营秘密。朱佳佳实际接触到了两原告主张的客户名单经营信息，但违反了与两原告的保密约定，向黎景公司披露并使用上述客户信息，并实际与其中41家客户发生了业务交易；黎景公司明知或应知朱佳佳的上述违法行为而仍然使用该经营信息。两被告的行为均侵犯了两原告的商业秘密。

对于两被告提出的个人信赖的抗辩，法院认为：《最高人民法院关于审理不正当竞争民事案件应用法律若干问题的解释》中明确，客户基于对职工个人信赖而与职工所在单位进行市场交易，该职工离职后，能够证明客户自愿选择与自己或其新单位进行市场交易的，应当认定没有采用不正当竞争手段，但职工与原单位另有约定的除外。本案中，首先，被告朱佳佳与两原告有无论朱佳佳是否在职，不影响其承担保密义务，以及朱佳佳不得协助不承担保密义务的任何第三人使用两原告商业秘密的约定；其次，被告亦无证据证明涉案客户是因朱佳佳的个人投入和付出才与两原告建立的交易关系，事实上这些客户亦系朱佳佳在原告处入职后，由两原告分配给朱佳佳负责管理的，朱佳佳是因两原告所提供的物质和其他条件才获得了与客户进行联络和交易的机会；最后，从两被告提供的《情况说明》证据内容看，亦无法证明黎景公司与这些客户之间的交易是由客户主动发起的，因此，法院对两被告主张个人信赖的有关抗辩不予采纳。

知识链接

思考题

1. 侵犯商业秘密的行为包括哪些?

2. 如何认定以不正当手段获取商业秘密?

3. 使用商业秘密的行为包括哪些?

4. 第三人善意取得商业秘密后继续使用、披露商业秘密是否构成侵权?

第七章 正当行为与保护例外

第一节 概　　述

第六章对侵犯商业秘密的行为进行了探讨。商业实践中，对于不正当获取、披露、使用商业秘密的行为往往难以进行穷尽式列举，各国立法往往对侵犯商业秘密的行为作兜底性规定，需要进一步结合商业道德或者诚实信用的商业习惯等加以判断，这也导致对侵犯商业秘密的行为的判断的模糊性和不确定性。除此之外，商业秘密保护还可能不当地限制信息的流动，为促进信息流通共享，推动累积式创新，平衡商业秘密持有人与相关人的利益，避免持有人将商业秘密滥用或者滥诉作为恶性竞争的工具，有必要对商业秘密保护进行相应的限制。[①] 因此，各国商业秘密立法除规定何为侵犯商业秘密的行为外，往往还同时规定何为正当行为和商业秘密的保护例外。

2016年欧盟《商业秘密保护指令》在第4条定义何为非法获取、披露、使用商业秘密之前，首先在第3条界定了何为合法获取、披露、使用商业秘密，规定："（1）当满足下列情形之一时，属于合法获取商业秘密的情形：a）独立的发现或者发明；b）针对产品或特定对象，进行观察、研究、反向工程或者实验，且上述行为的实施对象是处于公共领域的客体及通过合法占有取得的信息，且依法不存在限制获取的情况；c）员工或者员工代表基于欧盟法或者成员国的规定及习惯，因行使信息披露请求权或旁听权而知晓的信息；d）符合诚信商业实践的其他行为。（2）欧盟法和成员国法规定和允许的其他合法获取、披露及使用商业秘密的情形。"其主要规定了独立发明或发现、反向工程以及员工行使知情权的情形，并依照诚实信用原则和成员国法律规定为正当获取、披露、使用商业秘密的情形作出了补充性规定。除此之外，为了实现商业秘密保护的利益平衡，欧盟《商业秘密保护指令》还规定了虽然构成不正当获取、披露、使用商业秘密，但因正当理由而免于承担责任的情形，其第5条规定："当对商业秘密的获取、使用及披露存在下列情形之一的，成员国应当确保当事人借此提起的，要求适用本指令所规定的措施、程序以及救济的申请将被驳回：a）为了行使欧盟基本权利宪章中表达自由和信息自由的基本权利，包括行使能够体现对媒体自由和媒体多元的尊重的行为；b）被申请人出于维护公共利益

---

① 参见郑友德、钱向阳：《论我国商业秘密保护专门法的制定》，载《电子知识产权》2018年第10期。

的主观目的，为了揭露职务性或者其他类型的犯罪行为或者违法行为；c）为履行根据欧盟法或者成员国法所规定的员工代表的职能，员工向员工代表披露相关信息，但该披露行为以履行员工代表职能的必要为限；d）为了保护欧盟法或者成员国法所承认的合法的利益。"根据该条规定，正当获取、披露、使用商业秘密的情形主要包括保护言论和信息自由、保护告密者、履行员工代表职能之必要这三种情形，这一规定为欧盟以及成员国立法保护其他正当利益预留了空间。

美国法上并没有专门规定何为正当使用商业秘密，但在解释何为"不正当手段"时，对何为正当手段进行了解释和列举。例如，1985年修改后的《统一商业秘密法》第1条定义"不正当手段"包括盗窃、贿赂、虚假陈述、违反或诱使违反保密义务，或通过电子或其他手段进行间谍活动。《统一商业秘密法》在"评论"中对"正当手段"进行了列举，即包括：（1）独立开发获得商业秘密。（2）通过"反向工程"获得商业秘密，即从已知产品开始，向相反方向作业发掘产品的开发方法。已知产品必须是以正当和诚实方式获得的，例如从公开市场上购买物品进行反向工程是合法的。（3）接受商业秘密所有人的许可而获得商业秘密。（4）通过公开使用或公开展出观察获得商业秘密。（5）从公开出版物获得商业秘密。《反不正当竞争法重述（第三次）》第四十三节在定义"不正当获取商业秘密"时，专门规定："自主开发、分析通过公开渠道获得的产品或信息，不构成不正当获取手段。"2016年《保护商业秘密法》在定义"不正当手段"时规定，"'不正当手段'一词——（A）包括窃取、贿赂、虚假陈述、违反或诱使违反保密义务，或通过电子或其他手段进行间谍活动；且（B）不包括反向工程、独立推导或其他任何合法获取方式"。除此之外，《保护商业秘密法》专门规定了侵犯商业秘密的免责条款，其第七节规定了"向政府或法院披露商业秘密的免责条款"，即："（1）豁免——在下述情况中，任一主体披露商业秘密的行为在联邦或州商业秘密法的规定下都不需要承担刑事或者民事责任——（A）披露商业秘密系：（i）以保密的方式直接或间接地向联邦、州或地方政府官员、律师作出；且（ii）仅出于举报或调查涉嫌违反法律的行为的目的；或者（B）在诉讼或其他司法程序中，以保密形式在起诉状或其他法律文书中披露商业秘密。（2）在反报复诉讼中使用商业秘密信息——雇员在针对雇主涉嫌违法报复而提起的诉讼中，可以向其律师披露商业秘密，并且在庭审过程中使用商业秘密，只要该披露符合以下条件——（A）以保密方式提交含有商业秘密的文件；且（B）除非依法庭的命令，否则不对外披露商业秘密。"除了向政府或法院披露商业秘密免责外，美国司法判例中还涉及因商业秘密保护与美国宪法第一修正案保护言论自由相冲突而免责的情形。[①]

从欧美比较法实践来看，获取、披露、使用商业秘密但不承担侵权责任的情形可分为两种：第一，相关行为本身即具有正当性，因为相关行为往往是通过处于公共领域内的客体而合法占有、取得信息，并不涉及对他人控制之下的信息的侵害，立法对此加以规定是为了解释何为"不正当"行为而确立的"正面清单"；第二，相关行为虽然构成不正当侵犯商业秘密的行为，但因涉及公共利益等情形，立法为实现利益平衡而使其免于承担责任。

在我国法上，《反不正当竞争法》并未专门规定任何商业秘密正当获取、披露和使用的情形以及侵权例外。在司法解释层面，2020年《最高人民法院关于审理侵犯商业秘密民事案件适用法律若干问题的规定》第14条规定："通过自行开发研制或者反向工程获得被诉侵权信息的，人民法院应当认定不属于反不正当竞争法第九条规定的侵犯商业秘密行为。前款所称的反向工程，是指通过技术手段对从公开渠道取得的产品进行拆卸、测绘、分析等而获得该产品的有关技术信息。被诉侵权人以不正当手段获取权利人的商业秘密后，又以反向工程为由主张未侵犯商业秘密的，人民法院不予支持。"该司法解释主要规定了自主研发以及反向工程的情形，有学者将其与"告密者"保护等情形统称为商业秘密保护的例外，需要澄清的是，其本身即不属于"不正当"行为的类型，故不存在"例外"之说，应当将其与"告密者"保护等情形区分开来讨论。严格来讲，我国立法以及司法解释并未规定商业秘密侵权的例外情形。以下将进一步对相关正当行为进行解释，并探讨我国是否以及如何确立商业秘密保护的例外制度。

第二节　正当获取、披露、使用商业秘密的行为

如前所述，商业秘密保护并非是对商业秘密信息的一种绝对保护，根据TRIPs协定的定义，所保护的是"他人合法控制之下的信息"，排除他人不正当获取、披露、使用商业秘密信息的行为。从比较法实践来看，相关行为正当与否的界限取决于他人对商业秘密信息建立合法控制即采取保密措施的边界，侵犯商业秘密的行为主要是破坏、绕过权利人采取的控制措施获取商业秘密以及之后的恶意披露、使用行为。

基于此，相同的经营或者技术信息，如果并非是来源于商业秘密权利人"合法控制"的信息或者进一步对其不当泄露的信息，他人从其他合法来源获取并加

---

① 　E.g., see Ford Motor Co. v. Lane, 67 F. Supp. 2d 745（E.D. Mich. 1999）.

以披露、使用，则并不构成对权利人商业秘密的侵犯，有学者称之为"被控侵权信息具有合法来源的抗辩"①。对此，《最高人民法院关于审理不正当竞争民事案件应用法律若干问题的解释》（已废止）第12条规定，"通过自行开发研制或者反向工程等方式获得的商业秘密，不认定为反不正当竞争法第十条第（一）、（二）项规定的侵犯商业秘密行为"。2020年《最高人民法院关于审理侵犯商业秘密民事案件适用法律若干问题的规定》第14条第1款规定："通过自行开发研制或者反向工程获得被诉侵权信息的，人民法院应当认定不属于反不正当竞争法第九条规定的侵犯商业秘密行为。"司法解释主要规定了自行研制和反向工程两种正当获取情形，这两种情形已经在比较法中被广泛接受，也是商业秘密保护司法实践中最常被援引的两种抗辩事由。现具体探讨如下。

一、自行研制

如前所述，商业秘密保护并非是一种绝对保护，如欧盟《商业秘密保护指令》序言第16段明确提出："为了创新和促进竞争，本指令的规定不应为技术信息或者经营信息设立专有权，以此种方式，独立发现相同的专有技术或信息仍然是可能的。"即如果其他经营者并非是利用权利人所控制的商业秘密信息，而是通过自己的研发投入获得了相同的信息，而进一步加以披露和使用，则不构成对商业秘密的侵犯。

这在实践中也是被告经常援引的抗辩事由，但对此被告应负有较高的举证责任。例如在最高人民法院公报案例"佛陶集团股份有限公司陶瓷研究所诉金昌陶瓷辊棒厂非专利技术秘密侵权纠纷案"中，关于以自行开发研制作为"合法来源"进行抗辩的被诉侵权人的证明责任问题，广东省佛山市中级人民法院认为，依照《民事诉讼法》的规定，被诉侵权人以此为由抗辩就应当证实其技术源于对公知资料进行消化摸索并经研制试产后取得，因此负有合法和善意取得的举证义务。例如依据哪些已知技术进行哪些研制、配比以及具体研制的时间、地点、仪器等证据，从而证明其证据的合法来源。②

具体而言，被告自行研制的不侵权抗辩关键在于"自行"的证明，即必须证明相关信息是由被告自主研发的，并非源自或受原告商业秘密的影响。例如，在美国法上，商业秘密的自行研制一般要求在"清洁环境"（cleanroom）下进行，其中不存在任何原告的商业秘密信息，包括对研发团队成员进行审查以确保其无法接触到他人的商业秘密信息，对团队成员进行物理和电子上的隔离，仅允

---

① 孔祥俊主编：《商业秘密司法保护实务》，中国法制出版社2012年版，第166页。
② 广东省佛山市中级人民法院（1994）佛中法经初字第113号民事判决书。

许团队成员接触经过严格审查的信息。[①] 如果未建立相应的"清洁环境"，则被告必须举证证明其并未接触到相关商业秘密信息，例如，在 Waymo LLC v. Uber Technologies, Inc.案中，原告主张其商业秘密信息被其前员工所盗用，被告则通过举证未接触到任何相关信息而进行抗辩。[②]

理论上，在自行研制抗辩中，即使是权利人在研发或者使用商业秘密很长一段时间后，他人基于自身研发努力而研制出了实质相同的信息，也不构成侵权。[③] 但是，被告在接触或者有条件接触权利人商业秘密的情形下，一般应当举证证明其自行研制的信息形成于原告的商业秘密信息产生之前，否则这种接触事实可能抵消被告自行研制的主张，致使其自行研制的事实处于真伪不明的状态，被告在担负举证责任的情况下，就会因举证不充分而承担不利后果。[④] 例如在"济宁圣泰机电制造有限公司与山东济宁通力输送带有限公司、巩学军侵犯技术秘密纠纷案"中，[⑤] 被告在提出自行研制抗辩不侵权时，未能证明其自行研制的技术信息形成于原告的商业秘密信息之前，且能够接触到原告的商业秘密信息，法院基于优势证据最终认定被告披露、使用、允许他人使用的技术信息来源于原告，被告的侵权抗辩难以成立。

二、反向工程

除了他人自行研发获得商业秘密，对于公开渠道获得的产品，他人通过反向工程可以获得商业秘密信息的，其本身也不在商业秘密权利人控制范围之内，故应当认为不构成侵权。因此，《最高人民法院关于审理不正当竞争民事案件应用法律若干问题的解释》（已废止）以及2020年《最高人民法院关于审理侵犯商业秘密民事案件适用法律若干问题的规定》均明确"反向工程"不属于《反不正当竞争法》第9条规定的侵犯商业秘密行为。

（一）反向工程的认定

根据《最高人民法院关于审理侵犯商业秘密民事案件适用法律若干问题的规定》第14条规定，反向工程是指通过技术手段对从公开渠道取得的产品进行拆卸、测绘、分析等而获得该产品的有关技术信息。反向工程可以从以下方面加以认定：

[①] Modular Devices, Inc. v. Brookhaven Science Associates, LLC, 2011 WL 1885719 at *5（E.D.N.Y. May 18, 2011）.

[②] Waymo LLC v. Uber Technologies, Inc., 2017 WL 2123560（N.D. Cal. May 15, 2017）.

[③] Köhler/Bornkamm/Feddersen/Alexander, 39. Aufl. 2021, GeschGehG § 3 Rn. 21.

[④] 参见孔祥俊主编：《商业秘密司法保护实务》，中国法制出版社2012年版，第167页。

[⑤] 山东省高级人民法院（2010）鲁民三终字第54号民事判决书。

第一，反向工程的对象应当是通过公开渠道可以获得的产品，但该解释可能与反向工程的正当性基础存在偏差。例如在美国 Kadant, Inc. v. Seeley Mach., Inc. 案中，第二巡回法院指出，"相关调查能够证明的是获取涉案商业秘密的方式是否正当或'诚实'，而不是通过违反与雇主的保密关系获得"[①]。反向工程的关键在于，被告获得相关产品的渠道是否正当：首先，即使是通过公开渠道获得产品，如果他人明知是侵犯商业秘密而制造的产品，仍然进行反向工程获得，则仍可能构成对商业秘密的侵犯，因此，对公开渠道获得的产品进行反向工程，德国法要求该产品必须以不侵犯商业秘密权利人权利的方式进入公开渠道流通；其次，德国法还认为，相关产品即使并未进入流通渠道（如测试产品），但由相关测试者、观察者合法占有，且相关测试者、观察者对权利人并不负有限制获取商业秘密的义务或者相关保密义务的，也可以实施反向工程。[②] 因此，只要被告合法取得产品，且不负有保密义务或者被限制获取，就可以实施反向工程。

第二，从手段上，司法解释虽然仅仅列举了拆卸、测绘、分析等技术手段，但是难以实现对所有手段的列举。一般认为，反向工程不受技术手段的限制，行为人在从公开渠道获取了相关产品的情况下，可以采取任何技术手段实施反向工程，是否破坏相关产品的功能、是否根据通常利用方式等在所不问。[③]

第三，行为人必须是在实施反向工程的过程中发现了他人的商业秘密。被诉侵权人如果以不正当手段获取权利人的商业秘密后，又以反向工程为由主张未侵犯商业秘密的，则不能被认定为正当获取。

（二）反向工程与秘密性、保密性的关系

关于反向工程的法律后果，实践中存在一定争议。对此，存在以下几种观点：[④]

第一，将能否"反向工程"作为保密性的判断标准。例如，在2020年最高人民法院知识产权法庭审理的典型案例"济南思克测试技术有限公司与济南兰光机电技术有限公司侵害技术秘密纠纷案"[⑤]中，最高人民法院认为，商业秘密保密应区分"内部性载体"与"外部性载体"，始终处于商业秘密权利人控制之下的技术图纸、配方文档等为"内部性载体"，进入市场流通的产品则属于"外部性载体"，二者应当存在不同的保密性要求。对于"外部性载体"，产品一旦进入

---

① Kadant, Inc. v. Seeley Mach., Inc., 244 F. Supp. 2d 19, 38（N.D.N.Y. 2003）.
② Köhler/Bornkamm/Feddersen/Alexander, 39. Aufl. 2021, GeschGehG § 3 Rn. 34-38.
③ Köhler/Bornkamm/Feddersen/Alexander, 39. Aufl. 2021, GeschGehG § 3 Rn. 30.
④ 参见张浩然：《技术秘密保密措施的认定》，载管育鹰主编：《知识产权审判逻辑与案例·反不正当竞争卷》，法律出版社2022年版，第117页。
⑤ 最高人民法院（2020）最高法知民终53号民事判决书。

市场流通即不受生产者控制，该产品承载的技术信息作为商业秘密保护的前提是，"相应保密措施"应足以对抗不特定的第三人通过实施反向工程获取该产品的技术秘密，"相应保密措施"的实现方式至少包括该技术秘密在性质上不可通过反向工程获知，以及所有者采取了物理上的保密措施对抗他人实施反向工程两种。该案中，原告采取的保密措施应能对抗不特定的第三人通过反向工程获取其技术信息，故涉案信息因未采取"相应保密措施"而无法作为商业秘密进行保护。

第二，将反向工程作为"秘密性"的判断因素。进入市场销售的产品，竞争者通过观察产品本身或简单反向工程能够获得其技术信息的，法院一般会认定该产品缺乏有效保密措施，而导致其技术信息为公众所知悉。例如，在黑龙江省高级人民法院审理的"哈尔滨量具刃具集团有限责任公司与哈尔滨精达测量仪器有限公司等侵犯技术秘密纠纷上诉案"中，[①] 黑龙江省高级人民法院认定："哈尔滨量具刃具集团有限责任公司的量仪产品作为通过公开渠道销售的产品，所涉技术信息范围的人通过观察产品本身和反向工程等方法，完全可以获得有关技术信息，其技术本身并不具备可保密的特性，是能够通过合法途径为公众所知悉的。"

第三，"反向工程"并不与秘密性、保密性存在必然关联，是商业秘密的正当使用情形。有法院认定，在具有被"反向工程"的可能性但不能被轻易获取的情况下，技术信息具有秘密性而可作为商业秘密保护。例如，在"伊特克斯惰性气体系统（北京）有限公司等侵犯商业秘密罪案"中，[②] 上海市第一中级人民法院认定："被害单位米开罗那公司……的技术信息……虽然不排除通过反向工程获取的可能，但由于价值上百万的大型设备，购买厂家是用来作为生产工具的，一般不可能允许他人拆卸进行反向工程，信息不可能被轻易获取。……因此，法院确认被害单位涉案部件的技术图纸所标明的众多技术信息的组合符合商业秘密非公知性的要求。"《江苏省高级人民法院侵犯商业秘密民事纠纷案件审理指南（修订版）》第3.6.2条规定，"反向工程产生两个法律效果：一是被告不构成侵权；二是反向工程并不意味着该商业秘密丧失秘密性"。

从商业秘密法原理来看，我国《反不正当竞争法》第9条将秘密性、价值性、保密性作为商业秘密保护的法定要件，其中，秘密性与保密性要件紧密关联，秘密性要求信息不为公众所知悉，保密性即"相应保密措施"是保持、维护秘密性的手段。[③] 对于市场上公开流通的商业秘密载体，其保密性的丧失即意味着秘密性的丧失。关于"保密措施"，《最高人民法院关于审理不正当竞争民事案件应用法律若干问题的解释》（已废止）第11条以及2020年《最高人民法院关于审

---

① 黑龙江省高级人民法院（2008）黑知终字第35号民事判决书。
② 上海市第一中级人民法院（2011）沪一中刑终字第552号刑事判决书。
③ 参见孔祥俊主编：《商业秘密司法保护实务》，中国法制出版社2012年版，第143页。

理侵犯商业秘密民事案件适用法律若干问题的规定》第5、6条规定，"人民法院应当根据商业秘密及其载体的性质、商业秘密的商业价值、保密措施的可识别程度、保密措施与商业秘密的对应程度以及权利人的保密意愿等因素，认定权利人是否采取了相应保密措施"，权利人通过签订保密协议、限制接触、对秘密载体进行区分和管理等措施，"在正常情况下足以防止商业秘密泄露的，人民法院应当认定权利人采取了相应保密措施"。

基于保密性要件的要求来看，能够采取反向工程，与相关商业秘密信息是否具有秘密性、保密性并无必然关联，还应当考察采取反向工程的难易程度。反向工程仅是定性概念，秘密信息是否可作为商业秘密保护还应当进行定量分析，考虑反向工程技术的困难程度，以及资金、时间耗费程度，仅当容易反向取得时，信息不具有保密性和秘密性，不易被反向取得的信息则不失去其秘密性而可作为商业秘密保护，反向工程则仅仅属于一种正当获取的事由。[①]我国现行立法及司法解释并未直接规定可反向工程的信息不具有保密性，而是将反向工程作为商业秘密获取的正当方式，2020年《最高人民法院关于审理侵犯商业秘密民事案件适用法律若干问题的规定》第14条规定，"通过自行开发研制或者反向工程获得被诉侵权信息的，人民法院应当认定不属于反不正当竞争法第九条规定的侵犯商业秘密行为"。

比较法中，美国大多数州法院采取后一立场。例如，在Televation Telecommunication Systems，Inc. v. Saindon案中，伊利诺伊州上诉法院认为，"通过对产品本身进行检查可以轻松确定的工艺或设计不能成为商业秘密，但是竞争者可以通过反向工程复制原告产品的事实并不能排除原告的技术或发现属于商业秘密，尤其是在有证据证明反向过程十分耗时的情况下"[②]。该观点也被《反不正当竞争法重述（第三次）》采纳，其第三十九节评论f指出，"通过研究公开销售或陈列的产品已经可以确定的信息，不构成商业秘密"，"如果通过研究竞争者的产品获得有关信息存在困难、投资高昂或者耗费时间，那么商业秘密权人对第四十节规定之以不正当手段获取、披露或使用行为，仍然有权禁止。当然，任何人通过研究从公开渠道获得的产品，用正当手段实际获得了有关信息的，不产生任何责任"。类似地，日本商业秘密法也采此立场。[③]

因此，反向工程可能具有两方面的法律后果：第一，公开渠道可以获得的产品，如果很容易地可以通过反向工程获得其秘密信息，则该信息难以满足采

[①]　参见张玉瑞：《商业秘密法学》，中国法制出版社1999年版，第510页；费艳颖、周文康：《商业秘密反向工程的功能、关系与路径探析》，载《科技与法律》2021年第1期。

[②]　Televation Telecommunication Systems, Inc. v. Saindon, 522 N.E.2d 1359（Ill. App. Ct. 1988）.

[③]　参见吴汉东等：《知识产权基本问题研究》，中国人民大学出版社2005年版，第715页。

取"相应保密措施"的要求而丧失秘密性，无法作为商业秘密保护。第二，公开渠道可以获得的产品，如果采取反向工程措施获得其秘密信息需要耗费大量的人力、物力、时间成本，则该信息可能符合商业秘密已采取"相应保密措施"的要求，而获得商业秘密保护，被告采取反向工程获得相关信息的行为仅应当视为正当获取商业秘密的不侵权行为。

典型案例

内蒙古某实业公司诉内蒙古某化工公司、宁夏某工贸公司、三门峡某高新公司、青海某重型公司侵害商业秘密纠纷案①

事实概要：

2017年，内蒙古某实业公司从某公司购买了金属钠电解槽阴极、槽基座等装置的技术秘密，在此前案件中，法院认定该技术信息不为公众所知悉构成商业秘密。2016年11月，内蒙古某化工公司向宁夏某工贸公司、三门峡某高新公司发出邀标书，拟对2万吨金属钠项目的电解槽阴极和槽基座进行招标。邀标书中附有电解槽阴极和槽基座的相关图纸。2016年12月，内蒙古某化工公司分别与宁夏某工贸公司、三门峡某高新公司签订协议，约定两公司分别为内蒙古某化工公司提供130台电解槽基座和130台电解槽阴极。其后，宁夏某工贸公司与青海某重型公司签订技术协议，约定由青海某重型公司完成130台电解槽基座的制作安装。之后，三门峡某高新公司、青海某重型公司开始分别进行加工生产。内蒙古某实业公司认为内蒙古某化工公司招标的设备与其技术秘密制造装置相同，遂向法院起诉内蒙古某化工公司、宁夏某工贸公司、三门峡某高新公司、青海某重型公司侵犯其商业秘密。

裁判观点：

法院审理认为，内蒙古某实业公司2017年才购买取得该技术秘密的使用权，内蒙古某化工公司在2016年11月已经开始邀标定做相关装置，表明内蒙古某实业公司并非唯一知悉该信息的公司，内蒙古某化工公司在此前也已经合法知悉了该商业秘密。内蒙古某实业公司购买已被他人知悉的技术信息作为自己的商业秘密，应承担由此带来的商业风险，内蒙古某化工公司并不构成对内蒙古某实业公司权利的侵害。宁夏某工贸公司、三门峡某高新公司、青海某重型公司为承揽人，案涉图纸最终源自内蒙古某化工公司，承揽人对此并无较多的审查注意义务，也无法依据提供的图纸审查判断出相关信息属于商业秘密，三公司承揽相关装置的制造并无过错，其行为未构成对内蒙古某实业公司的

---

① 本案为青海省高级人民法院2020年4月24日发布的10起知识产权审判典型案例之一。

侵害。法院据此判决驳回内蒙古某实业公司的诉讼请求。

第三节　商业秘密保护例外

由于商业秘密保护的同时会限制信息流动，而可能存在与公共利益相冲突的情形。因此，欧盟以及美国商业秘密立法均规定，对基于公共利益诉求而获取、披露、使用商业秘密的一定情形进行侵权责任豁免。我国法上，商业秘密主要通过《反不正当竞争法》进行保护，一般不正当竞争的行为主体限于存在竞争关系的经营者之间，故我国立法仅调整经营者的市场经营活动，其他非经营性活动如新闻报道、揭露违法行为等，因较少涉及商业秘密保护与其他公共利益的衡量，不纳入调整范畴。因此，与欧美商业秘密立法不同的是，我国立法并未规定商业秘密侵权的例外或者免责情形。然而，受欧盟和美国商业秘密立法以及实践的影响，[①]我国2019年修正的《反不正当竞争法》在商业秘密制度中突破了"经营者"的一般限制而规定"经营者以外的其他自然人、法人和非法人组织实施前款所列违法行为的，视为侵犯商业秘密"，将侵犯商业秘密的主体范围扩大至一切自然人、法人和非法人组织在内的民事主体，从而事实上将过去非经营性活动纳入商业秘密保护的范畴，这必然会涉及商业秘密保护与其他正当权利和公共利益的权衡问题，无疑成了当前商业秘密保护立法的一大缺憾和待完善之处。结合国际条约以及相关比较法实践，以下将对设置商业秘密保护的例外以及主要情形进行探讨。

一、商业秘密保护例外的设置可能

我国作为世界贸易组织的成员，必然要受TRIPs协定关于商业秘密保护规定的约束，不得以设置保护例外的形式，绕开甚至规避TRIPs协定要求的成员内部对商业秘密的保护义务。TRIPs协定第39条第2款规定："自然人和法人应有可能防止其合法控制的信息在未经其同意的情况下以违反诚实商业行为的方式向他人披露，或被他人取得或使用，只要此类信息：（a）属秘密，即作为一个整体或就其各部分的精确排列和组合而言，该信息尚不为通常处理所涉信息范围内的人

---

① 在欧盟以及美国的商业秘密保护立法中，侵犯商业秘密的主体不限于有竞争关系的经营者，而是一切民事主体。欧盟《商业秘密保护指令》第2条规定，"'侵害人'是指任何实施了非法获取、使用或披露商业秘密行为的自然人或法人"。美国1985年修改后的《统一商业秘密法》以及2016年《保护商业秘密法》都规定侵权主体不限于经营者，而是包括自然人、法人以及其他任何法律或商务实体。

所普遍知道，或不易被他们获得；（b）因属秘密而具有商业价值；并且（c）由该信息的合法控制人，在此种情况下采取合理的步骤以保持其秘密性质。"该条规定意味着，对具有秘密性、价值性、保密性的未披露信息即商业秘密，成员必须保护其在未经持有人同意的情形下他人不得以违反诚实信用的方式获取、使用以及向他人披露。除此之外，TRIPs协定第七节"对未披露信息的保护"并未作任何其他规定。

与之相对比的是，对于商标权、专利权、著作权，TRIPs协定均专门为成员设置权利保护例外预留了空间。例如，对版权及相关权利，第13条规定了限制和例外设置的"三步检验法"："各成员对专有权作出的任何限制或例外规定仅限于某些特殊情况，且与作品的正常利用不相冲突，也不得无理损害权利持有人的合法权益。"第17条规定了商标权保护的例外："各成员可对商标所授予的权利规定有限的例外，如合理使用描述性词语，只要此类例外考虑到商标所有权人和第三方的合法权益。"第30条规定了专利权保护的例外："各成员可对专利授予的专有权规定有限的例外，只要此类例外不会与专利的正常利用无理抵触，也不会无理损害专利所有权人的合法权益，同时考虑第三方的合法权益。"但在商业秘密保护中，TRIPs协定并未作出例外性规定，这是否意味着对不正当获取、披露、使用商业秘密信息的绝对禁止，而排除了成员国设置保护例外的空间？

事实上，除此之外，作为一般性条款，TRIPs协定第7条还明确了"目标"，即："知识产权的保护和实施应有助于促进技术革新及技术转让和传播，有助于技术知识的创造者和使用者的相互利益，并有助于社会和经济福利及权利与义务的平衡。"第8条进一步规定："1.在制订或修改其法律和规章时，各成员可采取必要措施来保护公共健康和营养，促进对其社会经济和技术发展至关重要部门的公共利益，只要这些措施符合本协定的规定。2.只要符合本协定的规定，必要时可以采取适当措施来防止知识产权持有人滥用知识产权或采取不正当地限制或严重影响国际技术转让的做法。"根据上述规定，各成员可基于公共利益需要而设置商业秘密保护的例外。从全球商业秘密保护实践来看，设置商业秘密保护的例外也相当普遍，不会构成对TRIPs协定的违反。但本书认为，即使TRIPs协定没有明确规定，相关例外也应当符合"三步检验法"的规定，即相关例外应当仅是有限的例外，且不会与商业秘密的正常利用发生抵触或损害权利人的合法权益，同时应考虑第三方的合法权益。

二、商业秘密保护例外的主要情形

一般而言，商业秘密保护例外的设置主要是商业秘密权利人的财产利益与他人正当权益、集体利益、公共利益相冲突时进行的权衡。例如，美国《侵权法重述（第一次）》第757条评论d明确提出了"免责的权利"："披露或使用他人商业秘密的免责权利，可以产生于他人的同意，或者他人不可反悔的其他行为。披露商业秘密免责的权利亦可由法律赋予，这种赋予有别于他人同意的赋予，目的在于增进公共利益。"《反不正当竞争法重述（第三次）》第四十节评论c也明确："在其他情况下，不为商业开发而披露他人商业秘密，则可能出于言论自由或其他重要公共利益的需要。例如在司法程序中，证人有法律义务披露他人的商业秘密，无须承担法律责任。披露他人商业秘密的权利，产生于具体情况，包括信息性质、披露目的、行为人取得信息的手段。例如若信息披露有关公共健康、安全，有关犯罪、侵权行为，有关其他公共利益，可以承认披露的权利。"从比较法实践来看，商业秘密保护例外的典型情形主要涉及告密者（whistleblower）免责和言论自由免责的情形。现分别介绍如下：

（一）告密者免责

欧盟以及美国商业秘密保护立法都规定了告密者因保护公共利益、披露违法行为而免责的情形。

在美国法上，《侵权法重述（第一次）》《反不正当竞争法重述（第三次）》确立了因公共利益而披露、使用商业秘密免责的一般事由，成为告密者免责的基础，美国司法实践长期以来也以此为依据承认和保护告密者的免责特权。2016年《保护商业秘密法》以成文法的形式专门规定了"向政府或法院披露商业秘密的免责条款"："（1）豁免——在下述情况中，任一主体披露商业秘密的行为在联邦或州商业秘密法的规定下都不需要承担刑事或者民事责任——（A）披露商业秘密系：（i）以保密的方式直接或间接地向联邦、州或地方政府官员、律师作出；且（ii）仅出于举报或调查涉嫌违反法律的行为的目的；或者（B）在诉讼或其他司法程序中，以保密形式在起诉状或其他法律文书中披露商业秘密。（2）在反报复诉讼中使用商业秘密信息——雇员在针对雇主涉嫌违法报复而提起的诉讼中，可以向其律师披露商业秘密，并且在庭审过程中使用商业秘密，只要该披露符合以下条件——（A）以保密方式提交含有商业秘密的文件；且（B）除非依法庭的命令，否则不对外披露商业秘密。"

欧盟《商业秘密保护指令》也专门规定了对告密者的免责和保护，其第5条规定："当对商业秘密的获取、使用及披露存在下列情形之一的，成员国应当确保当事人借此提起的，要求适用本指令所规定的措施、程序以及救济的申请将被驳回：……b）被申请人出于维护公共利益的主观目的，为了揭露职务性或者其他类型的犯罪行为或者违法行为……"该条规定为欧盟及其成员国立法保护其他正当利益预留了空间。在欧盟成员国立法中，如德国2019年制定的《商业秘密保护法》也作出了类似的规定，其第5条"例外情况"规定："如果相关行为是为了保护正当权利，商业秘密的获取、使用和披露将不属于第4条所禁止的范围，特别是：…… 2.出于保护公共利益，揭露非法行为或不正当专业行为等时，对商业秘密的获取、披露和使用……"

在我国法上，虽然立法层面不存在专门的规定，但也存在引入该例外的趋势。如2020年国家市场监督管理总局《商业秘密保护规定（征求意见稿）》第19条规定："下列行为不属于侵犯商业秘密行为：……（四）商业秘密权利人或持有人的员工、前员工或合作方基于环境保护、公共卫生、公共安全、揭露违法犯罪行为等公共利益或国家利益需要，而必须披露商业秘密的。……披露人在向有关国家行政机关、司法机关及其工作人员举报前述违法犯罪行为时，须以保密方式提交包含商业秘密的文件或法律文书。商业秘密权利人或持有人应在其与员工、合作者、顾问等签订的管控商业秘密或其他保密信息使用的任何合同或协议中，向后者提供举报豁免和反报复条款。合同或协议的形式包括但不限于劳动合同、独立承包商协议、咨询协议、分离和解除索赔协议、遣散协议、竞业禁止协议、保密和所有权协议、员工手册等。"[1]该条详细规定了对举报人的责任豁免、举报形式和对举报人的保护，具有进步意义，但囿于目前立法未对商业秘密保护例外设置空间，而与独立发现、自行研发、反向工程等一起规定为"不属于侵犯商业秘密的行为"，可能会导致商业秘密侵权行为认定逻辑的混乱。

从现实来看，在缺乏告密者免责制度情况下，商业秘密权利人的确会滥用权利而侵害公共利益，阻碍或抑制告密者对违法行为的举报即属此类。典型案例是1996年Brown & Williamson Tobacco Corp. v. Wigand案，[2]该案中，被告Wigand是生物化学领域的博士，从1988年开始在原告烟草公司Brown & Williamson Tobacco Corp.的研发部门担任副主管，并期望致力于"安全香烟"的研发。被告在工作期间了解到原告向联邦行政部门恶意隐瞒了其产品的健康风险。原告并没有生产销售所谓的健康香烟，而是篡改了尼古丁成分从而增加其香烟的成瘾性。原告在1992年解雇了被告，据称其解雇理由是"难以相处"和"讲话太多"。被告之后向美国的司法部与食品和药物监管局举报原告的违法行为。原告遂向法院提起诉讼，并请求肯塔基州地区法院颁布临时禁令来阻止被告的泄密行为。虽然该案的当事人最终和解从而取消了临时禁令，但作为被告的告密者承受了巨大的责任风险和压力。不过，该案中被告的告密行为导致美国烟草行业在健康政策上的转

---

① 《商业秘密保护规定（征求意见稿）》，载国家市场监督管理总局，http://www.moj.gov.cn/。

② 　Brown & Williamson Tobacco Corp. v. Wigand, 913 F. Supp. 530（W.D. Ky. 1996）.

变，美国的烟草公司也在之后的诉讼中支付了巨额的赔偿。[①]该案证明，作为"内部人士"的告密者的配合帮助对于政府打击犯罪、维护公共利益至关重要，因而有必要确立对告密者免责和保护的必要性。

关于告密者免责事由的成立，从比较法来看，应当满足以下要件：第一，告密者揭露的必须是相关不当行为，要求：（1）相关行为既包括违法犯罪行为，也包括违反职业准则、社会公德等的不当行为，例如，律师、医生玩忽职守对他人利益造成损害；（2）将相关不当行为传达给相关公共机构、私人组织、个人或者社会公众，从而便于其进一步发现相关不当行为和风险。第二，为保护公共利益所必要，要求：（1）必须涉及公共利益，如公共安全、环境卫生、消费者权益保护等，如果仅仅涉及第三方及个人利益则不在此列；（2）符合比例原则，即告密者披露的信息内容、使用的手段必须能够实现该保护目标，且具有相称性或适当性，如果相关行为不符合比例原则，则告密者无法免责。例如，举报对象一般应当限于相关政府机关、法院或律师，告密应当采取密封的形式，从而避免对商业秘密权利人的不当损害，只有当前述手段难以实现时才可向媒体等进行公开披露。

（二）言论自由免责

商业秘密保护不局限于调整经营者之间竞争关系和生产经营活动，而是适用一切民事主体，可能与言论自由相冲突。言论自由作为一项宪法基本权利，构成现代社会公民了解社会运行、表达自我意见，行使批评、建议、监督权利的基础。保护言论自由免于被滥用商业秘密保护行为所限制具有现实的必要性。

因此，2016年欧盟《商业秘密保护指令》也专门规定了对表达自由、信息自由基本权利的保护，其第5条规定："当对商业秘密的获取、使用及披露存在下列情形之一的，成员国应当确保当事人借此提起的，要求适用本指令所规定的措施、程序以及救济的申请将被驳回：a）为了行使欧盟基本权利宪章中表达自由和信息自由的基本权利，包括行使能够体现对媒体自由和媒体多元的尊重的行为；……"美国法上，如果商业秘密保护与宪法第一修正案所保护的言论自由基本权利相冲突时，被告可通过主张宪法第一修正案而免责。例如，Ford Motor Co. v. Lane案中，虽然法院认定被告Lane的相关行为构成对原告Ford Motor Co.的侵害，但禁止Lane披露相关秘密的行为将会涉及对言论自由的限制，因此，法院驳回了Ford Motor Co.临时禁令的请求。[②]

我国《宪法》第35条规定："中华人民共和国公民有言论、出版、集会、结

---

① 参见阮开欣：《美国商业秘密法中的告密人免责制度及启示》，载《西部法学评论》2017年第3期。
② Ford Motor Co. v. Lane, 67 F. Supp. 2d 745（E.D. Mich. 1999）.

社、游行、示威的自由。"保护言论自由不受商业秘密保护的限制具有现实必要性。但言论自由的免责并不意味着言论自由当然地在任何情况下都具有优先性，商业秘密作为一种广义的财产同样受到宪法基本权利的保护。解决二者之间的冲突需要依靠比例原则来进行个案权衡。在美国，一般的商业言论并不能成为援引宪法第一修正案而作为商业秘密侵权免责的事由，只有在涉及公共利益之时才具有考量的必要性。[①]例如《反不正当竞争法重述（第三次）》第四十节评论c明确规定："在其他情况下，不为商业开发而披露他人商业秘密，则可能出于言论自由或其他重要公共利益的需要。例如在司法程序中，证人有法律义务披露他人商业秘密，无须承担法律责任。披露他人商业秘密的权利，产生于具体情况，包括信息性质，披露目的、行为人取得信息的手段。例如若信息披露有关公共健康、安全，有关犯罪、侵权行为，有关其他公共利益，可以承认其披露的权利。"归根结底，商业秘密制度的目标在于在保护和限制披露商业秘密与一般公共利益之间建立恰当平衡，类似于告密者免责情形，只有当相关言论涉及公共利益，且其披露的内容和方式符合比例原则时，才能成为免责的基础。

三、商业秘密保护例外的中国法建构路径

目前，我国商业秘密保护立法并未为商业秘密保护例外设置预留空间。但2019年《反不正当竞争法》修改之后，其调整对象由存在竞争关系的"经营者"之间的生产经营活动，扩大到一切自然人、法人和非法人组织的相关行为，新闻报道、控告举报、诉讼活动等一系列非生产经营性行为被纳入规制范畴，这些非生产经营性行为不为商业开发而披露他人商业秘密，往往与公共利益相涉，如果不设置相关例外，未来在实践中各种不合理情形必将不断涌现。因此，未来我国应当尽快建立商业秘密保护例外制度，可采取概括规定＋具体列举的形式：[②]第一，概括规定商业秘密保护例外，采取美国《侵权法重述（第一次）》《反不正当竞争法重述（第三次）》的形式，规定基于环境保护、公共卫生、公共安全、揭露违法犯罪行为等公共利益需要，获取、使用、披露商业秘密的，不承担侵权责任；第二，开放式列举例外情形，可借鉴既有比较法实践，将告密者免责、言论自由免责等情形纳入立法，并明确构成要件、考量标准，为司法实践提供指引。

[①] Sharon K. Sandeen, Elizabeth A. Rowe, *Trade Secret Law including The Defend Trade Secrets Act of 2016 in a Nutshell*, 2nd ed., West Academic Publishing, 2018, p.33.

[②] 参见阮开欣：《美国商业秘密法中的告密人免责制度及启示》，载《西部法学评论》2017年第3期。

知识链接

思考题

1. 正当获取商业秘密的行为包括哪些?

2. 如何认定构成反向工程行为?

3. 根据 TRIPs 协定,成员能否在国内法中设置商业秘密保护的限制和例外? 应当遵循哪些条件?

4. 如果我国制定专门的商业秘密法,商业秘密保护例外条款应当如何设置?

第八章 侵犯商业秘密的法律责任

第一节 民 事 责 任

商业秘密本质上是一种私人财产权益，我国《民法典》将商业秘密作为知识产权的一类而规定为一项民事权利，故而他人侵犯商业秘密，首先应当承担民事责任，《反不正当竞争法》第17条规定，"经营者违反本法规定，给他人造成损害的，应当依法承担民事责任"。关于承担民事责任的方式，《民法典》第179条规定了停止侵害，排除妨碍，消除危险，返还财产，恢复原状，修理、重作、更换，继续履行，赔偿损失，支付违约金，消除影响、恢复名誉，赔礼道歉共11种民事责任承担方式。在侵犯商业秘密责任承担中，首先，继续履行、支付违约金等违约责任承担方式并不适用于侵权责任领域；其次，商业秘密作为一种财产性权益，并不涉及消除影响、恢复名誉和赔礼道歉等侵害人格权行为的法律责任；最后，作为一种无体财产，商业秘密也无法适用返还财产，恢复原状，修理、重作、更换等责任承担方式。在司法实践中，常用的侵犯商业秘密行为的民事责任主要包括停止侵权和损害赔偿两种，现具体介绍如下。

一、停止侵权

由于商业秘密的价值难以通过金钱衡量，商业秘密侵权救济转化为金钱救济存在整体难度，因此，停止侵权或禁令救济是商业秘密诉讼中最普遍寻求的救济形式。事实上，单靠金钱并不能充分确保商业秘密免受有害竞争的侵害，时间可能比金钱更重要，及时停止侵权可以保障商业秘密不再继续对外披露，并保障权利人在市场竞争中相对于其他竞争者的优势地位。因此，停止侵权或禁令救济是对权利人最为有效的救济形式。普通法上，按照时间划分，禁令救济可分为诉讼过程中的临时禁令救济以及判决作出后的永久禁令救济。在我国法上，类似于临时禁令救济对权利人的临时救济主要体现为民事诉讼法上的行为保全制度，本书对此将在第九章"商业秘密诉讼程序规则"集中探讨，在此重点讨论停止侵权，即所谓永久禁令的适用问题。

当知识产权被盗用时，由于难以估计财产所有者的利润损失或盗用者的不当收益，这种盗窃造成的损失数额往往具有高度的随机性或不确定性，比如，权利人可能很难证明，在知识产权没有被盗用的情况下，将出售多少含有此知识产权的产品。[1]如果盗用可能造成无法弥补的损害，补救办法可能是禁止使用或披露被盗知识产权的禁令，因此，对于商业秘密侵权行为，法院一般会依据民法典要求被告停止侵权，具体体现为停止获取、披露和使用权利人的商业秘密，已经获取他人商业秘密的，要求被告销毁一切载有或存储商业秘密的载体，尽量恢复到商业秘密被盗用以前的状态，彻底销毁无法实现的，如相关信息已经存在于被告及其员工记忆中，则应当要求被告不得进一步披露和使用商业秘密。

停止侵权的范围可依据个案情形具体判断，但实践中存在疑问或争议的是商业秘密停止侵权的期限问题。对于商标权、专利权、著作权，权利的周期是固定的，禁令是在财产权的存续期间。但由于商业秘密的保护一直持续到保密结束，商业秘密的泄露显然终止了其司法保护，故适用于商业秘密的禁令期限的问题是商业秘密禁令适用中必须探讨的问题。

关于禁令救济的适用时间，在我国司法实践中一直不甚明确，但禁令救济当然地永久实施而不存在限制，永久禁令只是最终救济的另一种形式，就像金钱损害赔偿一样，法院可以对其进行量化和限定。《最高人民法院关于审理侵犯商业秘密民事案件适用法律若干问题的规定》第17条规定："人民法院对于侵犯商业秘密行为判决停止侵害的民事责任时，停止侵害的时间一般应当持续到该商业秘密已为公众知悉时为止。依据前款规定判决停止侵害的时间明显不合理的，人民法院可以在依法保护权利人的商业秘密竞争优势的情况下，判决侵权人在一定期限或者范围内停止使用该项商业秘密。"从该条可以看出，一般的规则是，禁令应符合特定案件的需要，既不能过于宽泛，也不能过分限制。当然，这种概括性的规定并不能指导律师提出当事人对特定禁令救济的要求，也不能指导法官制定具体的禁令。两者服务的目标是补救措施背后的目的。禁令是一种预防性补救措施，旨在防范未来的伤害，而不是惩罚已经实施的错误行为，事实上，大多数案例都强调了禁令救济的预防性目的，[2]从目前司法实践来看，绝大多数法院在判决中都是概括地判定被告停止侵权，就停止侵权的期限往往未作规定。[3]例如在"在宁夏正洋物产进出口有限公司与宁夏福民蔬菜脱水集团有限公司侵害商业秘密纠纷案"[4]中，最高人民法院认定，被告作为企业雇员，与原告签订的保密

---

[1]　See Jack W. Berryhill, Trade Secret Litigation:Injunctions and Other Equitable Remedies, 48 *U. COLO. L. REV*. 189（1977）.

[2]　See Jack W. Berryhill, Trade Secret Litigation: Injunctions and Other Equitable Remedies, 48 *U. COLO. L. REV*. 189（1977）.

[3]　关于既往司法实践状况，参见张浩然：《商业秘密停止侵害的期限判定》，载管育鹰主编：《知识产权审判逻辑与案例·反不正当竞争卷》，法律出版社2022年版，第136页。

[4]　最高人民法院（2007）民三终字第1号民事判决书。

协议中虽未约定保密期限，但应在合理的期间内以默示的方式保守原告的营业秘密，就该合理期间长度法院未作出认定。此外，有较少法院在判决中明确了停止侵权的期限，又分为两种情况：（1）当事人明确保密期限的，依当事人约定确定停止侵权的期限，如在"上海鼎彩塑料科技有限公司诉张继中等侵害商业秘密纠纷案"①中，双方约定被告离职10年内不得泄密，法院依此要求被告在10年内不得披露该营业秘密。（2）当事人未明确约定的，由法院酌情确定停止侵权期限。例如在"上海某通信公司与上海某机电设备公司侵害商业秘密案"②中，法院判定："鉴于《反不正当竞争法》不仅制止不正当竞争行为，更在于鼓励和保护公平竞争，本案中原告掌握的具体客户信息随着时间推移必然会发生变化，不设限期予以保密则无必要，故本院综合考量原告获取该客户信息的难度大小、保护原告享有该客户信息竞争优势的合理期限、平衡商业秘密权利人和社会公众之间的利益等因素，判定在2013年12月31日前，涉案被告不得侵害原告享有的涉案商业秘密"，但对于该期限确定的合理性基础以及如何判断法院并未明确。因此，总体而言，我国司法实践目前关于商业秘密停止侵权适用的期限意识并不强烈，相关理论基础和判断规则也有待进一步完善和厘清，相关比较法实践可为我国商业秘密停止侵权适用期限的判定提供参考。

（一）合理的禁令期限的探索

关于合理的禁令期限的探索，美国法院在历史上的探索一直具有较为重要的影响。美国司法判例通过两种方法中的一种来确定商业秘密禁令的允许期限，这两种方法以所谓的谢尔玛规则（Shellmar Rule）和康马尔规则（Conmar Rule）为代表。

（1）谢尔玛规则。谢尔玛规则是指个人通过不公正的方式获取了秘密信息，可能会被永久禁止使用该信息，即使其他公众成员最终可以公平地获得该信息。该规则是在一系列案件中形成的。在系列案件的第一次诉讼中，③原告艾伦–夸利公司（Allen-Qualley Co.）曾提议许可被告谢尔玛公司（Shellmar Prods. Co.）使用其秘密的糖果包装机。谢尔玛公司利用其获得的机密知识进行了一次专利检索，这次检索披露了一项涵盖艾伦–夸利公司的糖果包装机的大部分内容的先前专利；谢尔玛公司购买了该专利并违反了口头协议，在拟议的许可合同之前将保密信息托管。艾伦–夸利公司提出了诉讼，要求永远不许谢尔玛公司使用其糖果包装机，并请求法院命令谢尔玛公司把该专利转让给艾伦–夸利公司。在系列案件的第二

---

① 上海市第二中级人民法院（2007）沪二中民五（知）初字第73号民事判决书。
② 上海市徐汇区人民法院（2012）徐民三（知）初字第23号民事判决书。
③ See Allen-Qualley Co. v. Shellmar Prods. Co., 31 F.2d 293（N.D.ILL.）, aff'd, 36 F.2d 623（7th Cir. 1929）.

次诉讼中，^①谢尔玛公司试图终止原始的禁令，因为在原始的禁令之后艾伦–夸利公司向第三方发布的专利完全披露了商业秘密：

"还应注意到，"财产"一词适用于商业秘密和商业发明有其局限性。因为，毫无疑问，当一件未经专利许可的秘密方法制造出来的物品投放市场时，全世界的人都可以自由地，如果可能的话，以任何公平的方式去发现这种方法是什么，并且，当发现了这种方法之后，就可以用它来制造类似的物品。在这种情况下，制造商或发明者的财产在这一过程中消失了。"^②

法院认为，虽然世界上其他地方现在可以使用这些秘密，但谢尔玛公司没有权利这样做，因为其违反了保密原则：

"他们和诺维克专利都没有提供任何理由来解除上诉人因其不当行为而导致的禁令。很明显，艾伦–夸利公司的专利披露不会使上诉人获得寻求的救济，我们也没有理由认为陌生人的披露会弥补错误。这实际上是在原法令中作出的决定，我们重申这一决定。"^③

"艾伦–夸利公司的商业秘密已经向全世界泄露了，这是千真万确的。这一披露是导致禁令的最初诉讼的原因。上诉人首先以非法的方式作出该披露，并因此不能争辩其是向公众作出该披露的公众成员。否则，就等于允许上诉人利用自己的错误获利。我们在这里讨论的不是艾伦–夸利公司对抗全世界的权利，而是那个公司对抗上诉人的权利。因此，我们认为，禁令的理由仍然存在，艾伦–夸利公司对禁令的权利并没有消灭。"^④

由上述法院的意见可知，"由于它的不公平行为，谢尔玛公司把自己置身于专利披露所涉及的公众范围之外"^⑤。谢尔玛规则认为，商业秘密盗窃的适当补救措施是永久禁令，即使在秘密公开之后也是如此。其理由在于，商业秘密的获取者在商业秘密被披露之前使用这些秘密构成了对保密义务的违反。在商业秘密被披露后，这种禁令的颁布能够防止获取者声称其使用的是现在公开的知识，而不是盗用的信息。获取者可以从过期专利和商业秘密持有人公开销售的产品的研究中获得知识，但这并不重要，事实是他们没有这样做。相反，获取者通过其与持有者的保密关系从持有者那里获得了它，基于保密关系产生了获取者不得使用该秘密信息而损害原告利益的义务。违反保密义务的行为显然表明获取者没有履行这一义务，在将商业秘密获取者视为应因其行为受到惩罚的

---

① See Shellmar Prods. Co. v. Allen-Qualley Co., 87 F.2d 104 (7th Cir. 1936).

②③ Shellmar Products Co. v. Allen-Qualley Co., 87 F.2d 104, 108 (1936).

④ Shellmar Products Co. v. Allen-Qualley Co., 87 F.2d 104, 109-110 (1936).

⑤ Shellmar Prods. Co. v. Allen-Qualley Co., 87 F.2d 104, 107 (7th Cir. 1936).

违法者时，法院通过授予一项永久禁令，以惩罚获取者破坏信任义务的行为。这种永久禁令禁止获取者使用的时间超过了保护秘密信息所需的时间而事实上具有惩罚性。传统上，禁令不是以惩罚性的方式运作，而是在制定补救措施时考虑了对侵权人施加的困难，法院通过程序上的救济确保所授予的救济符合事实情况所证明的需要。

（2）康马尔规则。该规则是指如果商业秘密被公开披露，那么，任何永久性的禁令救济都是不适当的；在这种情况下，救济应限于金钱损害赔偿。在Conmar Prods. Corp. v. Universal Slide Fastener Co.案中，关于商业秘密的侵权主张，勒德·汉德法官同意了原告对被告为了在专利发布之前了解商业秘密引诱原告员工的事实陈述，但在这种情况下，勒德·汉德法官否决了谢尔玛规则可以作为禁令救济的适用基础：

"第七巡回上诉法院认为，如果在发布专利之前，一个人非法获得和使用了说明书后来披露的信息，他将不能在专利发布之后继续这样做；他的错误剥夺了他作为公众一员应有的权利。我们已经两次拒绝遵循这一原则；我们坚持我们的决定。可以想象，雇主可能会要求他的雇员签订一份合同，以确保他的雇员即使在专利发布后也不泄露信息。我们很难想象这样一份合同可能有什么价值；但是，如果雇主确实这么做了，其他人可能不得不求助于说明书，如果他们愿意使用这些信息的话。尽管如此，我们不应该这样解释任何保密合同，除非其意图是在最不可避免的条款中规定的；而原告的合同中没有这样的条款。在他们缺席的情况下，我们不明白为什么在发布前泄露公开信息的不当引诱会剥夺违法者利用专利权人奉献的权利；因为，正如我们刚才所说的，合同应被解释为仅在专利发布之前强制保密。该学说必须基于这样一种理论，即拒绝侵权者诉诸专利是对原始错误的适当惩罚；对此，我们在原则上找不到任何支持。因此，无论在诉讼中披露了什么专利，任何可能的责任都以他们的发布而结束。"[①]

"1940年11月16日，当被告第一次被指控有义务停止时，他们已经可以自由地开发秘密的主要部分——前六个和第七个尚未确定的部分。他们的职责至多只是改变他们的机器和方法，以便不再继续开发仍然受到保护的第七个秘密的剩余部分；当另外两项专利发布时，即使是这些专利，也是免费的。当然，强迫他们作出这种改变，就等于侵犯了他们在当时享有的豁免权；这将迫使他们的业务中断，重新设计他们的机器。与此相反的是原告的利益，这一点的重要性谁也猜不到，因为它必须通过以下优势来衡量：只禁止使用第七个秘密中尚未披露的部

---

① Conmar Products Corp. v. Universal Slide Fastener Co., 172 F.2d 150, 155-156（1949）.

分，而被告可以自由使用其余的部分。"①

可见，法院认为，除非有相反的明确约定，不披露雇主秘密的协议只有在雇主秘密存在的情况下才应强制执行。因此，在专利发布、保密信息公开披露后，侵权人也可以如同其他公众成员一般自由使用该知识，侵权人并不因其不当行为而遭受额外的惩罚。康马尔规则最大限度地扩大了技术工人的就业选择自由，并通过无限制地使用公开披露的技术秘密来促进知识的社会传播。社会的根本利益在于允许个人以任何他希望的理由改变他的工作，并为他的新雇主充分利用他的一般技能、知识和经验。不能指望技术工人仅仅因为想换工作而忘记他积累的技术和专长。"一个企业可能会投入大量的时间、金钱和人力来开发胜过竞争对手的秘密优势，但它必须得到保护，防止前雇员错误地盗用秘密信息，因为前雇员是有保密义务的。与此同时，个人有权利追随和追求他最擅长的特定职业，这是一项最基本的权利。我们的社会流动性极强，我们的自由经济建立在竞争的基础上。一个在某一特定领域工作过的人不能被强迫从他的脑海中抹去所有通过他的经验获得的一般技能、知识和专长。在市场上，这些技能对于这样的员工来说是很有价值的，不能轻易地限制他在其最大价值领域竞争的权利。"②在雇主—雇员的背景下，谢尔玛规则通过将不守信用的雇员永远逐出企业，并通过永久禁令惩罚他，对上述政策利益造成了沉重的打击。康马尔规则则将雇员的负担降到最低，从而使这些政策利益最大化。

（3）谢尔玛规则和康马尔规则的调和。由于这两项规则对当前问题的处理方式极端，每个规则都有明显的不足之处，现代方法试图通过发布一项限时禁令来平衡这两个极端，而现代方法的探索始于Winston Research Corp. v. Minnesota Mining & Manufacturing Co.案③。在该案中，明尼苏达州矿业和制造公司（Minnesota Mining & Manufacturing Co.）的Mincom分部开发了一种改进的精密磁带录音机和复制机。后来，温斯顿研究公司（Winston Research Corp.）开发了一种类似的机器。Mincom声称，温斯顿研究公司的机器是由包括Johnson和Tobias在内的前Mincom员工开发的，使用的是他们在Mincom工作期间获得的秘密信息，并请求赔偿损失和下达禁令。地方法院下达了禁令，但拒绝了Mincom的赔偿请求。双方均提起上诉。Mincom辩称，尽管其前雇员的失信行为导致了秘密信息的公开披露，但根据谢尔玛规则，Mincom有权获得永久禁令。温斯顿研究公司回应说，根据康马尔规则，公开披露Mincom的商业秘密将终止Mincom的前雇员对该信息的保

① Conmar Products Corp. v. Universal Slide Fastener Co., 172 F.2d 150, 156-157（1949）.
② ILG Indus., Inc. v. Scott, 49 Ⅲ. 2d 88, 93, 273 N.E.2d 393, 396（1971）.
③ Winston Research Corp. v. Minnesota Min. & Mfg. Co., 350 F.2d 134（1965）.

密义务，雇员和他们的当事人在披露日期之后都不得被禁止。①第九巡回上诉法院确认了地方法院的有限禁令做法：

"地方法院驳回了这两种极端的做法，并批准了一项禁令，在此期间，它认为足以否认温斯顿研究公司的不正当得利，并保护Mincom免受因其前雇员在公开披露前错误披露和使用Mincom的商业秘密而受到的伤害。我们认为，地方法院的做法是合理的，永久禁令会破坏公众的利益。一方面，应让技术雇员充分利用他们的知识和技能，并促进研究和发展。另一方面，对于任何禁令的否认都将使不忠的雇员不受惩罚，就像这里，没有赔偿；而且，他和他的新雇主将保持领先于合法竞争对手的优势，后者在商业秘密被公开披露之前无法接触到这些秘密信息，在秘密信息公开后，在Mincom的合法竞争对手成功开发基本相同机器所需的时间内被禁止使用这些秘密信息。地区法院否认了员工的不忠行为带来的任何好处，将Mincom置于在公开披露之前秘密信息未发生泄露的状态，并对其员工在使用秘密信息时施加与实现使用这些信息的目标一致的最低限度的约束。"②

因此，温斯顿规则缓和了谢尔玛规则和康马尔规则之间的冲突，从中选择了一项有期限的禁令救济措施，即禁令的期限并不因为侵权人的不当行为或失信行为而被判定为是永久性的，即使后来商业秘密因产品或专利的发布而被公开披露，禁令依然有效，温斯顿规则对被告的惩罚，不会超过使原告恢复完整权利状态所需的额度；避免了不必要地使被告永久破产所造成的社会影响和经济浪费。同时，禁令也不因商业秘密的公开披露而立即终止，考虑到禁令的目的，一方面，禁令的期限要能够使得侵权人不因侵害行为而不当得利，这就意味着对于后来公开披露的商业秘密，禁令要能够使侵权人恢复到与市场上的合法竞争者同等的地位，这剥夺了不法分子通过违反保密协议而获得的领先优势；另一方面，恢复商业秘密权利人在未被侵权人的不当行为侵犯之前的状态，保护商业秘密开发者免受竞争损失。通过在使原告恢复完整权利状态所必需的有限期间内授予禁令，可以在相互冲突的政策利益之间达成妥协与平衡。

针对谢尔玛规则和康马尔规则的狭隘解释的缺点，美国法院的反应是对计划的和实际的保密期间实施有期限的禁令，在之后的判决中较好地阐释了"行为人被禁止使用商业秘密的时间被限制在通过独立手段开发该秘密所需的时间内"的观点。其中，在"汉普顿诉布莱尔制造公司案"③中，地方法院永久性地禁止一名前雇员复制其前雇主的农具，被告作为上诉人所提出的重要问题便是该禁令条款的有效性，其认为，这里涉及的那些不受专利保护的产品是在公共领域的，永久

① Winston Research Corp. v. Minnesota Min. & Mfg. Co., 350 F.2d 134, 141（1965）.
② Winston Research Corp. v. Minnesota Min. & Mfg. Co., 350 F.2d 134, 142（1965）.
③ Hampton v. Blair Manufacturing Co., 374 F.2d 969（8th Cir.）, cert. denied, 389 U.S. 829（1967）.

禁止复制的禁令太过宽泛了。^①美国第八巡回法院以范围太广为由撤销了该禁令：

"西尔斯和戴·布里特的推理及其观点要求汉普顿不能被永久禁止复制凯利·瑞恩的非专利工具。汉普顿秘密地获得并复制凯利·瑞恩的蓝图和图纸的行为，以及其未能依据法院的命令交出这些文件，且无法证明其未使用这些文件的行为，是不可辩护的，这些保证了凯利·瑞恩可以获得适当的救济。虽然存在事实争议，但有大量证据支持法院的裁决，即汉普顿保留了一些蓝图和图纸的副本，并计划将其用于制造与凯利·瑞恩制造的供料车基本相同的供料车，这种使用行为加快了汉普顿生产马车的时间。汉普顿拥有一辆凯利·瑞恩的供料车，从证据上看，很明显，随着时间的推移，熟练的机械师可以为建造供料车所需的部件绘制必要的计划，并根据现有的模型建造这样一辆供料车。很难说计划的使用在多大程度上加快了生产。"^②

"这里的不法行为发生在1963年秋天。直到1966年3月24日，法院才受理上诉。我们毫不怀疑，在1966年之前的很长一段时间里，即使没有使用蓝图，该领域拥有普通技能的机械师也可以让汉普顿的供料车和凯利·瑞恩的供料车完全一样，因此，将本案发回重审以寻求进一步的事实调查结果，以寻求在不错误使用计划的情况下复制货车所需的时间段内给予禁令救济，没有任何意义。"^③

尽管前雇员盗用设计图的行为被认为是不当的，但第八巡回法院认为，适当的公平救济仅仅是在"没有雇主计划的帮助下"需要复制这些物品的期间内限制其工具的生产，禁令的范围覆盖原雇主有权获得对领先利益的保护，但仅此而已。此外，在"北方石化公司诉汤姆林森案"^④中，法院强调了不得对市场上公开的非专利产品的复制实施永久禁令，即使抄袭者最初是通过违反商业秘密协议获得信息的。美国第七巡回上诉法院认为，不应允许延长禁令的惩罚性补救措施：

"需要重申的是，商业秘密不像专利或版权，它没有专有维度。对窃取商业秘密的行为进行赔偿的诉讼，是基于侵权行为的诉讼，窃取行为构成了法律规制的不当行为。只有在特殊情况下，侵权行为法才会授权采取一种超出赔偿原告损失限度的救济措施。正如舒伦伯格所表明的，窃取商业秘密并不是一个特例。用伊利诺伊州最高法院的话说：法院裁决令人烦恼的方面是已经发布的禁令的范围。禁令的适用不受时间或地域的限制，这对于原告来说，显然是不必要的，因为原告承认自己的产品可能被竞争对手通过合法的手段复制。被告可能以窃取的方式复制了原告的产品，很难证明禁止通过这种手段复制产品的时间比通过合法

①②　Hampton v. Blair Manufacturing Co., 374 F.2d 969, 972 (8th Cir. 1967).
③　Hampton v. Blair Manufacturing Co., 374 F.2d 969, 973 (8th Cir. 1967).
④　Northern Petrochemical Co. v. Tomlinson, 484 F.2d 1057 (7th Cir. 1973).

手段复制产品所需的时间更长是合理的。"①

此外，上诉法院在竞争政策中找到了进一步支持其立场的证据，即抄袭者不应该在任何时间、任何地方都被"淘汰出局"。北方石化公司不愿意区分小偷使用秘密的情况和他没有逻辑基础的情况，依据上述观点，第七巡回上诉法院认为在这两种情况下，小偷犯的偷窃罪是一样的，但这样的结果是不能容忍的，即一个人如果不能迅速利用他的犯罪成果，并冒着让自己的秘密随着科技的进步而变得毫无价值的风险，会比立即与被窃者竞争的窃贼受到更大的限制。

上述两个案例确立了汉普顿-北方石化公司规则，该规则提供了一个商业秘密侵权的合理救济标准，即任何禁令都应限于领先利益，以独立重新发现该商业秘密的预计时间来衡量。当商业秘密被公开，其所承载的可保护的利益也随之消失，此时似乎就没有理由背离自由竞争政策、限制技术思想的自由交流。该规则的合成似乎结合了不同规则的最佳方面，但这种方法是简单的，而又是不精确的，法院在司法实践中对某项具体的侵犯商业秘密的行为给予多久的禁令期限，往往需要更为准确的计算和衡量，因为这关系到商业秘密权利人和侵权人的利益。

（二）禁令期限的考虑因素

从比较法经验来看，为了恢复商业秘密持有人因侵害行为而损失的市场领先利益，禁令期限的计算要考虑到侵权产品的生产时间、销售时间，以及商业秘密公开披露的时间，合法竞争者利用披露的信息独立启动生产的时间。在判定禁令适用实践中，法院需要考虑以上基本因素，既要满足商业秘密持有人的权利保护，又要给予雇员自由选择职业和第三人利用公共领域内的信息再次发明创造的空间。

（1）侵权产品的生产时间、销售时间。侵权人利用其与商业秘密持有人之间的契约关系或信任关系而盗取商业秘密，目的是利用该秘密信息迅速建立起自己的市场竞争优势，在此过程中，侵权人省去了自己创造和开发这些秘密信息的时间和资金。有观点认为，合理的禁令期限要从侵权人开始生产侵权产品的时点来计算。一般而言，使商业秘密持有人利益完整的禁令期限为侵权人首次生产包含商业秘密的产品的时间与其他合法竞争者独立生产出包含该商业秘密的产品的时间之间的时间，这一禁令期限能够使商业秘密持有人恢复到合法使用商业秘密的独立竞争者的地位。② 侵权人开始生产包含商业秘密的产品的时间，简言之，就是侵权人完成自己产品的生产并与商业秘密持有人进行竞争销售的时间，但首次

---

① Northern Petrochemical Co. v. Tomlinson, 484 F.2d 1057, 1061(7th Cir. 1973).

② See Michael Barclay, Trade Secrets: How Long Should an Injunction Last, 26 *UCLA L. REV.* 203, 219(1978).

生产侵权产品的时间与正式销售时间往往并不一致，二者可能间隔较长的时间，销售时间也有可能发生在产品的首次生产之前，而侵权人利用盗用的商业秘密侵犯商业秘密持有人的市场竞争优势是从产品被投放到市场上开始的。将侵权人投入生产的时间与独立竞争者开始生产的时间相等同，来恢复商业秘密持有人完整权利状态的禁令期限，可能无法完全补偿权利人的开发成本。[①]因此，将侵权人的销售活动而非生产活动，作为计算禁令期限的起点，可能更为合适。

（2）商业秘密公开披露的时间。这个时间点对于禁令期限的计算相当重要，关系到其他合法竞争者独立利用已公开的信息来生产产品的时间长度的计算。商业秘密的公开披露不如专利信息公开那般具有时间上的确定性，往往通过如下两种方式进行：① 发布专利，将商业秘密转化为专利进行保护，这意味着技术秘密要按照专利法的规定对技术信息进行公开；② 销售包含商业秘密的产品，若商业秘密不能由此被他人通过实施反向工程而获取，那么，该产品的销售不应被视为商业秘密的披露。商业秘密的公开披露意味着权利的消灭，但这并不意味着对侵权人实施的禁令就此终止，因为此时公开的信息可被其他合法的竞争者所获悉，但侵权人与之相比仍具有相当一段时间的抢先优势，侵权人还在因商业秘密的盗取行为而受益。如果披露是通过销售产品发生的，侵权人在权利人之前开始销售其产品，那么商业秘密将不是在权利人销售其产品时披露，而是在侵权人销售时披露。侵权人的这一较早披露不应被视为为了确定披露时间而进行的披露，为了恢复权利人的竞争优势，应将披露时间定为权利人开始销售其产品的时间，否则，将鼓励侵权人缩短禁令期限，在窃取商业秘密后立即公布。[②]

（3）合法竞争者利用披露的信息独立启动生产的时间。这一时间的确定是建立在包含商业秘密的产品具有充分的市场竞争力的基础之上的，是商业秘密的披露与合法竞争者能够利用所披露的商业秘密开始生产和销售产品之间的时间，是确定侵权人禁令终点的关键节点，因为禁令的目的之一便是要将侵权人恢复到提前获取秘密信息这一优势之前的状态，而合法竞争者利用已经公开的商业秘密开始进行生产和销售的时间点，可以为确定侵权人与其他合法竞争者处于同一起点提供较好的参考。合法竞争者开始生产的时间包含对商业秘密产品实施反向工程所花费的时间，或者独立启动生产的时间。将合法竞争者实施反向工程所花费的时间与独立启动生产的时间区分开来是有必要的，因为是在将侵权人的活动与合法竞争者的活动进行比较，侵权人没有必要对商业秘密进行反向工程，因为他们已经盗用了商业秘密。反向工程时间是指合法竞争者拆解商业秘密所有人的产品

---

① 　See Analogic Corp. v. Data Translation, Inc., 358 N.E.2d 804, 808 (Mass. 1976).

② 　See Space Aero Prods. Co. v. R.E. Darling Co., 238 Md. 93, 125, 208 A.2d 74, 91 (1964), cert. denied, 382 U.S. 843 (1965).

以发现商业秘密所花费的时间，产品中包含的秘密信息并不如商业秘密直接泄露那般为竞争者轻易获取，所以反向工程要花费一些时间。而独立启动生产的时间则一般是在反向工程的基础上形成的，是竞争者开始生产自己版本的产品所花费的时间，若竞争者是因商业秘密的直接泄露而获得了商业秘密，则反向工程所花费的时间为零，独立启动生产的时间便可以从商业秘密泄露时开始计算。然而，竞争者启动生产的时间并不容易确定，竞争者获取公开的秘密信息的过程，以及竞争者获取秘密信息后是否会立刻启动生产，均是不确定性因素。

总而言之，上述三个因素是确定禁令合理期限的基本因素，但在实践中，这些因素本身存在较多复杂的情形，这为确定最终颁布的禁令的合理期限增添了较多困难，比如，其他竞争者可能无法复制产品或泄露秘密，即使这看起来是可行的。例如，该领域可能没有竞争者，除了原告和被告；其他竞争者可能因为产品差异化，更倾向于销售自己已经推广的产品，而不是复制和销售原告的产品；其他竞争者在成功复制产品后可能会选择保密，而不是公开；或者其他竞争者可能会从原告那里获得许可，从而阻却自己泄露秘密信息的可能。在这些情况下，即使康马尔规则的禁令实际上也可能是永久性的。因此，为了确保禁令的期限能够平衡商业秘密权利人和侵权人之间的利益，法院在不同案件中要考虑到不同的案件情形、商业秘密本身的性质和特征，对上述三项基本要素进行严格的估计，才能够使得最终颁布的禁令满足商业秘密的政策利益。

典型案例

百越公司与若科玻璃公司、杨瑞侵犯商业秘密纠纷案[①]

事实概要：

百越公司系从事玻璃马赛克、玻璃珠、碎玻璃等玻璃制品进出口业务的公司，杨瑞系百越公司的职工，杨瑞与百越公司签订有《商业机密保密协议》，该保密协议约定，乙方承诺离职后承担与任职期间同样的保密义务和不能使用有关秘密信息的义务，不得利用甲方商业秘密进行新的研究和开发。杨瑞从百越公司离职，与他人共同设立了若科玻璃公司，后杨瑞将其全部股份转让给他人。百越公司认为，CFG公司、MMR公司、FGP公司均系百越公司的客户，曾和百越公司发生过多笔玻璃马赛克交易。国家税务总局廊坊市安次区税务局出具的开票信息显示：若科玻璃公司成立后，与CFG公司发生了29笔

---

① 河北省廊坊市中级人民法院（2019）冀10民初82号民事判决书，河北省高级人民法院（2019）冀知民终227号民事判决书。

交易，与MMR公司发生了3笔交易，与FGP公司发生了27笔交易，且若科玻璃公司未能举证证明以上3个客户系其自行开发。百越公司认为若科玻璃公司的行为侵犯了其商业秘密，遂诉至法院，要求若科玻璃公司立即停止侵权。

裁判观点：

法院经审理认为，首先，就百越公司主张的客户名单是否构成商业秘密，应当从秘密性、保密性和价值性三个方面去衡量。其次，关于若科玻璃公司、杨瑞是否侵犯了百越公司的商业秘密，应考虑若科玻璃公司是否实际通过杨瑞获取、使用杨瑞掌握的百越公司的商业秘密，由于若科玻璃公司、杨瑞提供的证据无法证明其具体是如何与以上3家公司建立的交易关系，且百越公司还提交了若科玻璃公司向百越公司的其他客户发送报价邮件的证据，证明若科玻璃公司系主动与百越公司的客户联系进行交易，故可以认定若科玻璃公司与杨瑞共同侵犯了百越公司的商业秘密。最后，关于若科玻璃公司、杨瑞停止侵权的责任问题。本案中，由于客户名单不同于技术秘密，客户名单的载体通常不会通过某种方式公之于众，因此，如果要求若科玻璃公司停止侵害的时间持续到公众知悉时明显不合理，故应当由法院酌定侵权人停止侵权的时间和范围。最终二审法院判决若科玻璃公司、杨瑞于判决生效之日起两年内停止使用百越公司的客户名单信息。

二、损害赔偿

商业秘密侵权民事责任承担的另一主要方式是损害赔偿，损害赔偿数额的确定，一直都是各类案件的难点问题。我国《反不正当竞争法》第17条规定："经营者违反本法规定，给他人造成损害的，应当依法承担民事责任。经营者的合法权益受到不正当竞争行为损害的，可以向人民法院提起诉讼。因不正当竞争行为受到损害的经营者的赔偿数额，按照其因被侵权所受到的实际损失确定；实际损失难以计算的，按照侵权人因侵权所获得的利益确定。经营者恶意实施侵犯商业秘密行为，情节严重的，可以在按照上述方法确定数额的一倍以上五倍以下确定赔偿数额。赔偿数额还应当包括经营者为制止侵权行为所支付的合理开支。经营者违反本法第六条、第九条规定，权利人因被侵权所受到的实际损失、侵权人因侵权所获得的利益难以确定的，由人民法院根据侵权行为的情节判决给予权利人五百万元以下的赔偿。"《最高人民法院关于审理侵犯商业秘密民事案件适用法律若干问题的规定》第19条规定："因侵权行为导致商业秘密为公众所知悉的，人民法院依法确定赔偿数额时，可以考虑商业秘密的商业价值。人民法院认定前款所称的商业价值，应当考虑研究开发成本、实施该项商业秘密的收益、可得利益、可保持竞争优势的时间等因素。"第20条规定："权利人请求参照商业秘密许可使用费确定因被侵权所受到的实际损失的，人民法院可以根据许可的性质、内容、实际履行情况以及侵权行为的性质、情节、后果等因素确定。人民法院依照反不正当竞争法第十七条第四款确定赔偿数额的，可以考虑商业秘密的性质、商业价值、研究开发成本、创新程度、能带来的竞争优势以及侵权人的主观过错、侵权行为的性质、情节、后果等因素。"相关规则虽然明确了损害赔偿数额计算中考量的相关因素，然而，在具体案件适用上述规则确定赔偿数额的过程中，依然存在较多难以解决的问题。

现就不同计算方式具体探讨如下：

（一）权利人实际损失的计算

在商业秘密侵权案件中，原告不能在法庭上仅证明类似于"被告偷了一些小麦"，或"一场大火烧毁了我的一些货物"等简单事实，来要求实质性的损害赔偿。商业秘密一旦被盗，权利人损失的不仅仅是信任关系被破坏的结果，而且在市场上，其不再是唯一垄断者，其市场份额可能被他人所瓜分，法律规定的损害赔偿必须考虑到商业秘密在市场上被公开的事实。当侵权人的账簿显示其实际上没有获得利润，或者所获得的利润与权利人所损失的或将要损失的相比微不足道时，权利人主张损害赔偿就会受挫。侵权人还可能故意压低销售价格，涌入市场并试图在该领域确立主导地位。在此情况下，权利人最好以自己的利润损失为基础来计算损害赔偿的数额，即如果权利人进行了销售，其本可以获得应得的利润。

司法实践通过企业过去利润的证据来计算未来利润的损失，为结论提供合理的基础。比如，在"上海路启机械有限公司、曹某等与优必选（上海）机械有限公司侵害技术秘密纠纷案"中，[①]一审法院认为，涉案信息构成商业秘密且侵权事实成立，判定采用历年平均销售毛利润约265 249.18元/台（平均销售价格478 530元/台，平均销售毛利率55.43%），以优必选（上海）机械有限公司因侵权所造成的销售量减少数 × 每件产品的平均销售毛利润所得之积1 326 245元计算损害赔偿额。

事实上，商业秘密侵权案件面临的情况是权利人无法对未来利润的损失进行准确的计算，在这种情况下，法官是否应支持权利人的损害赔偿请求呢？例如在"谢尔登诉米高梅电影公司案"[②]中，美国大法官勒德·汉德说道："我们意识到，在所有这些评估中，并没有真正的标准出现……但我们应避免这一不公平做法，即在被告无法确定地计算出自己份额的情况下，将所有责任都施加给原告。在原告不能准确证明其损害的案件中，我们经常做出我们能做的最好的估计，即使它

---

① 上海市高级人民法院（2016）沪民终470号民事判决书。

② Sheldon v. Metro-Goldwyn Pictures Corporation, 106 F.2d 45, 51（2 Cir. 1936）。

实际上只是一个猜测。在解决被告所有的不确定幌子之下，我们不会否认一个毫无疑问的事实。程序责任是为了促进真理而制定的；如果不加节制地使用它们，可能会破坏它们的全部目的，就像在这里一样。"勒德·汉德法官在此案中确立的一般规则是，在损害原因及损害本身已经确定的情况下，不会因为这种损害难以具体计算而拒绝赔偿。① 这一规则在其他案例中也有迹可循。比如，在"伊士曼（柯达）公司诉南方照相公司案"②中，法院裁定："损害赔偿是不确定的，因为它们不能绝对准确地计算。只要能提供合理的计算基础就足够了，即使结果只是近似的。我们认为，这是对适用法律规则的正确表述。此外，如果被告的错误行为使原告所遭受的确切损害难以确定，则被告无权抱怨不能以精确方式来衡量这些损害。"在"威尔斯卡车道诉伯奇案"③中，法院在进行全面的事实审查后立即作出相关裁决："陪审团可以从大量证据中找到利润损失。在弥补未来利润的损失之前，必须有大量的证据证明这种损失将会发生。但一旦确定了损失，就不需要确定损失的确切数额了。因此，只要有足够的证据使陪审团能够合理地估计出这种损失的数额即可。"可见，权利人受损的未来利益并不需要数学上的精确，但其提供的证据必须形成一个合理的近似的证明基础。法院必须掌握这样的事实和情况，才能根据判断而不是猜测作出损失估计。这一观点在"美国诉格里菲斯·戈诺尔·卡曼公司案"中得到了概括总结。④ 在该案中，一承包商根据联邦侵权索赔法案提起诉讼，要求赔偿因政府空军基地的雨水流经承包商正在施工的混凝土水管造成的损害，上诉法院将原告的一项判决发回初审法院，并指示原告撤回初审法院的判决中所包含的 15 000 美元的损害赔偿请求，因为在特定情况下，无法证明任何此类损害导致的损失和净值减少，显然也没有这样的证据。然而，该意见提供了以下讨论，反映了适用的判决标准："预期的利润必然是不确定的和有问题的，但在损害肯定是由被告的错误造成的，只是数额不确定的情况下，即使它们很难确定，也不会被拒绝。在适当的情况下，可以通过证明错误发生后的利润少于过去的利润来确定定期建立的业务未来利润的损失。这通常是唯一可用的证据。然而，损害的事实必须被证明是肯定的。这个量并不需要数学上的精确，但证据必须形成一个合理的近似的基础。法院必须依据这样的事实和情况，才能根据判断而不是猜测作出损害估计。那些推测性的、遥远的、不确定的事实和情况，不能构成合法判断的基础。判决认定的实际损害必须由事实来确定，而不是根据推测或对证人的无根据估计。对证人的猜测和估计，与陪审团本

---

① See Hoffer Oil Corp. v. Carpenter, 34 F.2d 589, 592（10th Cir. 1929）.
② Eastman Kodak Co. of New York v. Southern Photo Materials Co., 273 U.S. 359, 379（1927）.
③ See Wells Truckways, Limited v. Burch, 247 F.2d 194, 196-197（1957）.
④ U.S. v. Griffith, Gornall & Carman, Inc., 210 F.2d 11, 13（1954）.

身的猜测一样，都不能成为还原案情的更好依据。"考虑到现实中损害赔偿计算的困难性，该标准可以为我国司法实践中计算权利人的实际损失提供参照。

（二）侵权人利润的计算

在某些领域，如果被告没有与原告竞争，原告就不能证明其损失是由被告造成的。但在商业秘密领域并非如此，因为原告具有事实垄断权，被告对原告商业秘密的任何使用都必然存在竞争。被告利用商业秘密获取利益的行为产生了不当得利，可以以此不当得利作为原告损失计算的基础，这在本质上是公平的。因为虽然收回被告的利润对原告来说可能是一笔意外之财，但社会更愿意让原告获得这笔财富，而不允许被告非法致富。"任何文明的法律制度都有义务为所谓的不正当得利或不正当利益的情况提供补救措施，即防止一个人扣留他人的金钱或从他人那里获得某种利益，而他保留这种财产是违背良心的。"[1]

在商业秘密诉讼中，关于原告收回被告利润以及原告损失的较为全面的案例之一是"米歇尔化妆品公司诉齐尔卡斯案"[2]。该案中，原告米歇尔化妆品公司是一家从事口红生产和销售的企业。这些口红是按照秘密配方和秘密工艺制作的。被告齐尔卡斯是原告公司的一名雇员，在受雇期间，他学会了原告在其业务中使用的秘密配方和工艺。然后，他离开了原告的工作岗位，成立了被告公司。该公司是由个人管理和控制，并根据原告拥有的配方和工艺生产和销售口红。原告在其诉状中指控，被告根据属于原告的配方和工艺错误地制造口红，并将如此制造的口红装在与原告所使用的容器相似的容器内，被告齐尔卡斯从原告的文件中获得了原告的客户名单，并将这些口红出售给原告的客户。上诉法院认为，一个违法者如果模仿了原告的容器，并使用了属于原告的秘密配方和工艺，可能会被迫将其收益让与真正的所有者，其原则类似于指控受托人通过不正当行为使用信托财产获得利润。[3]"在这种情况下，证据可能足以推断出被告给原告造成了一些利润损失，但肯定不足以证明如果被告不与原告竞争，原告就会完成被告实际进行的所有销售的推断是合理的。在竞争开始后，原告的销售额没有减少，利润也没有减少，而且，正如我们所说，至少部分被告的销售不是在原告开展业务的地域范围内进行的。"[4]在这种情况下，法院要求原告提供和被告之间存在竞争的证据，以证明被告的销售收入蚕食了原告的潜在销售收入。

商业秘密权利人所遭受的不正当行为与商标或专利权利人因其商标或专利被

---

①　Fibrosa Spolka Akcyjna v. Fairbairn Lawson Combe Barbour, Ltd. [1943] A.C. 32, 61.

②　Michel Cosmetics, Inc., v. Tsirkas, 282 N.Y.195（1940）.

③　See Michel Cosmetics, Inc., v. Tsirkas, 282 N.Y.195, 199（1940）.

④　Michel Cosmetics, Inc., v. Tsirkas, 282 N.Y.195, 204（1940）.

侵犯而遭受的不正当行为类似，损害赔偿规则也相似。在审理上述案件时，上诉法院援引了"汉密尔顿-布朗鞋业公司诉沃尔夫兄弟公司案"。在该案中，汉密尔顿-布朗鞋业公司指控一家从事同样业务的沃尔夫兄弟公司，并寻求禁令，以限制沃尔夫兄弟公司对由"the American Girl"一词组成的鞋子的所谓商标的侵权，使用"American Lady"作为可配色的模仿，以及在贸易中使用后一词进行的不公平竞争，并赔偿原告的损失和利润。被告坚称，无论追偿是基于商标理论，还是基于不正当竞争理论，可追偿的利润应限制在直接和积极证据所显示的被告因侵权而增加的收入；举证责任由原告承担，证明被告的利润中有哪部分可归因于使用侵权商标。[1] 法院不要求原告在被告使用侵权商标的利润与被告鞋子的内在价值的利润之间进行分摊的充分理由是，这种分摊从本质上来说是不可能的；同意被告论点的结果将是支持被告拒绝向原告提供所有赔偿。法院还在意见中引用了"格雷厄姆诉普拉特案"[2] 的裁判理由：

"就本案的性质而言，除了使用商标以外，不可能确定商标能在多大程度上促成销售和以什么价格促成销售。没有人会否认，根据每一个理性和公正的原则，商标所有人有权获得使用该商标所产生的如此多的利润。难点在于确定哪些利润来自商标，哪些利润来自商品的内在价值。由于不能以任何合理的标准来确定商标所有人应获得的全部利润，因而不能确定是被告的欺诈行为剥夺了原告的任何利润。同样的推理也适用于货物的混淆。如果一个人错误地把他自己的东西和别人的东西混在一起，以致不能区分和分离，他将失去整体，因为不当行为是他所为。承受损失的应当是他，而不是无辜的一方，因为无辜的一方没有错误。"[3]

在该案中，法院并未强调原告与被告之间的竞争关系，原则上，当无法区分被告利润中的哪一部分是因被告蚕食原告市场份额和产品销售量而产生的时候，我们应推定被告基于侵权行为而获得的利润归属于原告，这也意味着原告不承担证明被告利用不当行为所获得的利润中哪些部分是可归因于商标侵权的举证责任，对于不可归属于原告部分的利润证明责任则由被告承担。当原告的利润损失和被告的利润之间存在混淆，原告要在赔偿诉讼中确定被告从盗用中获得了利润，随即证明责任转移到被告身上，以证明那些他声称的利润不是侵权或盗用的结果。在"米沙瓦卡橡胶羊毛制造公司诉 S. S. Kresge 公司案"[4] 中，法院对这种举证责任的分配进行了较为完整的阐述："如能证明侵权行为与被告所赚取的利润无关，或某些买家购买带有侵权商标的货物是基于被告的建议或声誉，或并非出

---

①　See Hamilton-Brown Shoe Co. v. Wolf Brothers & Co., 240 U.S. 251, 260（1916）.

②　See Graham v. Plate, 40 Cal. 593（1871）.

③　See Graham v. Plate, 40 Cal. 593, 596（1871）.

④　See Mishawaka Rubber & Woolen Mfg. Co. v. S.S. Kresge Co., 316 U.S. 203（1942）.

于对原告商标广泛主张的回应，展示这一点的责任就落在了'偷猎者'身上……如果无法将可归因于使用侵权商标的利润分离开来，商标所有人很可能获得意外之财。但如果不这样做，就会给不法之徒带来意外之财。在没有其他证据的情况下，依据诚实和符合经验的假设，不法分子从销售带有他人商标的商品中获利，是因为他利用了该商标所产生的良好意愿。一个人从非法侵占他人的商标中获得利润，不能仅通过证明商标的合法所有人没有选择以违法者所使用的特定方式使用该商标，而免除他将该利润归还给合法所有人的义务。"[1]这一举证责任的分配规则在商业秘密侵权案件中同样适用。

侵权人有权证明其部分销售行为没有使用原告的商业秘密。侵权人使用被盗用的商业秘密，不应被允许削弱商业秘密权利人合法的垄断地位，即法院不应将损失归咎于不存在过错的权利人。在"戈登成型车床公司诉福特汽车公司案"[2]中，在进一步考虑专利权人和侵权人在侵权和非侵权设备之间分配利润的负担后，美国第六巡回上诉法院认为，"当案件确实出现混乱时——当无法作出可计算的或估计的利润分摊时——从案件的需要来看，利润必须由侵权人全部保留，或者由法律全部授予专利权人。在既定的公平原则和最简单的正义原则下，有罪的侵权人不能利用自己的过错。他可能失去自己的一些东西，这是他自找的不幸；如果，正如所争论的那样，资金可能是通过使用其他专利获得的，而他可能在另一个案件中对此负责，这又是他给自己带来的不幸，是双重错误导致双重责任的实例。……在这样的程序中，不可能有数学上的确定性，也不可能有任何东西接近它，但我们应该达到一种可能性的程度，在这种可能性的基础上，理性的人会满足于在商业生活的日常事务中采取行动"[3]。由此可知，当利润混淆的情况发生时，法院有理由要求侵权人承担这种不确定性的风险，这是因为侵权人具备混淆利润的能力，法院应有自由裁量权将利润总额分配给商业秘密权利人。

关于被告因盗用商业秘密而获得的利润的确定，如上文所述，原告应承担能够证明被告因盗用所获得的利润的举证责任，原告能够提供的通常是被告获利总额的证据，而要证明侵权获利必须要有涉案商业秘密在被告经营获利中贡献率的相应证据，因利润有各种来源因素，一般难以认定被告经营所获利润皆归因于系争商业秘密。关于被告侵权产品中商业秘密的利润贡献率，法院将相应的举证责任交由被告负担，便是基于被告有对利润证据进行混淆和破坏的可能性而可能造成原告举证困难，以及被告举证的便宜程度的考虑而作出的。当被告不愿提供

---

① Mishawaka Rubber & Woolen Mfg. Co. v. S.S. Kresge Co., 316 U.S. 203, 206-207（1942）.
② Gordon Form Lathe Co. v. Ford Motor Co., 133 F.2d 487（1943）.
③ Gordon Form Lathe Co. v. Ford Motor Co., 133 F.2d 487, 494（1943）.

或不完全提供有关商业秘密利润率的账簿，或者原告对被告所提供的证据有质疑时，原告可以以自己所生产和销售的产品或类似产品的利润证据为反驳证据，以此使法院能够对被告所获利润有充分的评估。此外，被告如果没有盗用商业秘密，就会在开发与原告相同的设备方面多花费额外费用，原告有权追回这些被告减少了的成本。[①]关于确定被告产品利润中的商业秘密的贡献率的具体方法，国外的司法判例已经发展出了直接费用法、销售比率法和比较标准法，[②]而在具体案件中具体方法的选择，应根据具体案件中所能收集到的证据来决定。

（三）惩罚性赔偿的适用

虽然民法上损害赔偿的一般原则是填平原则，但针对恶性侵犯商业秘密的行为，仍有必要发挥法律的威慑作用，惩罚性赔偿主要针对行为恶劣且主观恶意严重者而实施。如美国法上，《侵权法重述（第二次）》规定，"惩罚性损害赔偿可以判决适用于令人发指的行为，以惩罚被告的邪恶动机或被告对他人权利的鲁莽漠视"。惩罚性赔偿的目的是惩罚被告，并阻止被告和其他人今后的不当行为。惩罚性损害赔偿金的征收由审判官酌情决定。2019年《反不正当竞争法》修正前，我国法律中关于商业秘密侵权损害赔偿实行的是补偿性损害赔偿。2019年修正的《反不正当竞争法》正式借鉴美国法而规定了商业秘密的惩罚性赔偿制度，其第17条第3款规定："……经营者恶意实施侵犯商业秘密行为，情节严重的，可以在按照上述方法确定数额的一倍以上五倍以下确定赔偿数额。赔偿数额还应当包括经营者为制止侵权行为所支付的合理开支。"

关于惩罚性赔偿的适用，"戈尔诉北美宝马公司案"[③]在英美法判例中具有较大的影响。在该案中，1990年1月，戈尔博士以40 750.88美元从亚拉巴马州伯明翰市宝马授权经销商北美宝马公司处购买了一辆黑色宝马运动轿车，之后发现了该轿车被重新喷漆的证据。戈尔博士认为自己受到了欺骗，于是提起了诉讼，主张北美宝马公司没有披露汽车已重新喷漆的事实构成对重大事实的隐瞒，要求50万美元的补偿性和惩罚性赔偿及费用。美国联邦上诉法院最终判定，戈尔博士对北美宝马公司惩罚性赔偿的主张是过度的，其理由结合了以下因素：（1）被告行为应受谴责的程度；（2）惩罚性损害赔偿与原告遭受的实际损害的比率；（3）比较惩罚性损害赔偿与可因类似不当行为而处以的民事或刑事处罚之间的区别。[④]其中，最重要的因素是被告行为应受谴责的程度。

---

① Telex Corp. v. International Business Machines Corp., 510 F.2d 894（1975）.
② See William F. Johnson Jr., Remedies in Trade Secret Litigation, 72 *NW. U. L. REV.* 1004, 1021-1022（1977-1978）.
③ BMW of North America, Inc. v. Gore, 517 U.S. 559（1996）.
④ See BMW of North America, Inc. v. Gore, 517 U.S. 559, 574-575（1996）.

　　之后，援引了上述案件裁判规则的"州立农场互助汽车保险公司诉坎贝尔案"①，是另一项具有重要影响力的判例。在该案中，1981年，坎贝尔和妻子在美国犹他州卡什县内驾车行驶，当他决定在一条两条车道的高速公路上超越6辆在他们前面行驶的货车时，奥斯多开着一辆小车从相反的方向驶来，当时坎贝尔正在高速公路的错误一侧行驶并驶向迎面而来的车辆，为了避免与坎贝尔正面相撞，奥斯多转向路肩，失去了对汽车的控制，并与斯拉舍驾驶的车辆相撞，奥斯多被撞死，斯拉舍终身残疾，坎贝尔一家毫发无损地逃脱了。在随后的非正常死亡和侵权诉讼中，坎贝尔坚称他没有过错，但调查人员和目击者很早就达成了共识，认为确实是坎贝尔的不安全通行造成了事故。尽管如此，坎贝尔的保险公司——原告州立农场互助汽车保险公司还是决定对责任进行抗辩，并拒绝了奥斯多的遗产和斯拉舍提出的5万美元（每个索赔人2.5万美元）的赔偿要求。州立农场互助汽车保险公司不顾内部调查人员的建议，将此案推上了法庭，并向坎贝尔夫妇保证他们的资产是安全的，他们对事故没有责任。最终，陪审团认定坎贝尔100%有过错，并判决其支付185 849美元的赔偿金，而这远高于和解金额。州立农场互助汽车保险公司最终支付了全部赔偿金，包括超出保单限额的金额。之后，坎贝尔夫妇还是对州立农场互助汽车保险公司提起了诉讼，指控其恶意、欺诈和故意施加精神伤害。②美国联邦最高法院的肯尼迪大法官就此表达了法院的意见，认为：

　　"惩罚性损害赔偿裁决是否合理的最重要指标是被告行为的应受谴责程度，法院应通过以下因素来确定被告的罪责：造成的伤害是身体上的而不是经济上的；对他人的健康或安全漠不关心或不顾后果的侵权行为；该行为的目标具有财务脆弱性；该行为涉及重复行动或为孤立事件；损害是恶意或欺骗的结果，或仅仅是意外事故。上述任何有利于原告的因素的存在都可能不足以维持惩罚性损害赔偿裁决；而这些因素的缺失使得对颁布此类裁决持怀疑态度。应当假定原告已因补偿性损害赔偿而获得完整的赔偿，因此，被告只有在支付补偿性损害赔偿后的罪责应受到谴责，因此，在有必要实施进一步制裁以达到惩罚或威慑的情况下，才应当给予被告惩罚性损害赔偿。"③

　　结合"戈尔诉北美宝马公司案"和"州立农场互助汽车保险公司诉坎贝尔案"对惩罚性损害赔偿的适用，蓄意和恶意窃取商业秘密的行为应如何谴责呢？在商业秘密侵权案件中，损害通常是经济上的，一般来说，不涉及人身伤害，未必影响他人的健康或安全；而被窃取的目标可能是也可能不在经济上处于弱势地位。

---

①　State Farm Mut. Auto. Ins. Co. v. Campbell, 538 U.S. 408（2003）.

②　See State Farm Mut. Auto. Ins. Co. v. Campbell, 538 U.S. 408, 412-413（2003）.

③　See State Farm Mut. Auto. Ins. Co. v. Campbell, 538 U.S. 408, 419（2003）.

最可能存在的因素包括故意、恶意窃取商业秘密的行为，以及反复出现的窃取商业秘密的行为。另外，蓄意谋划可能在将来产生严重后果的行为也可能适用惩罚性赔偿。比如，一名前雇员在交出笔记本电脑并辞职之前，秘密地以自己的名义提交了一份专利申请，并故意删除了描述这项发明的唯一电脑文件；又如，原告的前会计根据原告的秘密方法，设立了生产奶酪的竞争企业，并利用原告的事业计划，企图切断原告的牛奶供应，并抢走原告的顾客。[①]

另外，被告的支付能力是否影响惩罚性赔偿的决定的问题，也是惩罚性赔偿适用的关键问题。赞同的观点认为，由于惩罚性赔偿的实质是威慑被告未来的不当行为，因此，摆在法院面前的关键问题是损害赔偿金额是否超出了适当惩罚和威慑的必要水平。这个问题不能抽象地回答。除非有被告经济状况的证据，否则法院无法在充分知情的情况下确定惩罚性赔偿的裁决是否过度。在掌握了被告经济状况的证据后，法院至少可作出合理的知情决定；若没有这样的证据，法院只能推测裁决是否恰当或过度。原告没有理由向法院施加这样的负担，也没有理由鼓励不知情的裁决。健全的司法政策有利于法院在充分知情的情况下作出裁决，尤其是在涉及公共利益的情况下。事实上，裁决的公共政策性致使法院在没有证据证明被告的经济状况的情况下裁决惩罚性赔偿形式的救济受到了质疑。[②]反对的观点则认为，被告的经济状况不能证明惩罚性赔偿裁决是否过度。"这一因素并不一定是对惩罚性裁决的重大限制。相反，它为在被告富有的情况下夸大赔偿金额提供了一个开放式的基础，这一因素并不能影响其他因素的成立（如应受谴责性），从而在实质意义上阻止一个旨在惩罚被告行为的裁决。"[③]

本书认为，"经济破产"并不是明确禁止惩罚性赔偿的因素，被告的财务净值和支付能力是裁定惩罚性赔偿时考虑的因素之一。实践中，与惩罚性赔偿金额的评估有关的因素通常有以下几项：（1）被告的过错程度；（2）不法行为的持续时间；（3）被告是否有不法行为的意识或隐瞒不法行为；（4）被告过去是否有过类似的不法行为；（5）裁决是否会阻止被告或其他人采取类似行为；（6）实际造成的损害与不当行为可能造成的损害是否合理相关；（7）被告的支付能力。这也就意味着，被告的经济状况并不是法院裁决是否进行惩罚性赔偿的因素，而仅是在考虑具体惩罚性赔偿金额时的一个因素。

---

① See Richard F. Dole Jr., Punitive Damages and Attorney Fee Awards in Trade Secret Cases, 20 *MARQ. INTELL. PROP. L. REV.* 1, 22 (2016).
② See Adams v. Murakami, 813 P.2d 1348, 1352 (Cal. 1991).
③ BMW of North America, Inc. v. Gore, 517 U.S. 559, 591 (1996).

典型案例

天赐公司等侵犯卡波技术秘密纠纷案①

事实概要：

原告天赐公司主要从事卡波产品技术的自主研发，华某是卡波产品的研发负责人，天赐公司与华某签订《商业保密、竞业限制协议》。华某在任职期间违反天赐公司秘密管理制度，获取卡波生产工艺资料并提供给纽曼公司，与刘某、朱某、胡某在明知可能侵犯天赐公司商业秘密的情况下，依据天赐公司的生产工艺图纸为纽曼公司研发卡波产品，纽曼公司进而生产出卡波产品并向国内外销售。天赐公司因此主张纽曼公司、华某、刘某、朱某、胡某共同侵犯其商业秘密，向广州知识产权法院提起诉讼。广州知识产权法院一审判定被告侵犯商业秘密成立，并查明纽曼公司卡波产品获利巨大，判决被告停止侵犯涉案商业秘密，并适用2.5倍惩罚性赔偿，判决纽曼公司赔偿天赐公司损失3 000万元。原、被告均不服一审判决向最高人民法院提起上诉。

裁判观点：

最高人民法院二审认为，纽曼公司、华某、刘某、朱某、胡某共同侵犯了天赐公司的商业秘密，认定其应停止侵害并赔偿损失。关于是否适用惩罚性赔偿，最高人民法院认为：

《反不正当竞争法》第17条第3款规定了判决惩罚性赔偿的条件以及惩罚性赔偿的倍数范围。可见，经营者存在恶意侵犯他人商业秘密的行为且情节严重的，权利人可请求侵权人承担赔偿金额相应倍数的惩罚性赔偿。因此，本案应在判断纽曼公司是否存在恶意侵权、情节是否严重的基础上确定是否适用惩罚性赔偿。根据本案业已查明的事实，纽曼公司自成立以来，便以生产卡波产品为经营业务，庭审中其虽辩称生产其他产品，但并未提交证据加以佐证，且其生产的卡波产品名称虽有差别，但均由同一套设备加工完成。此外，当其前法定代表人因侵犯商业秘密行为被追究刑事责任，相关生产工艺、流程及设备涉嫌侵犯权利人技术秘密后，其仍未停止生产，销售范围多至20余个国家和地区，同时在本案原审阶段无正当理由拒不提供相关会计账册和原始凭证，构成举证妨碍，足见其侵权主观故意之深重、侵权情节之严重。《反不正当竞争法》设立惩罚性赔偿制度的初衷在于强化法律威慑力，打击恶意严重侵权行为，威慑、阻吓未来或潜在侵权人，有效保护创新活动，对长期恶意从事侵权活动之人应从重处理，因此，法院依据所认定的纽曼公司侵权获利的5倍确定本案损害赔偿数额。

---

① 最高人民法院（2019）最高法知民终562号民事判决书。

第二节 刑事责任

在平等民事主体法律关系的调整中，民事责任是为权利人填平损失、提供及时救济的最主要方式。然而，以填平为基本原则和目标的民事救济手段具有低效率和事后补救的特点，也往往难以对权利人实现充分救济，尤其在科技创新活动中，商业秘密是创新型企业赖以生存的基础，一旦公开披露，企业将面临永久失去其创新成果，甚至倾家荡产的后果，仅仅依靠民事责任难以对商业秘密侵权行为形成有效威慑。故除民事责任之外，商业秘密刑法保护可以充分弥补民事救济手段的不足。从全球范围来看，美国、德国、日本等国家为加强对侵犯商业秘密行为的制裁力度，纷纷将商业秘密纳入刑法保护且形成了独立的经济犯罪类型。

我国1979年《刑法》并没有规定侵犯商业秘密罪，与此相关的仅规定了泄露国家机密罪和间谍罪。随着改革开放和经济建设发展，侵犯商业秘密案件不断增加，行为的社会危害性也不断显现，司法实践中开始尝试将一部分商业秘密纳入国家秘密的范畴进行保护，对一些窃取重要技术成果等无形财产的行为，按照盗窃罪处罚。[①] 1997年修订的《刑法》第219条引入了"侵犯商业秘密罪"，正式开启了我国商业秘密刑法保护的新阶段。伴随着商业秘密在科技创新、国际贸易中地位不断凸显，商业秘密的刑法保护也在不断加强。2020年1月15日，中美签署《中华人民共和国政府和美利坚合众国政府经济贸易协定》，根据该协定，我国有义务修改侵犯商业秘密罪的刑事门槛。该协定第1.7条"启动刑事执法的门槛"第1款规定："双方应取消任何将商业秘密权利人确定发生实际损失作为启动侵犯商业秘密刑事调查前提的要求。"对此，我国《刑法》将侵犯商业秘密罪的入罪条件由"造成重大损失"修改为"情节严重"。这种入罪门槛的变化反映了我国借助侵犯商业秘密罪实现对商业秘密权利人更大程度和更大范围的保护的政策立场，以犯罪和刑罚的威慑力来预防侵犯商业秘密的行为，同时借助市场给予商业秘密权利人最大化创新激励。就商业秘密刑法保护的历史渊源、现实必要和法律适用标准，现分别探讨如下。

一、适用有形财产犯罪规则的历史探索

对刑法中有形财产犯罪在多大程度上能适用于商业秘密窃取活动的探索，是商业秘密刑事保护历史中所必经的阶段。在英美法系国家，在刑法未建立对商业秘密单独的保护体系时，大多数英美法司法管辖区是根据更一般的刑法规定进行的，检察官通常首先会将侵犯商业秘密的行为认定为财产犯罪，最常见的是某种形式的盗窃罪、欺诈罪。我国《刑法》在未规定侵犯商业秘密罪时，也曾将侵犯商业秘密的

---

① 参见孔祥俊主编：《商业秘密司法保护实务》，中国法制出版社2012年版，第257页。

行为通过盗窃罪加以处罚。从纯粹的概念观点来看，这些财产犯罪行为与社会试图惩罚的侵犯商业秘密的行为最接近，因为盗窃罪和商业秘密的盗窃行为都涉及侵占以前由他人独家控制的有价值的财产。英美法司法管辖区的法院花费了大量的时间和精力，曾试图将一般财产犯罪塑造成适用盗用信息行为的罪名，但在适用过程中都存在某些难以克服的障碍。一般财产犯罪最初是为了保护个人的有形财产而设立的，由此产生的法律规则集中关注对社会最有价值的有形财产的那些重要特征上，而信息不一定具有这些重要特征，如果要将财产犯罪扩展到商业秘密盗窃活动，就必须将财产犯罪的某些构成要素含义解释扩展到极限。[1] 在英国和加拿大的一系列裁决中，法院一直在与逻辑上的困难作斗争，并得出了不同的结论。

（一）英国的"牛津大学诉莫斯案"

在"牛津大学诉莫斯案"[2]中，牛津大学的一名土木工程系学生莫斯在考试之前偷偷拿到了一份试卷，读了之后，把它放回了档案。之后，莫斯的行为被发现，被指控盗窃试卷上所列信息。虽然莫斯显然执行了所指控的行为，但法院驳回了对莫斯的指控，理由是根据1968年《盗窃法》（Theft Act 1968），行为人没有侵占"财产"。检察官提出上诉并辩称，根据《盗窃法》第4条，秘密信息可以是"财产"，第4条明确提到了"无形财产"。高等法院就该案提出的问题是：保密资料是否属于无形财产的一种形式？所有者是否永久地失去了无形财产？该案在上诉审阶段时，法院裁定，虽然莫斯的行为将受到谴责，并会被外行描述为作弊，但他窃取的信息不属于"无形财产"的定义，不能成为盗窃罪的主题。本案不宜与商业秘密领域的案件进行比较。此类案件涉及诚信义务，主要涉及防止不公平地利用秘密信息。该案中，相关资料中是否存在可构成盗窃罪的财产，对此问题的回答是否定的。因此，所有者不会失去其所谓的无形财产。

审理该案的史密斯法官的意见集中在盗窃罪的两个关键因素上，即信息是否属于财产；以及如果信息属于财产，那么被告是否打算剥夺牛津大学的财产。在史密斯法官看来，该案的事实不符合上述任何一个要素。史密斯法官首先发现，试卷不符合《盗窃法》中定义的财产。[3]但是，他的意见并没有深入论证这个问

---

[1] See John T. Cross, Trade Secrets, Confidential Information, and the Criminal Law, 36 *MCGILL L. J.* 524, 541 (1991).

[2] See Oxford v. Moss, (1979), 76 68 Crim. App. Rep. 183.

[3] 同上，《盗窃法》第4条定义的"财产"包括"金钱和所有其他财产，真实的或个人的，行为、物和其他无形财产"。

　　在普通法上，盗窃罪仅限于剥夺有形的个人财产。今天，大多数司法管辖区对可能成为盗窃罪的"财产"的定义要宽泛得多。例如，美国《示范刑法》将财产定义为"任何有价值的东西"，这个定义包括有形财产和无形财产（《示范刑法》第223.0条）。因此，信息是无形的这一事实本身并不能使工业间谍脱离现代盗窃法的管辖范围。然而，资料的无形性确实使犯罪的某些因素难以适用。

题。史密斯法官的意见集中在犯罪的意图因素上，他解释道：由于试卷已经被退回档案，莫斯最坏的打算是借试卷，以获得对他的同学不公平的优势，[1]其行为并不是要剥夺大学对试题的所有权，也没有造成任何实际的剥夺。尽管莫斯几乎肯定破坏了试题的效用，但大学保留了拥有和使用这些信息的全部能力。

（二）加拿大的"R.诉斯图尔特案"

加拿大法院在裁决一些涉及商业秘密盗窃的刑事案件时，多以"牛津大学诉莫斯案"为参照，其裁决的最为重要的案件是"R.诉斯图尔特案"[2]。在裁决此案件之前，加拿大法院裁决的第一个涉及商业秘密的刑事案件是"R.诉柯克伍德案"[3]。在该案中，被告柯克伍德复制了他从各种渠道获得的录像带，并将其出租或出售给他人，这些行为导致R.根据加拿大《刑法》中的欺诈条款提起诉讼。由于柯克伍德只是复制了录像带，拉库西埃法官发现录像带原来的所有者并没有失去录像带上的材料，但柯克伍德剥夺了所有人一些有价值的东西，即从原始录像带的商业销售或租赁中获得利润的权利。因此，拉库西埃法官裁决，如果被告剥夺了受害者所拥有的东西，或者将受害者有权得到的东西转移给被告，那么剥夺的要素就被满足了。从本质上讲，拉库西埃法官认为，必要的财产利益不在于信息本身，而在于受害者从信息中获得收益的权利。

在"R.诉柯克伍德案"之后，同年，加拿大安大略上诉法院审理了"R.诉斯图尔特案"。被告斯图尔特是一名顾问，一位工会官员找到了他，该工会正试图组织一家大型酒店的员工，工会官员雇佣斯图尔特去获取酒店所有员工的姓名、地址和电话号码。斯图尔特联络该酒店的保安人员，并提出按每个姓名两元的标准付酬。随后，斯图尔特被逮捕，并被指控犯有劝导恶作剧、欺诈和盗窃信息罪。尽管初审法庭宣判斯图尔特这三项罪名不成立，但控方就欺诈和盗窃问题提出了上诉。[4]

在欺诈和盗窃条款的适用性上，安大略上诉法院内部存在分歧。法官科里和霍尔登作出了有利于控方的裁决，而拉库西埃法官则持不同意见。"R.诉斯图尔特案"的判决比"R.诉柯克伍德案"更深入地分析了财产问题。尽管盗窃与欺诈条款的不同之处在于它将标的物定义为"任何东西，无论是有生命的还是无生命的"，而不是财产，但三位大法官都承认先前的裁决已将财产的概念纳入盗窃的定义。因此，为了将盗窃或欺诈条款适用于斯图尔特的行为，法官们必须找到斯图尔特从酒店取得的某种形式的财产权。科里和霍尔登两位法官均发现，无论是

① See Oxford v. Moss, (1979), 76 68 Crim. App. Rep. 183, 185.
② See R. v. Kirkwood, (1983), 5 C.C.C. (3d) 393, 42 O.R. (2d) 65, (Ont. C.A.).
③ See R. v. Stewart, (1983), 5 C.C.C. (3d) 481, 42 O.R. (2d) 225 (Ont. C.A.).
④ See R. v. Stewart, (1983), 5 C.C.C. (3d) 481, 484 42 O.R. (2d) 225 (Ont. C.A.).

盗窃条款还是欺诈条款的目的，财产部分都得到了满足。两位法官都辩称，根据1970年《刑法》的欺诈和盗窃条款，这些信息本身就是财产。霍尔登法官在意见书中引用了"英国交易案"和"美国芝加哥贸易委员会案"（均为民事案件），认为这两个案件确立了一个普遍原则，即商业秘密信息也是一种财产。[①]科里法官在很大程度上同意霍尔登法官的观点，认为酒店不仅被剥夺了信息本身的产权，而且剥夺了版权法赋予作者的权利。科里认为，所有信息无论其秘密性如何，都可能被视为一种财产形式，只要原始持有者花费了时间和精力来编辑它。[②]拉库西埃法官则提出了反对意见，对盗窃和欺诈指控分别进行了分析，最终得出结论认为，两项罪名都不成立。对于盗窃指控，拉库西埃法官依据"牛津大学诉莫斯案"和其他英国案例提出，秘密信息不属于财产；虽然盗窃不限于有形财产，但如果盗窃罪犯罪对象扩展到秘密信息，显然就超出了议会的立法意图。[③]欺诈罪的指控给拉库西埃法官带来了一个更复杂的问题。加拿大最高法院先前的裁决认为，欺诈条款不仅适用于被告剥夺受害者财产的情况，而且适用于被告"损害了受害者的经济利益"的情况。在这个问题上，拉库西埃法官依靠的事实是，酒店无意以"商业方式"使用员工名单。因此，斯图尔特没有对酒店的经济利益造成任何损害。这一论点使拉库西埃法官得以将"R.诉斯图尔特案"与"R.诉柯克伍德案"区分开来，因为在"R.诉柯克伍德案"中，录像带中所包含的信息是有意用于商业目的的。[④]

之后，"R.诉斯图尔特案"的判决被上诉到加拿大最高法院。1988年，加拿大最高法院推翻了安大略上诉法院的判决，即驳回了在商业秘密盗窃案件中盗窃和欺诈的一般财产犯罪的适用。"R.诉斯图尔特案"的判决遵循了拉库西埃法官的异议，区分了欺诈和盗窃指控。在盗窃指控中，最高法院更依赖被告复制信息的事实，而不是获取该信息的物理体现。[⑤]最高法院认为，信息本身不是那种可以因盗窃而被起诉的财产，根据《刑法》第283条的目的，有关项目必须能够被拿走，才能成为财产。[⑥]由于信息本身不能被获取，商业秘密的窃取活动不能成为适用盗窃条款的依据。最高法院还为这一结论提供了政策理由，即如果出于盗窃的目的，信息被认为是财产会产生一系列不可预见的后果。例如，那些窃取信息而又无法将其从记忆中抹去的人，可能因保留信息而犯下了不同的罪行。由于

---

① See R. v. Stewart,（1983），5 C.C.C.（3d）481, 493-494 42 O.R.（2d）225（Ont. C.A.）.

② See R. v. Stewart,（1983），5 C.C.C.（3d）481, 497-498 42 O.R.（2d）225（Ont. C.A.）.

③ See R. v. Stewart,（1983），5 C.C.C.（3d）481, 491 42 O.R.（2d）225（Ont. C.A.）.

④ See R. v. Stewart,（1983），5 C.C.C.（3d）481, 492 42 O.R.（2d）225（Ont. C.A.）.

⑤ See R. v. Stewart,（1983），5 C.C.C.（3d）481, 484 42 O.R.（2d）225（Ont. C.A.）.

⑥ See R. v. Stewart,（1983），5 C.C.C.（3d）481, 487 42 O.R.（2d）225（Ont. C.A.）.

尚未充分探讨这些潜在的后果，最高法院指出，是否将信息视为财产的决定，应留给议会。[①]这一政策理由也使法院能够回避各种民事案件，这些案件以类似于有形财产的方式处理信息。由于在民事和刑事领域将某物视为财产的政策含义不同，最高法院拒绝受这些民事判例的约束。[②]

总而言之，"R.诉斯图尔特案"中的意见分歧反映了政策解释与法定解释之间的冲突。一方面，政策要求社会认可被告对信息的盗用行为，因为这些信息本身具有较大价值，这些信息的形成，需要所有者较大的人力和物力投入，若允许他人在未经所有者许可的情况下使用这些信息，是一件不道德的事情；另一方面，现行刑法无法轻易适用于商业秘密的窃取活动，虽然原始所有者受到了损失，但他们仍保留了信息的全部所有权和使用权，他们失去的只是信息的保密状态。"R.诉斯图尔特案"对未来加拿大司法案件的影响尚不清楚，但有据可查的是，加拿大法院之后几乎不用盗窃罪来裁决商业秘密盗窃案件，通过认定"纯"信息不可能成为盗窃罪的犯罪对象，将第283条限制在被告以某种形式体现秘密信息的情况。

（三）美国的"卡朋特诉美国案"

美国法院在较早时期也试图将商业秘密的盗窃活动纳入刑法条款进行规制，一方面，一些州的立法机构制定了具体的刑事法规来专门处理工业部门的商业秘密盗窃活动；另一方面，在没有这些具体法规的司法管辖区，检察官诉诸一般的犯罪条款。在州法院，以一般财产罪名起诉商业秘密的盗窃活动的案件相对较少，但美国联邦法院的情况则完全不同，其积极、开放地运用一般的财产罪名审判商业秘密盗窃案件，其中，最重要的案件当数"卡朋特诉美国案"[③]。

1982年，怀南斯成为《华尔街日报》之每日专栏"华尔街之声"的作者，负责撰写专栏文章讨论一些精选的股票或股票组，给出这些股票的正面和负面信息、投资建议。怀南斯经常采访企业高管，搜集一些有趣的股票观点，这些观点会在接下来的专栏文章中被重点讨论，包含企业内部信息或任何待发布的信息。《华尔街日报》的官方政策和做法是，在发表之前，专栏的内容是《华尔街日报》的秘密信息。尽管怀南斯很熟悉这一规则，但他还是在1983年10月与股票经纪人彼得和费利斯达成了一项计划，向他们提前提供"华尔街之声"专栏的出版时间表和内容。作为回报，这两位股票经纪人同意与怀南斯分享利用这些信息进行投资所获得的利润。彼得和费利斯都与纽约市的基德-皮博迪经纪公司有联系，这使得彼得和费利斯，以及彼得的另一位客户克拉克可以根据专栏文章对市场的

---

① See R. v. Stewart, (1983), 5 C.C.C. (3d) 481, 492 42 O.R. (2d) 225 (Ont. C.A.).

② See R. v. Stewart, (1983), 5 C.C.C. (3d) 481, 490 42 O.R. (2d) 225 (Ont. C.A.).

③ See Carpenter v. United States, U.S., 108 S. Ct. 316 (1987).

可能影响进行买卖。1983年11月，基德－皮博迪经纪公司注意到"华尔街之声"的专栏文章与克拉克和费利斯账户交易之间的关联，并开始进行调查。彼得和费利斯均否认认识《华尔街日报》的任何人，并采取措施隐瞒这些交易。随后，美国证券交易委员会展开了调查。基德－皮博迪经纪公司的经纪人和《华尔街日报》的怀南斯都对此予以否认。1984年3月，怀南斯和卡朋特前往美国证券交易委员会，亲自揭露了整个阴谋。①

地方法院和上诉法院均认为，怀南斯故意违反了保密义务，盗用了关于"华尔街之声"专栏的出版时间表和内容这些未出版信息。他在受雇期间所取得的资料中有一项谅解，即有关资料不会在公布前披露，如有披露，应向雇主报告。正是这种对秘密信息的盗用构成了证券法以及刑法规定的邮件和电信欺诈罪名的基础。尽管该案的受害者《华尔街日报》不是股票交易的买方或卖方，也不是市场参与者，但该案仍被认为与法规和规则意义下的证券买卖有关。法院认为，该盗取行为的唯一目的是根据专栏内容的预先信息以盈利的方式买卖证券。在确认对邮件和电信欺诈的定罪时，上诉法院裁定，怀南斯在邮件和电信欺诈法的意义下，以欺诈性的方式盗用了"财产"，而披露此事对《华尔街日报》造成了损害。而美国联邦最高法院认为，《华尔街日报》作为怀南斯的雇主，被损害的不仅仅是合同上受到忠实的服务的权利，这种利益本身太过缥缈，不属于邮件和电信欺诈法的保护范围，起源于保护个人财产权的愿望。在这里，盗取行为的目的是获取《华尔街日报》的商业秘密信息——"华尔街之声"专栏的出版时间表和内容——它的无形性质并没有使它的"财产"受到邮件和电信欺诈法的保护。②

"地区法院和上诉法院均明确提到，《华尔街日报》将"华尔街之声"栏目的内容和时间表作为一项财产进行保密，我们同意这一结论。长期以来，商业秘密都被视为财产。公司在其业务过程和行为中获得或汇编的秘密信息是一种财产，公司对其拥有排他性权利和利益，衡平法院将通过禁令程序或其他适当救济予以保护。《华尔街日报》对"华尔街之声"专栏的时间表和内容享有保密和独家使用的财产权。"③

该案在秘密信息的财产问题上向法院提出了一个有趣的转折。被告的行为不会使他们从信息所有者，即《华尔街日报》处获得任何额外的经济利益。相反，经济报酬将来自被告在股票市场上的交易。此外，《华尔街日报》本身并没有将这些信息用于股票市场交易，而是最终将其用在报纸上发表。因此，与以前将邮件和电信欺诈法适用于信息盗用的案件不同，被告的行为未剥夺受害者的金钱或

①　See Carpenter v. United States, U.S., 108 S. Ct. 316, 318-319(1987).
②　See Carpenter v. United States, U.S., 108 S. Ct. 316, 319-320(1987).
③　Carpenter v. United States, U.S., 108 S. Ct. 316, 320-321(1987).

其他一些容易识别的财产利益，而是剥夺了受害者对信息本身的权利。一旦法院发现必要的财产利益具有排他性，就可以很容易地处理罪行的其他因素，被告的行为显然剥夺了《华尔街日报》独家使用这些信息的权利。这足以表明，被告剥夺了《华尔街日报》在发表之前使用这些资料的权利，如果《华尔街日报》选择这样做，也剥夺了"华尔街之声"选择发表时间和地点的权利。被告的行为也符合"欺诈行为"的要求，因为两名被告都知道他们违反了《华尔街日报》的内部规定。基于这些调查结果，法院维持了对两名被告的定罪。自"卡朋特诉美国案"以来，在工业间谍案中，许多判决都依赖于邮件和电信欺诈条款。

　　总而言之，上述案件代表着处理相同基本问题的尝试，即如何根据一项不是为保护信息而起草的法定方案来惩罚商业秘密盗窃行为。不论在风格上有何不同，适用于上述情况的法规都是同一普通法祖先的后裔。因此，案件的不同结果是由于法官对刑事财产犯罪的适当范围有根本不同的看法。诚然，比较适用不同刑事法规的案件总是很困难。当法院处于不同的法律体系中时，这种困难就会加剧。但上述任何一种案件处理方式都没有充分处理商业秘密领域中的特有问题。这并不一定意味着法院在每个案件中都得出了不正确的结果。

二、商业秘密独立刑法保护的必要性

（一）侵犯商业秘密刑事处罚的必要性

　　工业繁荣和计算机技术的发展迫使法律界努力使陈旧的商业秘密概念适应当代商业发展。随着计算机时代的到来，对商业秘密法的修订显得尤为迫切。过去，通过计算机盗窃商业秘密还处于萌芽阶段；现在，通过计算机盗窃商业秘密被视为一个重大威胁，越来越多的商业秘密被放在计算机上，而计算机使这种间谍活动变得更容易且能够远程访问大量信息，这种威胁在未来也会越来越大。机械的复杂性简化了潜在的商业秘密盗窃活动。一个接入码和一部电话就可能使计算机泄露所有的商业秘密。在这种背景下，那些对商业秘密盗用行为严厉的刑事处罚，将有效提升商业秘密保护水平，持有商业秘密的公司一般都看重刑事处罚的威慑作用。大多数创新型企业普遍认为，尽管对于如何弥补商业秘密损失存在一些分歧，但将商业秘密盗用行为定罪会给企业一个更有力的武器来应对这一损失。与以恢复原状为主的法律范式不同，传统刑法对被告的社会不良行为有更严重的后果威胁。社会对预期价值超过损害赔偿金的财产的保护辅以严厉的刑事处罚，以防范侵犯此类财产的行为。

　　相较于侵犯商业秘密的民事诉讼而言，商业秘密的刑事保护具有独特的优势。迄今为止所描述的难以处理的民事补救措施在惩罚窃贼时是"笨拙"的，即使民事诉讼胜诉，胜诉也可能是空洞的，因为商业秘密是一种无形的东西，显然永远无法以实物形式返还，一经公开披露，就永远丧失了其价值。在某些情况下，民事救济可能是非常虚幻的。即使是成功的诉讼，往往也会留下遗憾，甚至当救济来临之时侵权人已经破产了。有效的诉讼更有可能在刑事诉讼中进行，在刑事诉讼中，搜查令可能会收集到民事诉讼不太可能获得的证据。快速调查和司法行动在民事程序中是不可能的，特别是当遇到无形财产需要复杂的和相当技术性的解释的情形，当禁令程序或更长时间的民事损害赔偿程序开始起作用时，窃贼和他的客户使用商业秘密的程度可能超过了单纯的经济赔偿所能满足的程度。此外，在追查被窃取的商业秘密方面，刑事执法机构追查被盗财物时所使用的手段，远优于公司在任何时候都可以使用的手段。

此外，社会变化也使商业秘密处罚的刑事化成为必然。一个员工可能不会一辈子或长期在一家单位工作，为了出人头地，会在原单位工作一段时间后变换工作，并把原单位的商业秘密当作筹码来换取更高的职位。庞大的员工群体跳槽，无法对他们进行细致的追踪，加剧了社会上未经授权提供和使用商业秘密的情况，并增加了在不被识别的情况下出售商业秘密的机会，这导致商业秘密持有人花费大量的物力、人力投入到保密措施之中，有时这些保密措施也不会产生较好的效果。刑事处罚通过"塑造罪犯和广大民众的偏好"来促进行为的社会规范。通过对犯罪活动定罪量刑，社会增加了犯罪活动的成本，使犯罪行为对任何特定行为人来说都更不受欢迎。通过施加这些成本，社会也可以表达对犯罪行为的谴责，并阻止人们对此类活动的偏好。

与其他新形式的法律一样，侵犯商业秘密被定为犯罪，会引发公众对一个相对较新的社会问题的担忧。新的刑事立法可能在没有评估社会和经济影响的情况下限制个人自由。同时，严厉的刑事制裁带来了巨大的代价。第一，行为人可能会被剥夺自由、金钱和其他权利，包括阻止其在监禁期间赚取工资。第二，刑事制裁可能要求行为人对受害者进行赔偿。此外，传统的刑事处罚带有污名，不附加于其他制裁，给行为人带来的耻辱感会影响其未来的就业和其他人际关系，因此，传统的刑事制裁可能产生严重的经济后果。但是，刑事规制的困难是，尽管有这样的制裁，商业秘密窃取者仍有可能逃避惩罚，受害者常常担心，如果与单独的行为人（尤其是前雇员）较量，其形象会受到玷污，有损员工士气，因而拒绝提出指控。当然，公诉机关如果独立发现犯罪并逮捕罪犯，可以提出指控。但更常见的是，受害者自己发现了犯罪，须决定是否提出指控。越来越多的证据表明，雇员、工会和公众都赞成对商业秘密窃贼实施刑事制裁，对这些形象问题的担忧正在减少。然而，权利人更为担心的是因刑事审判或在发现犯罪过程中发生的商业秘密泄露问题。被窃取的商业秘密不仅有可能在法庭上被泄露，而且进一步的商业秘密或其他秘密信息被泄露的可能性尤其令权利人感到苦恼。上述困难的存在表明，商业秘密的刑事保护制度的建立是一项长期的工程，需要恰当地界定侵犯商业秘密罪与非罪的边界，扬长避短是构建商业秘密刑事保护体系的根本宗旨。

（二）盗窃有形财产的犯罪与盗窃商业秘密的犯罪的区别

从表面上看，传统的盗窃有形财产的犯罪虽然与盗窃商业秘密的犯罪都是侵害他人的犯罪，但其保护目的、构成要件存在很大的不同。

商业秘密的内在价值与有形个人财产的内在价值是不同的，因此，无法将一般财产犯罪规则参照适用于商业秘密盗窃活动。有形财产一般是其本身具有一定的使用、交易价值，法律所禁止的也是他人对有形财产的直接剥夺；商业秘密包括可用于工业和商业目的的机密的、非专利的信息，各国刑法对于商业秘密的定义一般遵循民法或反不正当竞争法的界定，要求具有秘密性、价值性、保密性要件，保护限于禁止他人对商业秘密不当获取、披露和使用的行为，以上界定通常构成确定商业秘密保护程度的先决条件。商业秘密与有形财产最大的区别在于，保密赋予了信息独立的经济价值，从而使其作为财产受到保护成为合理的理由。这种经济价值又可认为是一种垄断价值，[①] 它是因秘密研发者或收集者唯一能接触到某项信息而产生的价值，能够为权利人带来领先于市场上其他竞争者的优势。

在规制手段和构成要件上，二者也存在显著的不同。盗窃罪是一种侵犯占有权的犯罪，盗窃罪的对象必须是他人占有的财物，其中的占有是指事实上的支配、现实的支配（也可谓事实上的占有）。[②] 对财物的事实上的支配，意味着被害人在通常情况下能够左右财物，对财物的支配没有障碍。事实上的支配，不是根据物理的事实或者现象进行判断，而是根据社会的一般观念进行判断[③]。行为人必须故意以使受害人失去其目前或待处理财产的方式行事。此外，行为人实现剥夺的手段在某种程度上一定是不当的。实施盗窃行为的行为人对他人占有权的关注实质上是对他人财物的使用价值的重要性的承认。占有和使用价值之间有直接的关系。一个人如果失去了对财产的占有，自然也就失去了对该财产进行经济利用的能力。因此，盗窃罪是为了威慑那些非法干涉合法占有者为经济利益使用财产的权利的人。在经济价值的问题上，侵占物具有一定经济价值的要求是盗窃

---

① 当然，信息所有者的权利并不是法律上的"垄断"。与专利等真正合法的垄断情况不同，任何第三方都可以以可接受的方式使用获得的秘密信息。然而，由于信息所显示的第二种价值只有在所有者对信息拥有专有知识的情况下才能充分实现，因此，为了方便起见，使用"垄断"一词。

②③ 参见张明楷：《刑法学》（第六版）（下），法律出版社2021年版，第1230页。

有形财产与盗窃商业秘密共有的要素。然而，这一要求的重要性在这两个领域有所不同。在盗窃有形财产的传统案件中，经济价值只是次要的条件，侵占物可以被合理地认为对某人有价值，这种价值是大是小，都无关紧要。[1]

信息非竞争、非排他、非易耗的公共物品特性导致其保护手段和方式与有形财产存在着根本区别。普通有形财产基于其物理性质通常在任何时候只能由一个人使用或一个群体来协调使用。然而，作为商业秘密客体的信息可以被众多用户同时使用。信息是无限的、用之不竭的。例如，信息可以被许多人同时共享。限制秘密信息扩散的唯一方法是约束个人，保持信息处于完全保密的状态，此时，秘密信息因其保密性而具有价值。对商业秘密的侵犯不仅在于剥夺权利人对秘密信息的占有或利用，更在于秘密信息保密性被破坏而导致其社会价值的丧失。因此，在传统的盗窃有形物品的案例中，有形物品由于其自然稀缺性，对所有者来说是有价值的，其市场价值或社会经济意义就不那么重要了。而商业秘密特别强调市场价值或社会经济意义。[2]这也导致无法将有形财产的规制范式直接适用于商业秘密，而必须构建独立的商业秘密刑法保护体系。

三、侵犯商业秘密罪与非罪的界限

如前所述，我国1997年修订的《刑法》在第219条引入"侵犯商业秘密罪"，现行《刑法》第219条规定："有下列侵犯商业秘密行为之一，情节严重的，处三年以下有期徒刑，并处或者单处罚金；情节特别严重的，处三年以上十年以下有期徒刑，并处罚金：（一）以盗窃、贿赂、欺诈、胁迫、电子侵入或者其他不正当手段获取权利人的商业秘密的；（二）披露、使用或者允许他人使用以前项手段获取的权利人的商业秘密的；（三）违反保密义务或者违反权利人有关保守商业秘密的要求，披露、使用或者允许他人使用其所掌握的商业秘密的。明知前款所列行为，获取、披露、使用或者允许他人使用该商业秘密的，以侵犯商业秘密论……"从构成要件上来看，《刑法》规定的侵犯商业秘密罪构成要件与《反不正当竞争法》规定的商业秘密侵权的构成要件及其认定存在重合（或一定程度上的一致性），都要求涉案信息须构成商业秘密，且存在不正当获取、披露、使用商业秘密这三类行为。除此之外，构成侵犯商业秘密罪还要求构成"情节严重"，1997年修订的《刑法》对此仅规定了"给商业秘密的权利人造成重大损失"的情形，2020年公布的《刑法修正案（十一）》增加了侵犯商业秘密罪的行为方式，

---

[1]　See Eli Lederman, Criminal Liability for Breach of Confidential Commercial Information, 38 *EMORY L.J* 921, 940-941 (1989).

[2]　See I. Neel Chatterjee, Should Trade Secret Appropriation Be Criminalized, 19 *Hastings COMM. & ENT. L.J.* 853, 866-867 (1996).

同时规定"情节严重"为侵犯商业秘密的入罪门槛。[①]

关于如何认定"情节严重",是侵犯商业秘密罪认定的重点问题,现具体介绍如下:

(一)给商业秘密的权利人造成重大损失

虽然立法对侵犯商业秘密入罪的范围作出了扩张,但"给商业秘密的权利人造成重大损失"仍应当是"情节严重"的最主要情形。如何判断本罪行为是否给商业秘密的权利人造成了重大损失,仍然是需要重点讨论的问题。《最高人民法院、最高人民检察院关于办理侵犯知识产权刑事案件具体应用法律若干问题的解释(三)》(以下简称《解释(三)》)第4条规定:"实施刑法第二百一十九条规定的行为,具有下列情形之一的,应当认定为'给商业秘密的权利人造成重大损失':(一)给商业秘密的权利人造成损失数额或者因侵犯商业秘密违法所得数额在三十万元以上的;(二)直接导致商业秘密的权利人因重大经营困难而破产、倒闭的;(三)造成商业秘密的权利人其他重大损失的。给商业秘密的权利人造成损失数额或者因侵犯商业秘密违法所得数额在二百五十万元以上的,应当认定为刑法第二百一十九条规定的'造成特别严重后果'。"

关于损失数额的确定问题,《解释(三)》第5条规定了较为明确的计算方法,即"实施刑法第二百一十九条规定的行为造成的损失数额或者违法所得数额,可以按照下列方式认定:(一)以不正当手段获取权利人的商业秘密,尚未披露、使用或者允许他人使用的,损失数额可以根据该项商业秘密的合理许可使用费确定;(二)以不正当手段获取权利人的商业秘密后,披露、使用或者允许他人使用的,损失数额可以根据权利人因被侵权造成销售利润的损失确定,但该损失数额低于商业秘密合理许可使用费的,根据合理许可使用费确定;(三)违反约定、权利人有关保守商业秘密的要求,披露、使用或者允许他人使用其所掌握的商业秘密的,损失数额可以根据权利人因被侵权造成销售利润的损失确定;(四)明知商业秘密是不正当手段获取或者是违反约定、权利人有关保守商业秘密的要求披露、使用、允许使用,仍获取、使用或者披露的,损失数额可以根据权利人因被侵权造成销售利润的损失确定;(五)因侵犯商业秘密行为导致商业秘密已为公众所知悉或者灭失的,损失数额可以根据该项商业秘密的商业价值确定。商业秘密的商业价值,可以根据该项商业秘密的研究开发成本、实施该项商业秘密的收益综合确定;(六)因披露或者允许他人使用商业秘密而获得的财物或者其他财产性利益,应当认定为违法所得。前款第二项、第三项、第四项规定的权利人因被侵权造成销售利润的损失,可以根据权利人因被侵权造成销售量减少的总数

[①] 参见张明楷:《刑法学》(第六版)(下),法律出版社2021年版,第1077页。

乘以权利人每件产品的合理利润确定；销售量减少的总数无法确定的，可以根据侵权产品销售量乘以权利人每件产品的合理利润确定；权利人因被侵权造成销售量减少的总数和每件产品的合理利润均无法确定的，可以根据侵权产品销售量乘以每件侵权产品的合理利润确定。商业秘密系用于服务等其他经营活动的，损失数额可以根据权利人因被侵权而减少的合理利润确定。商业秘密的权利人为减轻对商业运营、商业计划的损失或者重新恢复计算机信息系统安全、其他系统安全而支出的补救费用，应当计入给商业秘密的权利人造成的损失。"

同时，为依法惩治侵犯商业秘密犯罪，加大对知识产权的刑事司法保护力度，维护社会主义市场经济秩序，《最高人民检察院、公安部关于修改侵犯商业秘密刑事案件立案追诉标准的决定》对《最高人民检察院、公安部关于公安机关管辖的刑事案件立案追诉标准的规定（二）》（以下简称《规定（二）》）第73条侵犯商业秘密刑事案件立案追诉标准进行了修改。从修改后条文的具体内容来看，该决定无论在立案标准还是在数额的计算方式上，都与《解释（三）》一致。

（二）"情节严重"的其他情形

《刑法修正案（十一）》对侵犯商业秘密罪入罪门槛的修订，意味着"情节严重"并不仅限于给商业秘密权利人造成"重大损失"，即不仅要从结果上来认定是否有以刑事手段来保护权利人的必要性，还要结合具体情节来判断是否存在这种必要性。比如，多次实施本罪行为，窃取他人商业秘密载体导致他人丧失商业秘密等情形。在司法实践中存在着如下几种情形：[1]（1）没有给权利人造成重大损失但具有其他严重情节；（2）虽然造成了一定的损失但没有达到司法解释规定的定罪数额标准；（3）损失数额难以认定、商业利益的损失（如权利人的信誉和商誉、运营状况、市场占有率等的损失）根本无法量化，也无法用经济损失的尺度评价，但同时具有其他严重情节。对于具有其他严重情节的侵犯商业秘密行为，如果达到严重危害社会的程度而不加以处置，将不利于对商业秘密权利人的保护，与立法原意有较大差异。

事实上，将"情节严重""情节恶劣"作为某些犯罪的成立条件，是我国刑法分则的重要特色之一，[2]"情节严重""情节恶劣"是我国刑法对犯罪行为的整体评价要素。[2]"在现实生活中，有许多侵害法益的行为，虽然在一般情况下其违法性没有达到值得科处刑罚的程度，但又难以通过增加某个特定的要素使其违法性达到值得科处刑罚的程度；或者难以事先设想具备哪些要素时，行为的违法性能够达到值得科处刑罚的程度；或者虽然能事先设想但不能作简单表述，于是刑法

---

[1] 参见潘莉：《侵犯商业秘密罪：如何界定"情节严重"》，载《检察日报》2020年11月25日，第3版。

[2] 参见张明楷：《刑法学》（第六版）（上），法律出版社2021年版，第160页。

条文作了一个整体性的规定，情节严重、情节恶劣的，就以犯罪论处。"①"情节严重"并不是一个综合考量的情节，其着重考察法益侵害的客观情节严重与否，而不考察侵害人的犯罪动机。在判定侵犯商业秘密的行为是否构成犯罪时，可以综合考量以下因素：

（1）行为的性质、手段等。行为人实施侵犯商业秘密行为的次数、手段，行为人侵犯商业秘密的性质、持续时间、范围、后果、过错程度，商业秘密是完全公开还是仍处于保密状态，泄露商业秘密的内容、方式均影响损害结果的大小。利用互联网等高科技手段泄露商业秘密的危害程度更大。因为互联网与传统媒体相比，具有传播速率快、传播范围广、传播门槛低等特点。因此，对行为人通过互联网对商业秘密进行扩散，使商业秘密为公众所普遍知悉、彻底丧失秘密性，导致权利人丧失相关领域领先性的行为应予重点惩处。

（2）行为是否造成严重后果或者是否可能造成严重危害后果。司法实践中，侵犯商业秘密案件的案情往往错综复杂，各具特点，应区分侵害行为所侵害的是技术信息还是非技术信息，侵害人在非法获取商业秘密后是否进行了后续的生产销售，以及是否转售给第三人等情形来判定侵害后果的严重性。此外，因窃取商业秘密致使权利人破产的，应当立案追究。这里的"致使权利人破产"，是指由于行为人侵犯商业秘密的行为导致享有商业秘密所有权、使用权的公司、企业破产的情形。所谓破产，是根据《企业破产法》的有关规定，公司、企业由于资不抵债等原因申请宣告破产或者被人民法院依法宣告破产等情形。实践中还存在与"致使权利人丧失竞争优势、倒闭破产"同等严重程度的其他非物质性损害，如停产、清算、解散等，故应将停产、清算、解散等一并列入"破产"的情形。

（3）行为侵犯的社会关系。就特殊的侵害主体而言，对将在履行职责过程中获得的商业秘密出售或者提供给他人，利用职权指使或者强迫他人违反保密规定泄露商业秘密的，因为在实际发生的商业秘密案件中，多数都是内部人员作案或者参与作案，若不就此设置特殊标准，将难以惩治此类源头行为。向特定的对象泄露商业秘密，在某些情况下会对国家的经济安全和经济利益造成更大的损害，对此情形应当认定为"情节严重"。需要说明的是，除了明知将在国外利用和主动为境外个人或组织提供商业秘密的情形，对于被动泄露给外国人或者境外个人或组织，或者自己准备在国外加以利用，造成或者可能造成社会危害，严重影响国计民生及经济发展、国防安全或者造成恶劣的国际影响的，其社会危害性同样严重，需要以刑罚予以规制。②

---

① 张明楷：《刑法学》（第六版）（上），法律出版社2021年版，第161页。
② 参见潘莉：《侵犯商业秘密罪：如何界定"情节严重"》，载《检察日报》2020年11月25日，第3版。

典型案例

瀚霖公司、王某某侵犯商业秘密罪案[①]

事实概要:

受害单位某公司拥有涉案长碳链二元酸的生产技术,经山东省济宁市公安局委托鉴定为商业技术秘密。王某某为受害单位高管,完全掌握该技术,并非法披露给瀚霖公司。瀚霖公司在明知王某某违反保密义务披露涉案生产技术的情况下,以利诱手段非法获取涉案商业秘密,并使用该商业秘密进行长碳链二元酸的生产经营,同时以申请专利的形式进行了披露。经公安机关委托鉴定,2010年1月至2015年3月,瀚霖公司主营收入总额10.15亿元,毛利润总额2.5亿元。其中,出口销售额1.2亿元,毛利润总额1 762万元。研发费用鉴证报告证实,受害单位投入的研发费用为1 400余万元。

裁判观点:

法院经审理认为,瀚霖公司明知王某某系违反保密义务披露,以利诱手段非法获取涉案商业秘密,并使用该商业秘密生产经营,同时以申请专利的形式进行了披露,情节特别严重,其行为构成侵犯商业秘密罪。王某某违反保密义务将其所掌握的受害单位商业秘密披露给瀚霖公司使用,并全面负责瀚霖公司长碳链二元酸生产线建设及生产,系直接责任人员,其行为亦构成侵犯商业秘密罪。法院判令瀚霖公司犯侵犯商业秘密罪,判处罚金500万元;王某某犯侵犯商业秘密罪,判处有期徒刑5年。

知识链接

思考题

1. 商业秘密侵权的民事责任承担方式有哪些?
2. 如何确定商业秘密停止侵权的期限?
3. 商业秘密侵权损害赔偿应当如何计算?
4. 在何种情形下,法院可以适用惩罚性赔偿?
5. 在何种情形下,侵犯商业秘密的行为构成侵犯商业秘密罪?

① 山东省济宁市中级人民法院(2019)鲁08刑终5号刑事判决书。

第九章　商业秘密诉讼程序规则

第一节　商业秘密诉讼举证责任

作为民事诉讼的一般规则，《民事诉讼法》第67条规定，当事人对自己提出的主张，有责任提供证据。依此，在侵犯商业秘密诉讼中，权利人应当对其侵权主张负举证责任。例如，《江苏省高级人民法院侵犯商业秘密民事纠纷案件审理指南（修订版）》第1.2条规定，"侵犯商业秘密民事纠纷案件一般遵循逐段审理的思路：第一步：在原告明确其主张的商业秘密内容的前提下，审查和认定原告是否有权就该内容主张权利、该内容是否符合商业秘密构成要件，以及被告的抗辩理由；第二步：在商业秘密成立且原告有权主张权利的前提下，审查和认定侵权是否成立，以及被告不侵权的抗辩理由；第三步：在被告侵权成立的情况下，审查和认定被告应当承担的民事责任"。原告所负的举证责任包括证明其有权对该内容主张权利、该内容符合商业秘密的构成要件、被告存在侵权行为。《最高人民法院关于审理不正当竞争民事案件应用法律若干问题的解释》（已废止）第14条则更为具体地明确了原告的举证责任，"当事人指称他人侵犯其商业秘密的，应当对其拥有的商业秘密符合法定条件、对方当事人的信息与其商业秘密相同或者实质相同以及对方当事人采取不正当手段的事实负举证责任"。即原告的举证责任主要包括三个方面：第一，涉案信息符合商业秘密构成要件，且原告对该商业秘密享有权利；第二，被告使用的涉案信息与原告的商业秘密相同或者实质性相同；第三，被告获取、披露、使用原告商业秘密的行为具有不正当性。例如在"成都佳灵电气制造有限公司与成都希望电子研究所等侵犯商业秘密纠纷上诉案"[①]中，最高人民法院认为："根据《反不正当竞争法》的规定，构成侵犯商业秘密必须同时具备三个条件：一是权利人合法掌握一项符合法律条件的商业秘密；二是行为人实施了获取、披露、使用或者允许他人使用该项商业秘密的行为；三是行为人获取、披露、使用或者允许他人使用该项商业秘密的行为违法。权利人指控他人侵犯其商业秘密，必须对上述三个条件成立的事实负有举证责任，其中任何条件不能证明成立的，被控侵权人都不构成侵犯商业秘密。"现就此三个方面分述如下。

一、原告对商业秘密享有权利的证明

在商业秘密诉讼中，原告欲主张他人侵犯其商业秘密，必先证明其对该商业

---

① 最高人民法院（2001）民三终字第11号民事判决书。

秘密享有权利，包含两个方面的举证责任：第一，原告对相关信息具有权利；第二，涉案信息符合商业秘密构成要件。

（一）主体资格证明

关于原告的主体资格，如前所述，商业秘密权利人应当为商业秘密信息的合法持有人。实践中，法院对商业秘密权利人举证责任的要求相对较低，一般只要原告能够提供载有商业秘密的载体即认为其完成了举证义务，而成为商业秘密诉讼的适格主体。例如，安徽省高级人民法院知识产权审判庭认为，原告有义务提供证明其商业秘密的内容载体等，在此情况下，才可以认定其是商业秘密的主体；[1]北京市第一中级人民法院知识产权审判庭认为，"不应对原告证明自己为商业秘密权利人课以过重的证明责任。一般情况下，原告只需要提供署名的技术图纸、原始绘图记录、与客户签订的合同，即完成了相应举证责任"。[2]如果被告对原告的信息来源存在异议，则应当提供反驳证据，最后由法院加以综合认定。

（二）商业秘密权利证明

关于涉案信息符合商业秘密构成要件的举证，又可以分为两个方面：第一，原告必须明确商业秘密的具体范围和内容，即司法实践中通称的"秘密点"；第二，原告必须证明相关信息符合商业秘密的构成要件，即秘密性、价值性和保密性。

1. 秘密点证明

由于商业秘密不像专利权那样，具体技术方案、权利内容或保护范围已由专利证书予以载明、限定，因此，在侵犯商业秘密纠纷诉讼中，请求保护的权利人必须首先明确请求保护的商业秘密具体为何物、以何种形式存在，并通过举证证明这些被称为"商业秘密"的对象具备法律规定的商业秘密的要件，此环节为此类诉讼的基础。通常而言，在商业秘密侵权纠纷中，权利人应列明商业秘密的具体内容，进而界定其与公知技术信息之间的不同。《最高人民法院关于审理侵犯商业秘密民事案件适用法律若干问题的规定》第27条第1款规定，权利人应当在一审法庭辩论结束前明确所主张的商业秘密具体内容。仅能明确部分的，人民法院对该明确的部分进行审理。同时，由于请求作为商业秘密保护的技术信息或者经营信息的类型、所涉领域以及侵权行为方式不同，不能将商业秘密的具体内容仅仅理解为是一段文字的集中体现，不能对商业秘密具体内容的描述提出过于严苛的要求，而是应当允许权利人以灵活的方式体现。一般而言，"权利人提供了

[1] 参见安徽省高级人民法院知识产权审判庭：《商业秘密司法保护调研报告》，载孔祥俊主编：《商业秘密司法保护实务》，中国法制出版社2012年版，第389页。
[2] 参见北京市第一中级人民法院知识产权审判庭：《侵犯商业秘密纠纷案件审判综述》，载孔祥俊主编：《商业秘密司法保护实务》，中国法制出版社2012年版，第297页。

证明秘密性的优势证据或者对其主张的商业秘密信息与公有领域信息的区别点作出充分合理的解释或者说明的，可以认定秘密性成立"[1]。

但是，如果权利人在诉讼程序中反复变更或不明确其秘密点，其诉讼主张将难以得到支持。例如在"帝斯曼公司诉叶建东、南通美德树脂有限公司商业秘密侵权纠纷案"[2]中，原告帝斯曼公司在第一次庭审中将其商业秘密陈述为P61-972不饱和聚酯树脂的配方和工艺流程（二步法）；在第二次庭审中，原告帝斯曼公司将其P61-972不饱和聚酯树脂的技术秘密点陈述为配比和二步法的生产工艺；在第三次庭审中，原告帝斯曼公司的委托代理人又将其技术秘密点陈述为配方、工艺操作条件（包括工艺流程、工艺的控制条件）、工艺特性。法院审理认为，原告在整个诉讼过程中对其所主张的商业秘密的秘密点都没有明确，且经鉴定原告所称的技术秘密点仍未能超出不饱和聚酯树脂作为公知技术的范围。原告帝斯曼公司也未能提供证据证明被其称为商业秘密的P61-972不饱和聚酯树脂的配方、工艺操作条件和工艺特性与其他人使用的相比有何先进或新颖之处。原告帝斯曼公司在生产过程中，虽然对P61-972的配方只限定管理层少数人知悉，且对制造P61-972的配方用代号记录在生产通知上，但这些代号也只是原告根据相关原料的通用表述而设计，原告制造P61-972不饱和聚酯树脂所使用的这种配方与公开出版物描述的配方无本质的、明显的差异，仍可认定为该行业的公知技术。原告制造P61-972不饱和聚酯树脂的工艺流程等也未能超出公知技术的范围。

2. 商业秘密构成要件的证明

为了证明涉案信息可获得法律上的保护，权利人还必须证明涉案信息符合商业秘密的构成要件，即秘密性、价值性和保密性。首先，关于价值性、保密性的举证，由于相关证据一般由权利人所掌握，按照"谁主张，谁举证"的举证规则，权利人可以提供相关保密协议、规章制度，对涉密信息加锁、加密、张贴保密标志等措施证明涉案信息的保密性，以及提供商业应用、许可转让等相关证据证明涉案信息的价值性，并由法院依法作出判断。

除此之外，秘密性或"不为公众所知悉"的证明具有一定特殊性，因为"不为公众所知悉"这一事实为消极事实，商业秘密权利人往往难以证明。[3]因此，为了适当减轻商业秘密权利人的举证责任，2019年修正的《反不正当竞争法》修改了构成要件举证责任分配的一般原则，第32条第1款规定："在侵犯商业秘密

---

[1]《最高人民法院关于充分发挥知识产权审判职能作用推动社会主义文化大发展大繁荣和促进经济自主协调发展若干问题的意见》。

[2] 江苏省南通市中级人民法院（1998）通民初字第106号民事判决书。

[3] 最高人民法院（2020）最高法知民终538号民事判决书。

的民事审判程序中，商业秘密权利人提供初步证据，证明其已经对所主张的商业秘密采取保密措施，且合理表明商业秘密被侵犯，涉嫌侵权人应当证明权利人所主张的商业秘密不属于本法规定的商业秘密。"根据这一规定，在侵犯商业秘密民事案件中，商业秘密权利人应当首先提供初步证据证明对主张保护的商业秘密采取了相应保密措施，以及被诉侵权人存在侵权行为，在此基础上，商业秘密权利人无须举证证明主张保护的商业秘密"不为公众所知悉"，而转由被诉侵权人举证证明商业秘密权利人主张保护的商业秘密不具备"不为公众所知悉"这一要件，不属于《反不正当竞争法》规定的商业秘密。

二、被告使用信息与商业秘密相同或实质性相同的证明

原告在证明其拥有商业秘密的基础上，还必须证明被告使用的信息与其商业秘密相同或实质相同。相同指的是权利人主张的商业秘密秘点与被诉侵权人使用的信息完全一致，对此较少存在争议。但关于"实质性相同"的判断，在实践中面临着较多不确定性。《最高人民法院关于审理侵犯商业秘密民事案件适用法律若干问题的规定》第13条列举了"实质性相同"的考量因素："被诉侵权信息与商业秘密不存在实质性区别的，人民法院可以认定被诉侵权信息与商业秘密构成反不正当竞争法第三十二条第二款所称的实质上相同。人民法院认定是否构成前款所称的实质上相同，可以考虑下列因素：（一）被诉侵权信息与商业秘密的异同程度；（二）所属领域的相关人员在被诉侵权行为发生时是否容易想到被诉侵权信息与商业秘密的区别；（三）被诉侵权信息与商业秘密的用途、使用方式、目的、效果等是否具有实质性差异；（四）公有领域中与商业秘密相关信息的情况；（五）需要考虑的其他因素。"例如在"朱某等与吉尔生化有限公司侵害经营秘密纠纷上诉案"[①]中，法院认为，原告在本案中主张的客户名单不仅仅是客户的名称、地址、联系方式，还包括交易习惯、意向、内容等特殊客户信息，尽管两被告使用的客户名单与原告主张的客户名单中的业务联系人和电子邮箱可能会不一致，但客户的名称、对氨基酸和多肽产品的需求意向是一致的，两被告使用的客户名单与原告主张的客户名单实质性相同。

除了司法解释列举的上述因素之外，作为商业秘密客体的技术信息、商业信息与专利法上的技术方案和著作权法上的作品具有相似性，可考虑借鉴相近领域相对成熟的比对标准来定位商业秘密的比对标准和判断原则，与之相近的标准系专利领域比对中的"等同"标准和著作权领域比对中的"实质性相似"标准。在"北京理正软件股份有限公司与林某国际工程咨询（中国）有限公司等侵害

---

① 上海市第一中级人民法院（2014）沪一中民五（知）终字第74号民事判决书。

商业秘密纠纷案"①中，北京知识产权法院提出，相较于专利法"等同"标准，著作权法上的"实质性相似"的标准更适用于作为商业秘密"实质性相同"标准的参照。一方面，专利权覆盖对象的内容和范围具有法定性和明确性，这是"等同"标准适用的前提，而著作权覆盖对象的内容和范围则无此特点，商业秘密亦同。另一方面，由于专利的内容已经被公开，公众可以合法获取，因此，专利法规制的通常不是获取手段的非法性，而是基于公开换垄断的原则，要求公众在实施时对权利要求限定的内容进行避让，即未经许可时，其实施内容不得落入权利要求限定的范围内。所以，在对专利内容进行比对时，并不将来源的一致性作为判断标准，即使被诉侵权内容来源于主张权利的专利内容，只要部分内容实质不同，便不构成等同。对于商业秘密而言，反不正当竞争法所规制的主要是获取手段的不正当性，并限制以之为前提的后续行为。著作权法规制的路径与反不正当竞争法中商业秘密保护条款规制的路径十分类似，其规制的主要是剽窃行为以及基于剽窃而产生的后续行为。商业秘密和著作权领域比对被诉内容与主张权利内容的作用均在于推定来源一致，即被诉内容实际应属于相应的权利人。因此，"实质性相同"标准和"实质性相似"标准一样，均主要把来源的一致性作为判断标准，无论存在何种转化，只要能基于某一层面的相同进而确信被诉内容来源于主张权利的内容，就可以满足上述标准。所以，无论是权利内容还是规制路径，商业秘密比对的"实质性相同"标准均更倾向于著作权比对的"实质性相似"标准。

故而，在商业秘密"实质性相同"判断中，可以参考著作权法上"实质性相似"标准。需要注意的是，"实质性相似"的标准事实上更严格。由于立法价值取向不同，著作权法确立了"保护表达而非思想"的原则，因此，"实质性相似"排除了只在思想层面一致的情况。而对于商业秘密，则无此方面的要求。所以，法院适用"实质性相同"的判断标准为，只要能基于某一层面内容的一致进而确信被诉内容来源于主张权利的内容，相应内容与主张权利的内容便构成实质性相同，而该层面越具体、越趋向于表达，确信度便越高。

三、被告行为具有不正当性的证明

原告除证明其拥有权利、被告使用了其商业秘密信息外，参照《最高人民法院关于审理不正当竞争民事案件应用法律若干问题的解释》（已废止）第14条的规定，原告须证明被告行为存在不正当性，即行为人获取、披露、使用他人商业秘密的行为具有不正当性。从该规定的字面含义上看，案件审理过程中似乎应由

---

① 北京知识产权法院（2017）京73民初18号民事判决书。

商业秘密权利人举证证明侵权行为人采取了哪种不正当竞争手段侵犯了其商业秘密，几乎是要求权利人承担全部的举证责任。在实际操作上，由于商业秘密属于无形资产，商业秘密侵权行为具有隐蔽性等特点，商业秘密权利人很难举出这方面的证据。如果机械地要求权利人对被告采用"不正当竞争手段"的事实承担全部举证责任，并不利于商业秘密的保护。因为这无疑是要求商业秘密权利人一定要现场抓住侵权行为人实施的盗窃、贿赂、欺诈、胁迫、电子侵入或者其他不正当竞争行为，而被诉侵权行为人自始至终不用举证，只等待商业秘密权利人举证证明当场抓住了其实施不正当竞争行为的证据。这既不符合审判实际，也无法充分有效地保护商业秘密。

因此，考虑到商业秘密权利人取证困难的现实，在司法实践中，对侵犯商业秘密行为的认定普遍采取"接触加相似排除合法来源"或者"相似性加接触"的证据规则。所谓"接触加相似排除合法来源"的推定规则，是指只要商业秘密权利人举证证明被控侵权商业信息与其商业秘密相同或实质性相同，以及被控侵权人具有接触其商业秘密的事实，则商业秘密权利人的举证已经充分，适用举证责任转移的规则，转由被控侵权人承担自己没有侵权的举证责任，即由被告对所使用的商业信息的"合法来源"负举证责任，倘若被告不能证明其商业信息具备合法来源等免责事由，即应认定侵权成立。

该规则最早体现于1995年《国家工商行政管理局关于禁止侵犯商业秘密行为的若干规定》，其第5条明确规定："权利人（申请人）认为其商业秘密受到侵害，向工商行政管理机关申请查处侵权行为时，应当提供商业秘密及侵权行为存在的有关证据。……权利人能证明被申请人所使用的信息与自己的商业秘密具有一致性或者相同性，同时能证明被申请人有获取其商业秘密的条件，而被申请人不能提供或者拒不提供其所使用的信息是合法获得或者使用的证据的，工商行政管理机关可以根据有关证据，认定被申请人有侵权行为。"可见该规定采取的是"接触加相似排除合法来源"的推定规则。最高人民法院的司法政策对此也持肯定态度，2011年《最高人民法院关于充分发挥知识产权审判职能作用推动社会主义文化大发展大繁荣和促进经济自主协调发展若干问题的意见》明确指出："商业秘密权利人提供证据证明被诉当事人的信息与其商业秘密相同或者实质相同且被诉当事人具有接触或者非法获取该商业秘密的条件，根据案件具体情况或者已知事实以及日常生活经验，能够认定被诉当事人具有采取不正当手段的较大可能性，可以推定被诉当事人采取不正当手段获取商业秘密的事实成立，但被诉当事人能够证明其通过合法手段获得该信息的除外。"在中美贸易纠纷的大背景下，2019年修正的《反不正当竞争法》将"接触加相似排除合法来源"这一推定规则写入立法，① 第32条第2款规定："商业秘密权利人提供初步证据合理表明商业秘密被侵犯，且提供以下证据之一的，涉嫌侵权人应当证明其不存在侵犯商业秘密的行为：（一）有证据表明涉嫌侵权人有渠道或者机会获取商业秘密，且其使用的信息与该商业秘密实质上相同；（二）有证据表明商业秘密已经被涉嫌侵权人披露、使用或者有被披露、使用的风险；（三）有其他证据表明商业秘密被涉嫌侵权人侵犯。"

根据"接触加相似排除合法来源"规则，应由被告对其所使用的商业信息的"合法来源"负举证责任。但这并非是举证责任倒置，而是原告完成对被告违法行为的合理证明之后，即有证据表明被告有渠道或者有机会获取原告的商业秘密、被告使用的信息与该商业秘密实质性相同时，举证责任向被告转移，由被告对自己行为的正当性进行证明。如被告举不出自己合法取得商业秘密的证据，则承担败诉的责任。

典型案例

陆利与北京迪尔塔金生物技术有限公司不正当竞争纠纷案②

事实概要：

北京迪尔塔金生物技术有限公司（简称迪尔塔金公司）研制了啤酒工艺助剂"麦汁澄清剂"，并从1996年开始生产，迪尔塔金公司对上述配方采取了严格的保密措施。1997年1月，陆利到迪尔塔金公司工作后参加了"麦汁澄清剂"的生产，其间为迪尔塔金公司购买过生产"麦汁澄清剂"原料中的一种辅料。同年4月，陆利离开迪尔塔金公司。1997年11月，陆利和田振华各出资25万元，成立了鑫百欧公司，并开始生产、销售与迪尔塔金公司相同的"麦汁澄清剂"产品。迪尔塔金公司发现后认为当时市场上只有自己一家生产该产品，鑫百欧公司生产的同种产品，是按照陆利以不正当手段从迪尔塔金公司获得的配方生产出来的，陆利和鑫百欧公司的行为共同侵犯了其商业秘密，遂向法院提起诉讼。

裁判观点：

法院审理认为，我国《反不正当竞争法》规定，商业秘密是指不为公众所知悉、具有商业价值并经权利人采取相应保密措施的技术信息、经营信息等商业信息。即只有满足规定的条件时，商业秘密才能成立。迪尔塔金公司"麦汁澄清剂"配方中的原料及其

---

① 参见崔国斌：《商业秘密侵权诉讼的举证责任分配》，载《交大法学》2020年第4期。
② 北京市高级人民法院（1999）高知终字第15号民事判决书。

用途虽然是公知技术，但将特定的主料和特定的辅料按不同的比例组合制成片剂和粉剂的配方，是迪尔塔金公司的智力劳动成果，不为公众所知悉。实践证明依此配方生产的"麦汁澄清剂"产品有一定的实用性，并为迪尔塔金公司带来了经济利益。迪尔塔金公司将此配方限定在两个人掌握的范围内，并采取了相关保密措施。因此，应认定迪尔塔金公司主张的"麦汁澄清剂"配方构成商业秘密，依法受到法律保护。

陆利在迪尔塔金公司工作期间，参加了"麦汁澄清剂"的生产，接触到组成配方的三种原料。陆利带到鑫百欧公司的"麦汁澄清剂"配方与迪尔塔金公司的配方相同，但无证据证明其自行研制开发的过程，故应认定陆利采取不正当竞争手段获得了迪尔塔金公司的商业秘密，其行为已构成对迪尔塔金公司商业秘密的侵犯。鑫百欧公司明知陆利采取不正当竞争手段获取了迪尔塔金公司的"麦汁澄清剂"配方，还接受并使用该配方进行生产，亦应视为侵犯商业秘密。陆利和鑫百欧公司应当共同承担停止侵权、赔偿损失的责任。

第二节　商业秘密诉讼保全措施

由于民事诉讼活动具有一定过程和周期，为了避免在此过程中因当事人行为或突发状况导致判决难以执行或者对当事人造成不可弥补的损害，法院可在诉讼过程中采取临时性的保全措施，以保障当事人的实体和程序权利免受不可弥补的损害。民事诉讼法中的保全措施包括财产保全、证据保全、行为保全。在商业秘密诉讼活动中，由于商业秘密是权利人采取保密措施加以维护的秘密性信息，具有容易扩散、转移以及"一经公开就永久丧失"的特点，在侵权发生以及提起诉讼之后，如果不及时提供法律上的救济，往往可能会造成侵权人损毁、隐匿证据导致事实难以查清，以及商业秘密不可逆转地消失等后果，因此，证据保全、行为保全是商业秘密诉讼过程中权利人通常会申请的重要程序救济措施。[①]除此之外，为了避免被告转移财产导致未来生效判决不能执行或难以执行，权利人还可以申请财产保全，但与其他民事案件中的财产保全相比，商业秘密案件财产保全并不具有特殊性。现就证据保全和财产保全重点介绍如下。

一、商业秘密诉讼的证据保全措施
（一）商业秘密诉讼证据保全措施的内涵与基本类型

《民事诉讼法》第84条规定："在证据可能灭失或者以后难以取得的情况下，

---

① 参见孔祥俊：《商业秘密保护法原理》，中国法制出版社1999年版，第333页。

当事人可以在诉讼过程中向人民法院申请保全证据，人民法院也可以主动采取保全措施。因情况紧急，在证据可能灭失或者以后难以取得的情况下，利害关系人可以在提起诉讼或者申请仲裁前向证据所在地、被申请人住所地或者对案件有管辖权的人民法院申请保全证据。证据保全的其他程序，参照适用本法第九章保全的有关规定。"该条赋予当事人在证据可能灭失或者以后难以取得的情况下，可以向法院申请保全证据的权利。证据保全往往适用于固定被控侵权产品、技术方案、生产方法、生产工艺以及侵权利润证据等方面。在商业秘密侵权案件中，原告往往会依据该项规定，在起诉的同时提出证据保全申请，希望通过法院取得被告侵权的直接证据及有关赔偿证据。

根据证据内容区分，商业秘密侵权案件中的证据保全申请主要有以下两种类型：

1. 侵权证据的保全申请

侵权证据如被告与客户的往来合同、被告的生产技术资料、技术方法、计算机程序等，能够证明被告实施了窃取原告商业秘密的行为并进行了侵权使用。例如在"上海交大昂立股份有限公司诉上海高博特生物保健品有限公司等侵犯商业秘密纠纷案"[1]中，原告向法院申请保全被告生产的"盐水瓶生态口服液"的配方、工艺流程等技术资料；在"北京仪表机床厂诉北京汉威机电有限公司侵犯商业秘密案"[2]中，原告向法院申请保全被告汉威公司盛装图纸的木箱的勘验，发现其中有底图和蓝图、模具图、散装白图等各类图纸共1 564张。对于此类证据保全申请，法院一般要求原告提供其权利受到侵害且被告能够接触或者获取涉案商业秘密的初步证据，再决定是否准许原告的申请；或者根据《反不正当竞争法》第32条的规定，由被告提交证明其不存在侵犯商业秘密行为的相关证据。

2. 侵权获利证据的保全申请

为计算损害赔偿数额，原告往往还会申请被告的财务信息相关证据，如企业的财务账册、记账凭证、合同、银行日记账、现金日记账等，以证明被告因侵犯商业秘密所获得的利润。例如在"北京壳牌润滑油专卖店诉北京多润商贸有限责任公司、邵铮、靳朝辉侵犯商业秘密不正当竞争案"[3]中，一审法院根据原告申请，对北京多润商贸有限责任公司2000年1月至8月的现金日记账、1999年5月至2001年9月的银行日记账和2000年1月至2001年9月的记账凭证采取了证据保全措施。在前述"北京仪表机床厂诉北京汉威机电有限公司侵犯商业秘密案"中，应原告请求，法院对被告1993年6月至1995年9月间的财务账目进行了审计。对

① 上海市第二中级人民法院（2002）沪二中民五（知）初字第1号民事判决书。
② 北京市高级人民法院（1997）高知终字第15号民事判决书。
③ 北京市朝阳区人民法院（2001）朝知初字第00079号民事判决书。

于此类证据保全申请，法院通常会要求原告向工商、税务、海关等部门调取被告经营状况及利润的证据。原告因客观原因不能自行调取上述相关证据的，法院还可以向原告代理律师签发法院调查令，或者根据原告申请以及案件审理的需要，要求被告向法院提供。

（二）商业秘密诉讼证据保全的申请条件

1. 证据保全申请的提出

在商业秘密侵权诉讼中，当事人或者利害关系人（通常是原告）可以提出证据保全申请，对于该申请的提出，只要符合了形式要件，法院就可以审查并考虑是否进行证据保全。该形式要件通常包括：

（1）时间要件：需在举证期限届满前提出。《最高人民法院关于民事诉讼证据的若干规定》第25条第2款规定："当事人根据民事诉讼法第八十一条第一款的规定申请证据保全的，应当在举证期限届满前向人民法院提出。"

（2）方式要件。《最高人民法院关于适用〈中华人民共和国民事诉讼法〉的解释》第98条第1款规定："当事人根据民事诉讼法第八十四条第一款规定申请证据保全的，可以在举证期限届满前书面提出。"因此，提出证据保全的申请应当是书面形式，申请书应当载明需要保全的证据的基本情况、申请保全的理由以及采取何种保全措施等内容。要求当事人以书面方式提出申请，主要考虑对证据的保全行为涉及诉讼的实体内容，对当事人的权利影响较大，故在程序上应较为正式。

2. 证据保全申请的实质审查

《最高人民法院关于知识产权民事诉讼证据的若干规定》第11条规定："人民法院对于当事人或者利害关系人的证据保全申请，应当结合下列因素进行审查：（一）申请人是否已就其主张提供初步证据；（二）证据是否可以由申请人自行收集；（三）证据灭失或者以后难以取得的可能性及其对证明待证事实的影响；（四）可能采取的保全措施对证据持有人的影响。"在商业秘密案件中，当事人或者利害关系人提出证据保全申请后，经过形式审查合格，法院通常重点从以下几个方面进行实质审查：

（1）申请人是否适格。根据《民事诉讼法》第84条的规定，能够提出证据保全申请的申请人是当事人或利害关系人。在司法实践中主要是原告。特殊情况下，被诉侵权人也可以作为申请人。其中利害关系人包括商业秘密的合法继承人和商业秘密许可合同的被许可人等。《最高人民法院关于审理侵犯商业秘密民事案件适用法律若干问题的规定》第26条规定："对于侵犯商业秘密行为，商业秘密独占使用许可合同的被许可人提起诉讼的，人民法院应当依法受理。排他使用许可合同的被许可人和权利人共同提起诉讼，或者在权利人不起诉的情况下自行提起诉讼的，人民法院应当依法受理。普通使用许可合同的被许可人和权利人共同提起诉讼，或者经权利人书面授权单独提起诉讼的，人民法院应当依法受理。"
因此，作为利害关系人，商业秘密独占使用许可合同的被许可人可以单独向法院
提出证据保全申请；排他使用许可合同的被许可人在商业秘密权利人不申请的情
况下，可以提出证据保全申请；普通使用许可合同的被许可人经商业秘密权利人
书面明确授权，可以提出证据保全申请。

（2）申请证据保全的理由是否充分。针对证据保全的申请理由，《民事诉讼
法》第84条规定的理由为"在证据可能灭失或者以后难以取得的情况下"。例如
在"金华市欣生沸石开发有限公司诉俞锡贤等侵犯商业秘密纠纷案"[1]中，法院指
出，考虑到产品的生产工艺为益生公司掌握，金华市欣生沸石开发有限公司（简
称欣生公司）难以自行收集，可依法申请法院进行证据保全。法院通过查封益生
公司的生产车间、原料仓库，及时委托专家小组进行现场勘验并提取产品样品，
调取双方的技术资料，然后根据查验情况，结合有关样品、双方提供的技术资料
委托第三方机构作出鉴定，从而得出双方产品的配比和生产工艺是否相同或实质
性相同的结论。

在司法实践中，对于"证据可能灭失或者以后难以取得"的判断，须以审慎
为原则。对此，《浙江省高级人民法院民三庭关于知识产权民事诉讼证据保全的
实施意见》第4条规定："人民法院应谨慎行使'证据可能灭失或者以后难以取得'
的自由裁量权，既要充分考量知识产权证据的不稳定性和易毁性等特点，及时有
效地采取保全措施，又要防止当事人滥用证据保全程序、转移举证责任、耗费司
法资源。"例如在"程济中等与虹亚集团等侵害商业秘密纠纷上诉案"[2]中，程济
中、绿城公司在诉讼中请求法院就以下材料采取证据保全措施：五原县人民政府
及税务、规划、土地、建设等行政主管部门批准"虹亚新城"项目的有关批准文
件；"虹亚新城"项目的所有会计总账、营业收入明细账、营业成本明细账、营
业税金明细账等往来明细账，以及所有原始凭证、银行对账单、资产负债表、利
润表、现金流量表等会计报表、纳税申报表；"虹亚新城"项目的《国有土地挂
牌成交确认书》《国有土地出让合同》《国有土地使用证》《建设用地规划许可证》
《建设工程规划许可证》《建筑工程施工许可证》《商品房预售许可证》；"虹亚新
城"项目的所有建设工程勘察图纸资料、工程建设设计图纸、施工图纸；"虹亚
新城"项目的所有《建筑材料购货合同》《商品房买卖合同》等。对此，最高人
民法院认为，本案中，程济中、绿城公司据以主张商业秘密保护的经营信息，是
以两份项目利润分析报告为载体的"关于在某地存在一项含有具体土地价等利润

---

① 最高人民法院（2010）民申字第739号民事判决书。
② 最高人民法院（2013）民三终字第6号民事判决书。

分析情况的房地产开发项目的经营信息"，该商业秘密对于涉案房地产项目利润的取得，其商业价值仅在于帮助虹亚公司在海量的房地产市场信息中锁定涉案房地产项目，并作出投资决策。对于程济中、绿城公司而言，其因涉案商业秘密被侵害所遭受的可得利益损失，相当于其为虹亚公司提供了一次"房地产信息咨询服务"的价值；对于虹亚公司而言，其未支付任何对价即从程济中、绿城公司处获取并使用了"房地产信息咨询服务"，该咨询服务的价值即为虹亚公司在该案中"因侵权所获得的利益"。程济中、绿城公司主张的可得利益——涉案房地产项目的利润——实际上是其取得涉案房地产项目开发权的预期利益。这种利益的损失，无论是因为未能与虹亚公司实现合作开发所导致，还是因为未能从五原县人民政府处取得开发资质所导致，均不属于通过掌握、使用涉案商业秘密本身就可以获得的利益，故不属于程济中、绿城公司因涉案商业秘密被侵害所遭受的损失，亦不属于虹亚公司因侵害涉案商业秘密所获得的利益。因此，法院认为，程济中、绿城公司在诉讼中围绕涉案房地产项目利润提出的证据保全申请与该案的审理无关，从而拒绝了他们提出的证据保全申请。

（3）证据保全的范围是否明确。当事人在商业秘密证据保全申请中必须明确其请求保全的证据范围和内容，不能模棱两可或者含糊其词，不宜出现"包括但不限于、诸如此类、全部"等表述。因为阐明商业秘密的具体内容是说明商业秘密符合法定条件的基础，如原告的客户名单有哪些、生产方法的具体表述是什么、产品配方的具体描述是什么等，从而为审查证据保全范围提供依据。此外，原告要求保全的证据范围应当与其主张的商业秘密内容、范围基本一致。一般要求证据保全的范围不得超出原告主张权利的范围。

（4）申请人提交的初步证据是否充分。申请人提交的初步证据一般包括两方面的内容：一是申请人应当提交证据证明其所主张权利的商业秘密符合《反不正当竞争法》规定的构成要件；二是申请人应当提供初步证据证明被申请人存在侵犯其商业秘密的行为。在司法实践中，如何判断原告提供的被告侵权的初步证据是否充分，基本的判断原则是原告提供的证据要能够使法官相信侵权事实已经或有可能要发生。如果原告提供的是被告侵权的直接证据，如在技术秘密侵权案件中，原告提供了被告的生产技术或产品配方，说明了证据来源，且经初步审查与原告主张的商业秘密一致，则应当认为原告提供了侵权的初步证据；如果原告提供的是被告侵权的间接证据，那么，间接证据之间应当相互印证，单一的间接证据不足以使法官相信侵权事实已经或可能发生。如原告主张其商业秘密为产品的生产方法，但原告仅提供了被告生产的与原告相同的产品，这不足以说明被告已经或可能侵权，除非原告继续就原告与被告的连接点（如跳槽的职工）、被告产品的变化（如从无到有、产品性能的变化）等举证，否则难以准许原告的申请。① 例如在"艾某生物技术（杭州）有限公司与杭州微策生物技术有限公司等侵害商业秘密纠纷上诉案"② 中，法院认为，作为一家在血糖行业经营多年的企业，艾某生物技术（杭州）有限公司（简称艾某公司）明知市场上存在大量直角四边形结构的血糖试纸产品，却以杭州微策生物技术有限公司（简称微策公司）生产的血糖试纸为直角四边形结构为由发起诉讼。而直到原审庭审时，艾某公司仍对其主张的商业秘密有着矛盾不一的陈述，且没有提交任何证明使用涉案小滚刀切割机操作流程能够节省成本、提高生产效率的证据。在没有提供初步证据的情况下，难以排除艾某公司故意通过证据保全获取竞争对手的商业秘密的嫌疑，因此，法院没有准许艾某公司的证据保全请求。

（5）申请人是否提供了担保。《最高人民法院关于民事诉讼证据的若干规定》第26条规定："当事人或者利害关系人申请采取查封、扣押等限制保全标的物使用、流通等保全措施，或者保全可能对证据持有人造成损失的，人民法院应当责令申请人提供相应的担保。担保方式或者数额由人民法院根据保全措施对证据持有人的影响、保全标的物的价值、当事人或者利害关系人争议的诉讼标的金额等因素综合确定。"因为证据保全以对特定证据材料进行固定、保存以备后用为目的，它保全的是证据的证明价值而非经济价值。一般情况下，证据保全对保全对象的使用价值或交换价值的影响较小。因此，担保并非证据保全所必需，但也是法院在确定是否进行证据保全时应当考量的因素之一。例如北京市高级人民法院认为，证据保全的保全费是否收取、以何标准收取，是否需要当事人提供一定数额或形式的财产担保，需个案判断。商业秘密案件的特殊性使得证据保全更具必要性，但此类案件原告较低的胜诉率也更容易使证据保全行为受到被告的质疑，甚至提出其合法利益因保全行为受损的主张。在此情况下，法院应当根据具体案情，要求原告提供一定的担保。③

二、商业秘密诉讼的行为保全措施
（一）知识产权行为保全措施的发展

知识产权行为保全在TRIPs协定第三节中被称为"临时措施"（provisional measures）。它是指在提起侵权诉讼之前或者诉讼之中，为避免正在实施或即将实施的侵犯知识产权行为给申请人造成难以弥补的损害，根据申请人的请求，由

① 参见上海市第二中级人民法院民五庭：《审理商业秘密侵权案件的几点做法》，载上海市第二中级人民法院，https://www.shezfy.com。
② 浙江省杭州市中级人民法院（2017）浙01民终7141号民事判决书。
③ 参见北京市高级人民法院知识产权庭课题组：《〈反不正当竞争法〉修改后商业秘密司法审判调研报告》，载《电子知识产权》2019年第11期。

法院作出停止侵犯知识产权行为的命令，从而保障申请人合法权益的一种临时性救济措施。它是法律规定的为保障判决有效执行或者权利人合法权益免遭继续侵犯的临时性诉讼保障措施。

行为保全的历史渊源最早可以追溯到罗马法上的禁止令状。在罗马法上，执政官根据申请人的请求，可以发布禁止另一方当事人从事某种行为的命令，从而实现对申请人的保护。在英美法系中，与行为保全类似的制度是临时禁令。禁令是英美法系中用于弥补普通法损害赔偿救济不足的一种衡平法上的命令，它指示当事人实施某种行为或者禁止当事人实施某种行为。[1] 其中，责令当事人实施某种行为即作为的禁令是命令性禁令（mandatory injunctions）；责令当事人不实施某种行为即不作为的禁令是禁止性禁令（restrictive injunctions）。根据法院签发禁令的时间、禁令存续期间的不同，禁令主要分为判决生效之前实施的临时禁令（preliminary injunctions, injunctions pendente lite）和判决生效之后的永久禁令（permanent injunction）这两种类型，行为保全则类似于普通法上的临时禁令。

我国知识产权行为保全制度起步较晚。为了履行入世承诺，我国自2000年开始逐步将行为保全制度引入商标法、专利法、著作权法中，规定了"诉前停止侵犯知识产权行为"，相关法律中并没有对行为保全的具体适用范围、标准、程序等作出细致全面的规定，除了商标法、专利法、著作权法之外，反不正当竞争法也并未规定行为保全制度，在很长一段时间内，商业秘密诉讼中能否适用行为保全仍然存在争议。[2]

受知识产权领域影响，我国2012年修正的《民事诉讼法》首次增加了行为保全制度，2021年修正的《民事诉讼法》第103条规定，"人民法院对于可能因当事人一方的行为或者其他原因，使判决难以执行或者造成当事人其他损害的案件，根据对方当事人的申请，可以裁定对其财产进行保全、责令其作出一定行为或者禁止其作出一定行为；当事人没有提出申请的，人民法院在必要时也可以裁定采取保全措施"。即行为保全制度由商标法、专利法、著作权法扩大到整个民事领域，商业秘密诉讼中也将适用行为保全制度。

同时，为了解决司法实务中的可操作性问题，最高人民法院相继颁布实施了《最高人民法院关于对诉前停止侵犯专利权行为适用法律问题的若干规定》《最高人民法院关于诉前停止侵犯注册商标专用权行为和保全证据适用法律问题的解释》等有关知识产权行为保全的司法解释。2018年，《最高人民法院关于审查知识产权纠纷行为保全案件适用法律若干问题的规定》发布，对原有的知识产权行

①　参见江伟、肖建国主编：《民事诉讼法》（第八版），中国人民大学出版社2018年版，第256页。
②　参见孔祥俊主编：《商业秘密司法保护实务》，中国法制出版社2012年版，第192页。

为保全司法解释进行了修正和补充，明确规定了包括知识产权行为保全在内的知识产权行为保全案件的申请主体、审查程序、保全必要性、申请有错误的认定及申请错误赔偿诉讼的管辖、保全措施的解除、申请费等问题，极大增强了当事人权利救济的便利性和行为保全制度的可操作性，有利于更加充分地保障双方当事人的合法权益。

（二）行为保全制度在商业秘密诉讼中的适用价值

对于受反不正当竞争法保护的商业秘密而言，行为保全措施的引入，对于商业秘密侵权诉讼具有尤为重要的实践价值。原因在于，秘密性是商业秘密区别于其他信息的最本质属性，是决定商业信息是否构成商业秘密的最重要的基础性要素。一旦商业秘密丧失其秘密性，成为为公众所普遍知悉的信息，商业秘密权利人就从根本上失去了对相关信息享有的权利，其赖以获取经济利益和竞争优势的商业秘密基础将荡然无存，而且不可逆转。就这层意义而言，行为保全措施是商业秘密侵权诉讼中最为重要的救济方式之一。只有及时采取行为保全措施，即禁止侵权人或者潜在的侵权人披露或者使用权利人的商业秘密，权利人才能确保商业秘密的秘密性，并维持商业秘密的合法权利地位。

正因如此，欧盟《商业秘密保护指令》和美国《保护商业秘密法》都规定了系统的禁令救济制度。欧盟《商业秘密保护指令》第10条"临时性和预防性措施"规定："（1）成员国应当确保，受诉司法机关可以依据商业秘密持有人之申请，针对侵害行为的实施人采取下列临时性和预防性措施：a）临时中止，或，必要时，临时禁止对商业秘密的使用和披露；b）禁止生产、提供或将侵权产品投放市场，或，禁止以实现上述三种目的而进行的进口、出口或储存侵权产品；c）查封扣押或要求交付涉嫌侵权的产品以及被进口的产品，用以阻止涉案侵权产品进入市场或在市场中进行流通。（2）成员国应当确保，作为司法机关采取本条第（1）款临时性或预防措施的替代方案，在保证商业秘密持有人可以获得充分的赔偿的前提下，司法机关可以允许被执行人以提供一项或者多项担保的形式以继续使用该涉案产品。但司法机关不能允许以提供担保而换取商业秘密披露。"美国《保护商业秘密法》关于禁令的条款规定在"救济"部分，即："（A）颁发禁令：（i）在法院认为合理的情况下，颁发禁令以阻止第（1）条中所述的任何实际或者潜在的不正当使用，只要该禁令满足下列条件——（I）禁令并未完全禁止某人获得雇佣，其适用于某雇佣关系的限制条件完全基于证明不当使用商业秘密之威胁的证据，而不是仅仅根据当事人所知道的相关信息；或（II）禁令未与某个禁止限制合法职业、贸易或商业的州适用法相冲突；（ii）在法院认为适当的情况下，采取积极行动以保护商业秘密；且（iii）在那些导致该禁令失去公正性的特殊情况下，该禁令并不为今后使用此商业秘密获得合理的使用费收入设定条件——今后收取使用费的时限应不长于该禁令原本可能禁止他人使用该项商业秘密的时限。"

　　（三）商业秘密诉讼行为保全措施的裁判要点

　　我国《民事诉讼法》第103条一般性地确立了行为保全制度，适用于商业秘密诉讼活动。尽管在商业秘密侵权诉讼中，行为保全措施对于商业秘密的保护十分重要，不仅能够保障未来生效判决的顺利执行，而且在一定程度上会使申请人提前获得终局救济全部或部分的利益。但是，并非商业秘密权利人提出行为保全的申请就会获得法院准许，因为，一方面，基于商业秘密秘密性的本质属性，法院在实体权利确认和侵权行为构成认定等方面都存在未经实体审理先行判断的困难，审理难度远超过对商标权、专利权、著作权等其他知识产权绝对权利的判断；另一方面，商业秘密案件中原告的胜诉率通常较低，[①] 稍有不慎就会导致被告的合法权益因行为保全而受损。

　　因此，有必要准确把握行为保全颁布的条件。《最高人民法院关于审查知识产权纠纷行为保全案件适用法律若干问题的规定》一般性地规定了知识产权案件中行为保全的条件，第7条规定："人民法院审查行为保全申请，应当综合考量下列因素：（一）申请人的请求是否具有事实基础和法律依据，包括请求保护的知识产权效力是否稳定；（二）不采取行为保全措施是否会使申请人的合法权益受到难以弥补的损害或者造成案件裁决难以执行等损害；（三）不采取行为保全措施对申请人造成的损害是否超过采取行为保全措施对被申请人造成的损害；（四）采取行为保全措施是否损害社会公共利益；（五）其他应当考量的因素。"在商业秘密案件中也应当从以上要件出发，司法实践中，仅仅存在未经授权的披露或者使用商业秘密的一般可能性，法院通常不会签发禁令，通常要综合考量以下因素：（1）原告胜诉的实质可能性；（2）不立即采取行为保全措施即足以损害原告利益；（3）原告可能遭受的损害大于被告的潜在损害；（4）采取行为保全措施不违反公共利益等。对此，《江苏省高级人民法院侵犯商业秘密民事纠纷案件审理指南（修订版）》第7.2条规定："坚持及时保护与稳妥保护兼顾原则。被申请人试图或者已经以不正当手段获取、披露、使用或者允许他人使用原告所主张的商业秘密，不采取行为保全措施会使判决难以执行或者造成当事人其他损害，或者将会使原告的合法权益受到难以弥补的损害的，法院可以依法裁定采取行为保全措施。前款规定的情形属于《民事诉讼法》第一百条、第一百零一条所称情

---

① 据《2015—2020"商业秘密纠纷案件"大数据报告》统计，在其检索到的1 676件案件中，一审判决书数量为289件，其中，全部或部分支持原告行为保全申请的仅有78件，占比为26.99%。参见郝秋霜：《泰和泰研析2015—2020"商业秘密纠纷案件"大数据报告》，载泰和泰律师公众号，2020年3月21日。

况紧急的，法院应当在四十八小时内作出裁定。"

典型案例

美国礼来公司、礼来中国（研发）有限公司诉黄孟炜侵害技术秘密纠纷[①]

事实概要：

美国礼来公司(简称礼来公司)系全球知名的制药企业，礼来中国(研发)有限公司(简称礼来中国公司)是礼来公司的全资子公司，负责在华医疗、药物产品的研发及技术服务。2012年5月，礼来中国公司与黄孟炜签订《劳动合同书》，聘用黄孟炜从事化学主任研究员工作。根据《劳动合同书》的约定和相关培训要求，黄孟炜必须遵守《员工手册》《保密协议》《商业行为准则》以及《关于电子资源使用的全球政策》等公司规章制度。2013年1月，黄孟炜违反公司规章制度，从礼来中国公司的服务器上擅自下载了21个礼来公司的技术秘密文件，并将上述文件私自存储至其个人所拥有的电子存储装置中。经交涉，黄孟炜承认从公司服务器上下载了上述保密文件，并同意公司检查其个人装置，以确定保密文件的信息没有对外泄露或使用，还授权公司删除该些信息。但此后，黄孟炜未履行承诺的事项。故礼来公司和礼来中国公司诉至法院，请求判决被告黄孟炜立即停止侵害原告商业秘密的行为，并提出行为保全申请，请求法院责令被告不得披露、使用或者允许他人使用从原告处盗取的21个商业秘密文件。为此，原告向法院提供了涉案21个商业秘密文件的名称及内容、承诺书等证据材料，并就上述申请提供了担保金。

裁判观点：

法院审查后批准了两原告的行为保全申请。法院认为，[②]行为保全或临时禁令是一种临时性的救济措施，不仅能够保障未来生效判决的顺利执行，而且在一定程度上会使得申请人提前获得终局救济的部分利益。因此，仅仅是存在未经授权的披露或者使用的一般可能性，法院不宜签发禁令。通常情况下，申请人必须证明：胜诉的实质可能性；如不发布禁令将遭受无可挽回的损失；原告可能受到的损害大于对被告的任何潜在损害；发布禁令不违反公共利益。当然，因个案情况差异，法院在适用上述标准时不能机械考量，而应根据具体情势对上述因素多方权衡，以作出妥当的决定。本案法院在审查本案禁令申请时综合考虑了上述因素。从司法实践来看，商业秘密案件胜诉率较低，权利人要在立案之初证明其具有胜诉的实质可能性难度很大。更何况，由于涉及药物研发信息，

[①]　上海市第一中级人民法院（2013）沪一中民五（知）初字第119号民事裁定书。

[②]　参见唐震、吕长利：《行为禁令在商业秘密侵权诉讼中的适用——上海一中院裁定美国礼来公司等诉黄孟炜侵害技术秘密纠纷案》，载《人民法院报》2013年11月28日，第6版。

权利人提交的涉案文件内容是否符合商业秘密秘密性的构成要件，在没有听取相关专家意见的情况下，法院的确难以作出准确判断。但本案的特殊性在于：一是被申请人黄孟炜已经确认其违反公司规定下载了33个属于公司的保密文件（其中包括21个权利人主张作为商业秘密保护的文件），并承诺授权公司删除上述文件。据此，被申请人违反约定获取权利人作为商业秘密保护的商业文件的事实是显而易见的。二是商业秘密具有"一旦丧失就永远丧失"的特性。涉案商业文件已经处于被申请人的掌控之下，一旦被申请人外泄，上述文件内容很可能就会被竞争对手获悉或者进入公知领域，从而丧失秘密性，使得权利人遭受无可挽回的损失。三是从主体身份来看，被申请人作为自然人，相对于权利人而言，禁止被申请人披露、使用或允许他人使用涉案商业文件并不会对其造成损害。此外，权利人也向法院提交了担保金，以救济万一可能出现的损害。综合上述因素，法官最终对被申请人颁布了行为禁令。

第三节 商业秘密诉讼保密规则

由于作为商业秘密保护客体的信息具有无体性和非竞争、非排他的特点，一旦脱离权利人的控制即"不胫而走"，难以再通过物理手段限制商业秘密信息的扩散和传播。在商业秘密诉讼过程中，尤其是在证据保全、证据交换、委托鉴定等环节，商业秘密存在着较高的泄露风险，实践中也不乏竞争者恶意提起诉讼要求法院查封、扣押经营者设备、厂房，通过证据勘验等过程恶意窃取他人商业秘密的情形。因此，"二次泄密"也成为权利人在维权时的主要顾虑之一。为了加强商业秘密保护，必须在商业秘密案件中适应审判规律制定特殊保密规则。[①]

在比较法上，各国一般都规定了商业秘密诉讼的特别程序，以避免商业秘密权利人因商业秘密诉讼受到二次损害。如美国1985年修改后的《统一商业秘密法》第5条"评论"说明："如果不能合理保证维护秘密性，那么值得推荐的商业秘密诉讼会令人望而却步，在保守秘密的形式下，法庭必须保证充分提供信息，使当事人进行辩论，使审理事实的法官能够进行定性。除了法令中规定的说明技术外，法院在商业秘密案件中还以这些方式保护秘密性，即限制仅向当事人的律师和助手披露，指定无利害关系的专家作为特别助审，听取保密信息，然后向法庭报告结论。"因此，其第5条规定："依本法在诉讼期间，法院应对争议的商业秘密采取合理的保密措施，可包括：在质证程序中发布保密裁定，举行秘密

---

① 参见林广海等：《〈最高人民法院关于审理侵犯商业秘密民事案件适用法律若干问题的规定〉的理解与适用》，载《法律适用》2021年第4期。

听证会，密封诉讼记录，以及裁定未经法院事先许可任何诉讼有关人均不得披露争议的商业秘密。"故在商业秘密诉讼中，法院可以酌情：（1）秘密审理或不公开审理；（2）核发保护命令，要求在证据开示程序中不披露商业秘密；（3）封锁诉讼记录；（4）命令所有诉讼参与人未经法院同意，不得对外泄露商业秘密。

在我国，虽然《反不正当竞争法》并未就保密程序问题作出明确规定，但通过《民事诉讼法》以及相关司法解释，我国目前已基本建立起商业秘密诉讼的保密程序规则。现就具体制度介绍如下：

一、不公开审理程序

我国实行公开审判制度，即法院审判案件活动，除合议庭外，一律依法向社会公开，但对某些特定类型的案件不公开审理。《民事诉讼法》第137条规定："人民法院审理民事案件，除涉及国家秘密、个人隐私或者法律另有规定的以外，应当公开进行。离婚案件，涉及商业秘密的案件，当事人申请不公开审理的，可以不公开审理。"由于商业秘密案件审理过程可能涉及秘密信息的开示，采取公开审理会导致商业秘密的不必要泄露，因此可以不公开审理。但是，审理是否公开进行，须由当事人主动提出申请，由法院依职权视情况作出具体决定。然而，也并不是所有的商业秘密案件都不得公开审理，倘若案件涉及商业秘密与妨碍他人生命健康，或者可能涉及犯罪侦查、危害国家利益或社会公共利益，法院可酌情进行公开审理，或有限度地披露涉案商业秘密中有害公益的部分。[1]

二、特殊质证规则与诉讼参与人的保密义务

按照证据规则的一般要求，证据应当在法庭上出示，由当事人质证。未经质证的证据，不能作为认定案件事实的依据，商业秘密案件的审理也不例外。在司法实践中，当商业秘密权利人举证证明被控侵权商业信息与其商业秘密相同或实质性相同，以及被控侵权人具有接触商业秘密的事实时，就要适用举证责任转移的规则，转由被告对所使用的商业信息的"合法来源"负有举证责任。此时，被告为了证明自己使用的技术信息、经营信息与原告的商业秘密不一致，特别是在原告申请了证据保全的情况下，可能被迫公开自身的商业秘密，无论原告胜诉与否，被告自有的商业秘密都将面临被公开的风险。并且，由于权利人存在举证难的问题，法院会根据情况对被告进行证据保全，证据保全也存在着被滥用的风险，这对于被告商业秘密存在着较大的威胁。同样，原告的商业秘密也有可能因对保全证据进行质证而被泄露。

---

[1]　参见戴永盛：《商业秘密法比较研究》，华东师范大学出版社2005年版，第179页。

因此，为避免在质证过程中商业秘密被不当公开，或被用于诉讼之外的用途，从而损害当事人的合法权益，需要构建专门的举证、质证规则，并设定诉讼参与人的保密义务。对此，2011年发布的《最高人民法院关于充分发挥知识产权审判职能作用推动社会主义文化大发展大繁荣和促进经济自主协调发展若干问题的意见》强调："完善商业秘密案件的审理和质证方式，对于涉及商业秘密的证据，要尝试采取仅向代理人展示、分阶段展示、具结保密承诺等措施限制商业秘密的知悉范围和传播渠道，防止在审理过程中二次泄密。"《最高人民法院关于审理侵犯商业秘密民事案件适用法律若干问题的规定》第21条明确规定："对于涉及当事人或者案外人的商业秘密的证据、材料，当事人或者案外人书面申请人民法院采取保密措施的，人民法院应当在保全、证据交换、质证、委托鉴定、询问、庭审等诉讼活动中采取必要的保密措施。违反前款所称的保密措施的要求，擅自披露商业秘密或者在诉讼活动之外使用或者允许他人使用在诉讼中接触、获取的商业秘密的，应当依法承担民事责任。构成民事诉讼法第一百一十一条规定情形的，人民法院可以依法采取强制措施。构成犯罪的，依法追究刑事责任。"《最高人民法院关于知识产权民事诉讼证据的若干规定》第26条规定："证据涉及商业秘密或者其他需要保密的商业信息的，人民法院应当在相关诉讼参与人接触该证据前，要求其签订保密协议、作出保密承诺，或者以裁定等法律文书责令其不得出于本案诉讼之外的任何目的披露、使用、允许他人使用在诉讼程序中接触到的秘密信息。当事人申请对接触前款所称证据的人员范围作出限制，人民法院经审查认为确有必要的，应当准许。"

根据以上规定可以明确：第一，对涉及当事人或者他人商业秘密的证据或者材料，法院应当在保全、证据交换、质证、委托鉴定、询问、庭审等诉讼活动中采取必要的保密措施，关于何为"必要的保密措施"，立法以及司法解释并未作明确规定，法院可以在个案中行使自由裁量权，包括仅向代理人展示、分阶段展示、具结保密承诺等措施；第二，诉讼参与人对诉讼过程中接触到的他人商业秘密负保密义务，擅自披露商业秘密或者在诉讼活动之外使用或者允许他人使用在诉讼中接触、获取的商业秘密的，将承担民事责任和行政责任。

关于"必要的保密措施"的范围，一些地方法院也根据司法实践经验确立了更为具体和可操作性的指引。例如《江苏省高级人民法院侵犯商业秘密民事纠纷案件审理指南（修订版）》第8.3.3条规定："对于涉及秘密信息的证据，当事人及其诉讼代理人在质证、勘验、询问、庭审等诉讼活动中可以查阅，不得复制、摘抄、拍照、录像等。"上海市第二中级人民法院归纳出商业秘密案件审理的以下保密原则：（1）证据开示对等，即原告在举证商业秘密材料时向被告展示到什么程度，被告也应该向原告展示到什么程度。（2）证据逐层开示，即将涉及商业秘密的技术资料分为外围技术和核心技术，每部分具体又可分为若干层次，然后按照对等原则，从外到内，层层开示，层层质证，展开的层次以足以认定被告侵权与否为限。（3）保全材料先保后示，即对于保全到的资料，一般先不交换给原告。直到质证阶段，再按照前述两项原则开示并质证，以平衡双方当事人的合法权益，避免原告提前根据保全资料调整自己的所谓秘密内容。（4）证据材料有限交换，不在当事人之间交换核心技术资料，而要求各方当事人到法院阅卷，在法庭组织下进行证据开示并质证。（5）强化涉密人员保密意识，在商业秘密案件审理中，严格控制参与诉讼的涉密人员，并要求涉密人员签署保密承诺书。保密承诺书规定：涉密人员应严格遵守法律的规定，对在案件审理过程中接触到的商业秘密无条件地承担保密义务，除因案件审理需要而正当使用有关信息外，不对有关信息作任何形式的扩散、披露、使用或者允许他人使用。保密义务不因诉讼终结而解除，并一直延续到有关信息被公开为止，否则将承担相应的法律责任。上述涉密人员是指除审判人员外，一切可以接触到有关信息的人，包括当事人个人或法定代表人、委托代理人、证人、鉴定人、翻译人员，以及当事人申请的就案件的专门性问题进行说明的具有专门知识的人员。（6）判决书有限公开，在判决书中淡化对商业秘密的描述，一般只列出商业秘密的外围框架。商业秘密的具体内容记入笔录，各方当事人签字后归入副卷。[①] 目前，由于商业秘密等知识产权案件诉讼程序具有特殊性，由中共中央、国务院印发的《知识产权强国建设纲要（2021—2035年）》专门提出"研究建立健全符合知识产权审判规律的特别程序法律制度"。目前"知识产权诉讼特别程序法"正在起草制定中，相关地方司法实践的成熟经验未来将可能被立法所吸收和采纳。

典型案例

浙江新和成股份有限公司与福建省福抗药业股份有限公司等
侵害商业秘密纠纷案[②]

事实概要：

福建省福抗药业股份有限公司（简称福抗公司）为开展维生素E生产项目，向浙江

---

① 参见上海市第二中级人民法院民五庭：《审理商业秘密侵权案件的几点做法》，载上海市第二中级人民法院，https://www.shezfy.com。

② 参见浙江省绍兴市中级人民法院（2014）浙江绍知初字第500号民事判决书，浙江省高级人民法院（2017）浙民终123号民事判决书，最高人民法院（2019）最高法民申385号民事裁定书，江苏省高级人民法院（2020）苏民再12号民事判决书。

新和成股份有限公司（简称新和成公司）的员工俞科购买技术信息，俞科遂将在工作期间接触到的维生素E中间体——橙花叔醇生产技术信息以60万元的价格出售给福抗公司。此后，俞科跳槽至福抗公司担任副总经理，并将从山东新和成公司私自拷贝的606车间技术资料以及从该公司车间主任梁百安处偷拷的603车间技术资料使用于福抗公司维生素E中间体的研发中。福建省海欣药业股份有限公司（简称海欣公司）成立后，福抗公司的维生素E项目组转移至海欣公司，俞科也跳槽至海欣公司担任副总经理。海欣公司明知俞科和福抗公司的上述违法行为，仍然使用俞科设计的工艺流程图、设备条件图等进行工程设计，并使用涉案技术秘密生产了大量维生素E产品。

新和成公司将福抗公司、海欣公司、俞科诉至法院，起诉三被告共同侵害其商业秘密。在案件审理过程中，法院禁止双方对本案争议的技术秘密等核心证据进行复印，仅允许当事人委托的律师和专家证人进行查阅、摘抄，涉密证据只进行当庭质证和认证，从而防止诉讼程序中可能发生的二次泄密。但被告在刑事案件两审、民事案件两审、民事案件最高人民法院和江苏省高级人民法院再审过程中，均以不许复制为由拒绝质证，并且多次据此申请法官、合议庭乃至法院全院回避。

裁判观点：

法院认为，法院在审理过程中采取多种方式充分保障了被告的阅卷权，为防止二次泄密，未予允许被告复制涉密证据并无不当。具体而言：

在民事诉讼中，一般情况下，一方当事人向法院提交的证据材料同时也应提供给其他当事人，以便后者发表质证意见并提供相应反证。但是，在涉及商业秘密的特殊类型案件中，为了兼顾诉讼权利之保障与商业秘密之保护，法院可以在保障当事人基本知情权的前提下对涉密证据采取保护措施。《最高人民法院关于审理因垄断行为引发的民事纠纷案件应用法律若干问题的规定》第11条即规定："证据涉及国家秘密、商业秘密、个人隐私或者其他依法应当保密的内容的，人民法院可以依职权或者当事人的申请采取不公开开庭、限制或者禁止复制、仅对代理律师展示、责令签署保密承诺书等保护措施。"虽然上述规定并不直接针对侵害商业秘密的案件，但在侵害商业秘密案件中同样存在涉密证据及诉讼中的商业秘密保护问题，故可以类推适用上述规定。至于三被告提及的《最高人民法院关于依法切实保障律师诉讼权利的规定》第2条关于"律师阅卷权"的规定，与上述涉密证据保护措施的规定系一般法与特殊法的关系，而非后法与前法的关系，按照法律适用原则，应优先适用特殊法。

本案中，初步证据已经显示涉案技术信息具有很高的商业价值，一旦发生二次泄密很可能产生极为严重的后果，禁止复制证据虽然给三被告带来了一定程度的不便利，但与泄密可能带来的后果相比，法院对涉密证据采取禁止复制的保护措施具有合理性，并无不当。并且，法院考虑到涉密证据确实较为复杂和专业，在禁止复制的同时均明确表示可以为当事人及其委托诉讼代理人查阅、摘抄证据提供时间及场所便利，此外还向三被告释明可以聘请有专门知识的人前来阅卷并就技术问题提出意见。因此，三被告虽然不能复制涉密证据，但其知情权已受到充分保障，完全可以进行阅卷、质证和举证。

知识链接

思考题

1. 在商业秘密诉讼中，原告应当承担哪些举证责任？
2. 在何种情形下，原告可以向法院申请证据保全？
3. 在何种情形下，原告可以向法院申请诉前行为保全？
4. 在商业秘密诉讼中，存在哪些特殊程序机制？

郑重声明

高等教育出版社依法对本书享有专有出版权。任何未经许可的复制、销售行为均违反《中华人民共和国著作权法》，其行为人将承担相应的民事责任和行政责任；构成犯罪的，将被依法追究刑事责任。为了维护市场秩序，保护读者的合法权益，避免读者误用盗版书造成不良后果，我社将配合行政执法部门和司法机关对违法犯罪的单位和个人进行严厉打击。社会各界人士如发现上述侵权行为，希望及时举报，我社将奖励举报有功人员。

反盗版举报电话 （010）58581999　58582371

反盗版举报邮箱 dd@hep.com.cn

通信地址 北京市西城区德外大街 4 号　高等教育出版社法律事务部

邮政编码 100120

读者意见反馈

为收集对教材的意见建议，进一步完善教材编写并做好服务工作，读者可将对本教材的意见建议通过如下渠道反馈至我社。

咨询电话 400-810-0598

反馈邮箱 gjdzfwb@pub.hep.cn

通信地址 北京市朝阳区惠新东街 4 号富盛大厦 1 座
　　　　　高等教育出版社总编辑办公室

邮政编码 100029